經典見聞

行走世界！

TRAVEL THE WORLD

探尋文化根源與轉折點的旅行紀實

追溯西方文明的起點
從古絲路到現代城市的旅程

張邁——著

結合歷史、科學、宗教、文學、體育的旅行筆記
跨越冰原，探訪古城，一書在手，遨遊人類文明

◎從南極到南美，穿梭絲路探祕，見證歷史與自然的壯闊交融
◎跑於異國街頭，感受文化碰撞，體會地理與歷史的精彩融合
◎從昆侖到羅馬，追尋文明的足跡，揭祕古今文化交織的故事

目錄

出版寄語：行走的筆尖，躍動的思維

劉震

我沒有拖延症，但這篇文章卻拖了很久。緣由挺簡單的，無從下筆。

初識，張邁稍顯瘦弱的體型（在我眼裡，大部分人都是瘦的）和溫文爾雅的氣質，給我的印象更像是書生，流露著南方人的沉靜、細膩。但他深邃有神的雙眼，又彷彿提醒大家他是個有故事的人。慢慢地，了解到他愛旅遊，好像走過不少地方；他也愛跑步，還是發燒級的跑者……

忽然有一天，他邀我為他的文集寫篇寄語。鬼使神差，也許是酒精作怪，我竟答應了。拒絕朋友，的確是一件難事。

如前所說，接了工作卻無從下筆，認真看了書稿，有點後悔，人家隨便一說，我便當真了。一是自愧不如，不僅僅是走過的路，還有寫過的隨筆；二是看了已經完成的序，覺得真情實感都已經被大家抒發得淋漓盡致了，腦子一片空白。但既然答應了，還是要完成的，哪怕是一個字一個字地擠出來。

張邁的經歷讓我想起了搖滾天王崔健的那首〈假行僧〉，歌中唱道「我要從南走到北，我還要從白走到黑……」不知道張邁兄是不是當時聽了這首歌，熱血沸騰，開啟了人生之旅，不僅僅從南到北，也不僅僅從白到黑，而是跨越五大洲、橫穿四大洋。可喜的是，他並沒有如歌所唱「我要人們都看到我，但不知道我是誰」，他邊走邊寫，用雋永的

出版寄語：行走的筆尖，躍動的思維

文筆如實地記錄了一程又一程的山和水、人和物，文字誠實地表達出他的思考、他的情愫。文如其人，讀完所有文字，一個活生生的張邁就會出現在人們面前，讓大家了解他，不僅是他的成就，更是他堅毅、善良的特質和濃濃的家國情懷……正因為此，本書的每一篇隨筆都為張邁兄的旅程賦予了不一樣的意義和價值，不再是簡單的遊記，而是情感的足跡和思想的紀錄。旅程不再屬於他個人，伴隨的是行走的筆尖、躍動的思維！

僅此寄語，預祝張邁兄下一段旅程更美好！

张过会议好：

南极辛会
生命觉醒！

蔡布

2019.11

序一：思想的力量

葉公偉

我與張邁極友相識將近二十年時間，平時只知道他是做金融與投資方面工作的，在一起交流也以這方面話題居多。這次共赴南極，讀了他寫的本書初稿，才發現他的文字也如此出色，發現了他的思想能力與力量。

我相信張邁極友所言，不僅代表他個人對於地球、環境、人類與未來的認知和責任，更代表商界、企業界的菁英人士從對物質世界的追求向對精神世界的追求的轉變。如何看待世界、看待自己，我們呼喚菁英人士能夠引領精神時代的到來。

我希望當人類遭受災難的時候，所有人站在一起同呼吸共命運，共度難關；我希望當人類有了新的發明、新的發現或獲得重大進步時，所有人都能參與和分享；我希望有一種思想的力量，能夠鼓舞人、激勵人、引導人、啟發人。在本書的閱讀中，我看到了一些希望。

在此引用一位國際人士的醒世奇文：「致人類的信……地球向你們耳語你們聽不到，地球向你們傾訴你們不去聽，大地尖叫起來，你們卻把它關掉了，所以我誕生了……我的來臨不是要懲罰你們，而是來喚醒你們。大地大聲呼救……大規模的洪水你們不聽，燃燒的森林你們不聽，強勁颶風你們不聽，可怕的龍捲風你們也不聽。我讓全世界停止在它的軌道上。我讓你們終於聽了，我讓你們躲進了家，我讓你們不再去想物質的東西了。」

序一：思想的力量

或許地球不需要人類拯救，需要拯救的是我們人類自己。

祈禱人類世界少些貪婪，少些自我，多些責任，多些愛……

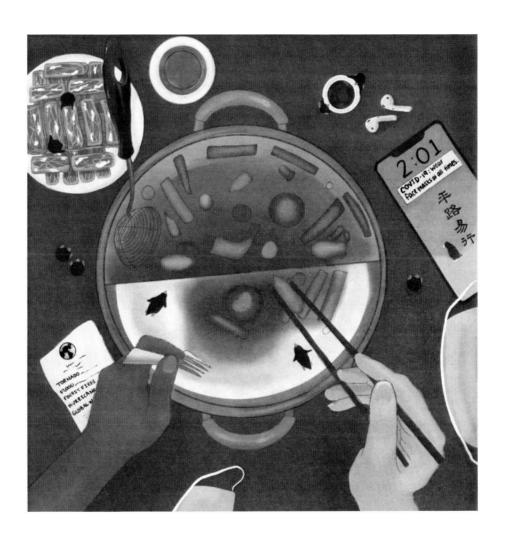

序二：讀萬卷書，行萬里路

黃海波

　　當一個有文采、有熱情的會計師、金融師開始跑步，甚至跑遍全球，會發生什麼事，就是這樣一部漢字數字的組合集，人生經歷和人類歷史的交集錄。這類人在書寫感悟的同時，似乎也在建立一個龐大的資料庫。

　　初識張邁是在去往南極的船上，他張嘴發出的濃重浙南鄉音普通話，馬上讓我判斷出他是溫州人，我的老鄉。他的精力充沛和扎實穩健也顯示出溫州人精進向上的個性。船上也只有他們夫婦倆帶了8歲的兒子一同前往南極，要知道同行者不少是七、八十歲的老人，一輩子到這個時間才有機會來南極一趟。溫州人對培養下一代的大膽投資，及對世界的睜大眼睛的渴望也顯然在影響著下一代。而且每天的旅程結束後，張邁總是很快就寫出一篇遊記，且詳實感人。

　　這個精力充沛的跨界作家跑者不知還會跑到哪裡去，寫到哪裡去。但可以肯定的是，張邁會一直邁步向前跑，一步步地跑，一步步有觸動，一步步有感悟。「讀萬卷書，行萬里路。」喜歡邁步跑的人，也應該喜歡讀他的書。

南極行報告人黃海波

序三：志之所趨，無遠弗屆

周星增

張邁是我在大學任教時的學生，雖然我們僅相處幾年，但他卻讓我留下了深深的印象。這個學生不一樣！他喜歡足球，經常寫一些足球評論文章，還受電視臺邀請擔任足球賽的解說嘉賓，能把專業外的副業做得風生水起，真是讓我刮目相看。他在愛建信託工作的時候，曾為山東威海市策劃了一個很大膽、很宏偉的專案，就是透過信託投資方式造一條空中軌道路線把威海市和劉公島連起來，受到市政府的肯定，差點掛職去當市長助理。雖然這個想法最終沒有實現，但反映出他有多麼與眾不同。他當時和我交流的內容我現在大致還記得，我覺得和近期測試的內容差不多，15 年前敢提出這個想法，可見有多超前。最讓我驚訝的是，他竟然帶著 8 歲的兒子去考察南極，言傳身教下一代如何更加全面認識這個世界，認識大自然……他熱愛自由，但又很自律；他潔身自好，但又不會自視清高。能有這樣的一位學生，我是真心驕傲！

時光飛逝，雖然三分之一世紀即將過去，但是我們之間的師生情緣依舊情深意長，依舊連結緊密，適逢他的書即將出版，他請我為之作序。

志之所趨，無遠弗屆；窮山距海，不能限也。張邁結合自身對大自然孜孜以求的探索經歷，用富有魅力、充滿真實的精彩故事，書寫碧浪清波的心中之歌。藉著他所述的文字，我們試著從那些司空見慣的事物上，重新審視自我，體驗我們之間以及和大自然之間曾經被忽略了的緊

序三：志之所趨，無遠弗屆

密的、溫暖的和相互依賴的關係。

南方有崑崙、絲路行、平路易行、跑步，這一路，與賢者同行，得益良多。人在往前走時不太會想到丈量腳下，隔了一段時間回頭看才發現，原來已經翻過了那麼多座山，蹚過了那麼多條河。當停下腳步，回過頭，靜心反省，才在恬淡中發現富足，在單純中發現喜悅，在精進中看到光明，在慈悲中悟入圓潤無礙；才讓我們對過去有了全新的認識，更深入的理解；才讓我們有了新的方向，新的理念，新的思路。未來的路仍然崎嶇，我們一起做好自己，方能平路易行。

時代在變，城市在變，世界在變。道無論遐邇，行則將至；國無論大小，愛則廣博。人與人之間、國與國之間的關係建設與提升，如以書中所寫到的「經常挑戰自我突破自己，善於獨立思考並勇於將其分享給眾人」的態度與方式來往或者交流，彼此之間才會感到一種溫柔純穩的性情，時時流露著智慧和光芒；才會在彼此的言行舉止中，感到溫暖、寬容和喜悅；才會在彼此的密切合作、親切鼓舞和寬容啟發中，感到恬適自在，與時俱進。

陽光之下，萬物有靈。地球是我們唯一的家園，大自然是天然資源，人與大自然應該互相尊重，保持珍惜和愛惜心態，適度使用自然，不讓大自然遭破壞，使生活環境美好、自然資源無耗盡，就像是母子一樣親密、和諧！我相信，在奔騰不息的光陰長河中，物質不滅，宇宙不滅，唯一能與蒼穹比闊的是民族精神。我也相信，「善除害者察其本，善理疾者絕其源」。點亮心情，點亮夢想，善待生命，善待時光，人類必將繼續向著建構人類命運共同體的美好前景出發。

這本書可以說是一路走來的遊記，也可以說是關注時事的日記。它以寶貴的親歷者視角，以超前的思維、深邃的思考，擺脫一味的空間敘

事，傳播先進理念、解析焦點問題、詮釋藝術文化；以知識的廣闊性、思想的深刻性、精神的高雅性，選擇從平凡的日常點滴出發，融合異國風情，頗具生活氣息和畫面感；文學筆觸抵達時代尖端，「沾泥土、冒熱氣、帶露珠」的講述打動人心。

我很欣賞黃海波先生的肯定：「張邁會一直邁步向前跑，一步步地跑，一步一步有觸動，一步步有感悟。」作為筆者的老師，我倍感欣慰！正所謂，讀萬卷書，行萬里路。當然，我期盼張邁在不久的將來寫出更多的好書，期盼更多的同道、同路人一起努力傳遞幫助人們積極向上、樂觀行善的學問，幫助更多人主動掌握造福人類與大自然的人生！

我也期待自己將來能有一天，踏上他心心念念的南極！

序四：南極行中的淨、靜、敬

吳大衛

受託為極友張邁的新作作序，一時頗感壓力，擔心有負所託。我與張邁相識多年，去年又同去南極，相知甚深。他是很有建樹的金融界人士，又是資歷頗深的足球愛好者，也是雲遊四方的旅遊達人，這樣一部有閱歷、有深度、有故事的作品，應該對人有所啟迪！

拿到文稿，穿梭在字裡行間，隨著作者的腳步徜徉於七大洲、五大洋無數個場景，領略所見所悟，確有暢快淋漓之感。透過文字，首先是讀到了一個有趣的靈魂，南極、南美、絲路、亞平寧、伊比利半島，既有歷史情懷，又有時事見聞，這些元素疊加起來，加之靈動的筆觸，讓人觸碰到思想的溫度和生命的活力，即使僅把此書作為鮮活的旅遊攻略，也讓人甘之如飴。同時，也讀到了廣博的知識，政治、軍事、科學、宗教、文學、藝術、經濟和體育，包羅永珍，縱橫萬里，上下千年，信手拈來，恰如其分。這樣的隨筆，應該可以適合不同讀者的口味，可以讀到諸多發光的思想……張邁說：「南極以宏大給予人宏大的思考方式，以包容給予人包羅永珍的胸懷之基。」此言不虛，書中「南方有崑崙」、「絲路行」、「平路易行」、「跑步」四個系列，涉及歐亞大陸若干重要歷史人物與事件，在談論這些人和事的時候，張邁始終秉承大歷史觀、大時代感，在特定的歷史環境中審視人物和事件的兩面性，避免用「上帝的視角」去評價人和事，讓人耳目一新，繼之深深思考。

序四：南極行中的淨、靜、敬

吳大衛（中）與本書作者（左一）

作為「南極論壇」發起會議的參與者，2013 年、2019 年，我得以兩赴南極，機會難得、行程不易、感懷頗多，而最後沉澱下來不過「淨」、「靜」、「敬」三字：其一，南極是潔淨的，纖塵無染，澄澈而空靈，廣袤而純粹。其二，南極是安靜的，深水靜流，天廣地闊，心靜致遠。其三，南極是誠敬的，你去或不去，她始終巍然、神聖地存在，讓每一個身臨其境者更加通達、更加清醒。在這裡，思考生命的本源、探討人類的未來，都顯得那麼自然。「畏天命、畏自然、畏聖言」，敬畏之感（心）油然而生，你、我、他，人人彷彿都有所頓悟，生命的渺小似乎有所突破。「思考人類文明、關注地球環境、推進均衡發展、實現共同價值」——以上思索，希望能與新作的內蘊相契合，與南極論壇「建構人類命運共同體踐行平台」的主題相呼應。

寥寥數語，謹以為序。

序五：醒者無疆

袁小軍

　　南極，人間最後一片淨土。她擁有世界上最低的溫度，最強的風，最乾燥的大陸。伴隨如此惡劣的自然環境的卻是震撼人心的景觀。大自然鬼斧神工雕刻的冰山靜靜地漂浮在海面上，襯托在無塵的藍天白雲間，海豹懶散地躺在冰面上享受著日光浴，千姿百態的企鵝搖擺於茫茫白雪之上。南極無時不展示著大自然的威嚴和生命的頑強。她幾千公尺深的冰蓋裡更掩藏著地球千萬年氣候變遷的證據。南極對大多數人來說代表著遙遠、神祕和荒蠻，但於我來說她卻是科學園地，是我二十五年職業生涯探索研究的對象。

　　應南極論壇邀請，2019 年 10 月我再次啟程去南極，參與促進共同利益、共同責任、共同發展的南極低碳行。此行中除了傳播氣候變化的科學理念，宣揚保護地球的責任，我還有機會與各界新舊朋友深度探討氣候變化應對、地緣政治、經濟發展等重要話題。更有幸的是認識了張邁，一位才華橫溢的金融專業人士。張邁讓我留下最深的印象不是他在金融界的成績，而是他敏銳的思維和深厚的文學造詣。從準備南極行開始，一路而來，張邁的自媒體平臺「南方有崑崙」記錄了中國南極科學考察歷史，南美異國風情，波濤洶湧的德雷克海峽，千姿百態的極地美景，郵輪上的各種思想碰撞。他流暢的筆鋒、獨特的視角、細膩的觀察，不光為讀者帶來了身臨其境的感受，更展現了開拓的思維。在他的文字裡，有探險隊員的身影、有科學家的闡述、有經濟專家的觀點，更

序五：醒者無疆

　　有南極的暴風雪和極地暢泳的場面。人文、科學與自然無縫交融。透過他的筆觸，讓我這個老南極人看到了南極深藏的另一面。

　　南極行之後，張邁的遊記帶著讀者走向中國大西北的黃土高原。延安、梁家河、西安、福海、敦煌、張掖，張邁講述著一個個村寨背後的故事，一座座城堡承載的歷史，更有令人深思的靈魂拷問。他的文字引領你走在過去和今天的絲綢之路上，探索著，思考著。看似遊記，卻迸發著思想的火花，可以說張邁無時不在思索著。

　　南極歸來之後，多產的張邁持續解讀、評論，漫筆於時事政治、國際關係、環境科學、文學藝術、經濟發展、運動美食，各方面一百多篇，匯成本書。讀者可跟隨他的視角去看世界，去體驗多種文化，去思考、去判斷、去理解，總有驚喜、總有收穫。值此書出版之際，留下短序，寄希望於看到張邁更多閃爍著思想火花的作品。也希望這個世界多些理解、少些衝突，更希望以南極為代表的和平、共享、合作的精神得以發揚光大。讓我們為人類社會真正實現人與人和人與自然的雙和諧而努力。

序六：在路上

朱聞武

「絲路行」系列之開篇〈梁家河：有大學問的地方〉中引用的「每個人的氣質裡，都藏著讀過的書，走過的路，愛過的人」之句，大約可以看作整本書的肩題。

張邁曾向我發過南極論壇的邀請函，真誠而隨意，一如之前同遊峨眉、九華、安慶，成與不成都看緣分，因為我極羨慕他背上行囊「自由行」的那種灑脫，青年時期他溯長江而上，過荊州穿三峽，每到一處便寄一張明信片給我，字形瀟灑而修長，一如他作為溫州金融足球隊、溫信足球隊「風之子」的身姿。話說我可是正經八百看過張邁踢球賽的，自然他的球評更為出名。1994 年世界盃，《溫州日報》設專欄「張邁評球」。1998 年世界盃，我在《溫州日報》約張邁寫專欄「大力神之光」，《溫州晚報》也約他寫，他凌晨看球清晨交稿，一球兩評，雙手互搏，角度迥異，絕無雷同。這邊是「張邁」、那邊是「章脈」，巧思豪想、誠信守約，字節跳動、酣暢淋漓，編輯和讀者皆大歡喜。1998 年法國世界盃前他去了巴黎，替《溫州日報》世界盃特地寫了很有情懷的開篇——〈美人如玉劍如虹〉，法國世界盃後不久率溫州金融足球隊奪了溫州市第十一屆市運會冠軍。

而本書則是一份驚喜，從個人風格鮮明的球評到融合政治、軍事、科學、宗教、文學、藝術、經濟、體育諸多領域的一部筆記，恰似張無忌從冰火島上的七傷拳到光明頂上的乾坤大挪移。每天陽光灑進書房時

刻，都會按時收到張邁發來的文章，跨界與融合是網際網路時代的特點，因而在這個系列文章裡，會心一笑是最顯著的觀感，從歷史事件中解讀當下，從南美洲忽然回到家鄉，從佩德羅就跳到 C 羅，從匈牙利的阿提拉大帝忽然轉到漢代戰神霍去病，這種極為豐富的想像與收放自如的頻道切換顯示了一個優秀金融行家廣博的知識面與扎實的閱讀累積，個人對世界的思考以及噴湧的靈感，比如在里約的基督山，居然就用溫州江心寺那副傳誦數百年的對聯來解碼，堪稱神來之筆。

而我尤為共鳴的是〈曾經的花樣年華 —— 初見阿根廷〉結尾段：「……這裡一定悲傷過，沒有什麼是一頓烤肉過不去的，要是過不去，就兩頓！門外不遠的馬拉度納曾經走過這裡，還有他最好的夥伴卡尼吉亞，風吹起他金色的長髮，阿根廷的狂喜與憂鬱都在這些交雜著的藍色與黃色裡，推開門出去，這裡的春天依然寒冷，南半球午後的陽光落在身上，仍然帶著 90 年代的溫暖。」這段帶著強大的熱情充滿南美魔幻主義風格的文字，是青春的記憶、時代之烙印與球迷底色融合起來的一次噴發，而只有在那個點上，才能夠使所有的記憶恢復生氣，從這個意義上說《平路易行》是知行合一的極佳版本，而筆記體這種文字體例，恰好為無拘束的自由選擇提供了最佳的表達方式。

張邁的語文課一定學得極好，不然不會改編起〈滕王閣序〉、〈蘭亭集序〉信手拈來，在全系列的百花錯拳般的描述記敘中，可以看出他是以傳統文化的底蘊來觀察世界的，在行走中思考西方文明的源起與轉折，尤其醉心於大航海時代文藝復興、絲綢之路，在《平路易行》大結局的那天早晨，我在站頭等公車的時候打了個電話給張邁，我說如果有「九陽神功」的基礎，那麼學波斯的「聖火令」也是很快的，唯有如此，「人類極簡史」與「地理小發現」才能交織在一起，在時空縱橫中尋求一些共振與慰藉。

曾經的業餘足球運動員傷了「黃金左腳」而不得不坐輪椅遊歐洲，本是一次行路難的記憶，卻隨緣頓悟了「平路易行」，在蕩氣迴腸的悲喜中走向明天；《平路易行》滋生出「真心、正義、無畏和同情」。17 年前「SARS」期間溫州作家吳明華先生創作了《其實你不懂溫州人》，當時我是企劃出版人，這次，我又懂得了溫州人！

　　應好友張邁之邀作點滴隨想為記。

序七：天地之間的俯察與仰視

周新旺

接到張總邀請寫序的電話，我正開著車路過家鄉，一路穿越著鮮有車輛的南北大動脈，接完電話，思緒萬千。一方面是感激，感謝老主管的信任；另一方面是誠惶誠恐，感覺責任重大，怕跟不上張總的思路，寫出的內容不能展現本書之精髓。

金融領域裡聰明的人多，成功的人少；人情練達的多，願意做苦活、累活的少。張總作為金融領域的領軍人物，骨子裡更像流淌著中國傳統人文修養的知識分子，他善於吸收各國的文化精華，推陳出新，他對入世和出世分寸的拿捏非常到位，為人處世十分讓人敬佩。我一直記得 2009 年的那個早上，我和其他幾位來自北京的應徵者拿著平易基金 HR 安排的火車票乘車到達上海，面對清晨恆隆廣場辦公室裡臉上寫滿了對金錢渴望的熙熙攘攘的人群，感覺十分迷惘。走進張總的辦公室，給人一種別有洞天的韻味，從辦公室的布局設計到書籍的擺放，都透露出濃厚的人文氣息。看到他寫的文章，感覺清新、幽默的語句中傳遞著人生的智慧。見到其人，是溫文儒雅的君子形象，當談到財務、會計、金融專業知識，他又信手拈來，非常靈活，不似傳統的迂腐書生。這些情節像經典的電影一樣印在了我的腦海，在後來自己獨立做事時再回想起這些細節，越發被張總的魅力所折服，相信與他共事過的同事都成了他的忠實粉絲。

序七：天地之間的俯察與仰視

在和張總共事期間，我們一起出差去了很多地方，山東、雲南、廣東，緬甸，見到了各種層級的人，也談了各式的投資專案，他處理投資的事情乾脆果斷，專業不盲從，嚴謹又不失風度，讓合作夥伴們留下了非常好的印象。我一直記得他經常培訓我們的金句，做好投資一定需要「眼觀四路，耳聽八方」，這也成為後續我教育新人的名言。後來我雖然離開平易基金，但和張總一直保持著密切聯絡，建立了亦師亦友的關係。

張總骨子裡存在溫州人不斷打拚、敢闖天下的精神。他的第一份工作在故鄉溫州，當做得風生水起時，他毅然放棄了溫州的優越環境到上海發展。在上海從事信託行業工作的時候，創造了很多第一的案例。後來又從上海走向全中國，並擴展到歐洲、南美，直到探索南極。他的每一步都走得堅實、穩健，同時不斷奮鬥，讀萬卷書，行萬里路，張總算是最好的實踐者之一。自從他開通了「南方有崑崙」的自媒體帳號，我也跟隨他領略了世界各地的風景和文化，了解了南極的趣聞軼事，開拓了新的眼界。現在，這本記錄了他行走軌跡的書即將出版，可以讓更多的人了解南極、關注南極。在《平路易行》裡面，他一直在前面帶路探索，讓南極這塊陌生的區域變成了大家熟悉的地盤，使得我們更加了解我們自己生活的地球家園；在我們並不陌生的絲綢之路、文藝復興和大航海時代中時而展露體察入微、穿越分子結構的歷史視角，時而表達游目騁懷、飛昇無限航拍的地理觀念，帶領讀者共同體驗一番仰觀宇宙之大，俯察品類之盛的視聽之娛。

從某種程度上說「南極」已經成為卓越與美好的代名詞。相信我們在閱讀本書時，也能找到自己心裡的「南極」。

序八：生命在行走中記憶，記憶在律動中涅槃

翁天祥

邁兄，數年前相識於滬，席間喧嚷，他翩然而至，微笑頷首，且無高論，但顯江南溫潤。一晃五載同窗，時睹精緻小文，或洋洋灑灑，或一語中的，無不顯深厚的國學功底，精湛筆法，寬闊視野，常討教而不得，笑日，有機會一定撰集交流。

時光如梭，不覺織進了西風，又織進了秋雨，留些許筆記，記錄綠蔭果嶺、街頭小酌、品茗闊論，但僅微醺豈能罷休。今獲稿，挑燈夜讀，酣暢淋漓，醍醐灌頂，敬邁兄，滿腹經綸。

溫州人與莆田人，皆有東方猶太人之稱，皆走南闖北，勤耕不輟，不因事微小、艱苦而不作。閒暇之餘，多有讀書寫字之樂。邁兄數月之間集成洋洋灑灑一本書，兩三天一篇，談古論今、引經據典、品評時事，非常人所能及，亦屬熱情所致、學富五車而感。一個金融執舵者，能有如此豐富深入的歷史地理知識，還能有雲淡風輕的情懷，實屬罕見，必須是跨界的智者，必須有博大的胸懷，必須洋溢著家常鄰里氣息，必須散發著炙熱的思考，必須揮灑著森巴舞的熱情。

我雖也是一個旅者，但平生慵懶，喜縱情於山水，不苦讀亦無鑽研，常虛度光陰。如果說我的人生只是一場肉體的旅行，邁兄則是一場身心的修行、淬鍊與穿越，那真是前世今生都戀戀不捨的沉醉、糾纏，邁兄榜樣無疑。

序八：生命在行走中記憶，記憶在律動中涅槃

「南方有崑崙」也好，「平路易行」也好，都是寶貴的分享，有很多人文、歷史、地理的思考與探究，使遊記的層次與內容更加豐滿立體，讓人魂遊古今，融貫中西，更加突顯人生態度。邁兄在不斷的奔跑中，找到人生精神之所在，如卷首語所述：尋找生命互動的頻率。生命因孤單而凋謝，生命因互動而燦爛，也因互動而溫暖，我們都熱愛這塊土地，熱愛這個世界，熱愛人們，生活雖平常，但有我們無盡的愛，終生如夏花。

感謝邁兄抬舉，斗膽而言，歲月無痕，墨字為證，時時酌酒幾杯，浩瀚星宇，不盡暢遊，永銘清華同窗情誼！

序九：行世界

張添逸

　　還記得 2019 年 10 月 13 日中午，我送爸爸媽媽和弟弟到樓下，一想到他們將從浦東出發，從北美轉機到南美，在巴西、阿根廷歷險之後飛到世界盡頭的烏蘇懷亞，然後再坐郵輪前往沒有人煙的南極，我的心情非常忐忑。因為畢業班學習功課重，我第一次沒有跟隨父母遠行，想到這將是迄今為止最久的一次別離，我鼻子一酸，眼淚就落了下來。爸爸媽媽擁抱了我，爸爸拍了拍我的肩膀，那一刻，我感覺自己長大了。爸爸媽媽去南極的二十多天裡，我也完成了一個挑戰，我學會了自我管理，獲得了全班第一的好成績，困難就是契機，挑戰就是人生的加速器。

　　爸爸喜歡行世界，每一次都是自己安排行程，大多數時間都會帶我們，有時還帶爺爺奶奶外公外婆一起走，在我還不到一歲的時候，就帶我去了普陀山、九華山、黃山、樂山，去了三亞的海邊，爬上了峨眉的山巔。2017 年夏天，爸媽帶我和弟弟去聖彼得堡看國際足總洲際國家盃決賽後，又從莫斯科飛到了北極圈內 400 公里的莫曼斯克，在那裡我看到了北冰洋。

　　今年，爸爸完成了本書，我參加了書中「絲路行」、「平路易行」的全部活動和部分的「跑步」。跑步附錄「江湖行走」大部分講的是爸爸關於童年、青春和故鄉的回憶以及他參加的社會活動和商界生活的點滴。我雖然沒有去南極，但看了爸爸寫的文字，我就如同去過了那裡；我雖

序九：行世界

然沒有像弟弟那樣參加南極論壇，但看了鳳凰衛視的專題影片，也猶如身臨其境；相信所有沒有去過南極的人，看了爸爸寫的「南方有崑崙」，都會像去過了一樣。

2018 年 5 月，爸爸左腿跟骨骨折，他綜合了包括溫州的春雷伯伯在內的很多醫生的意見，決定不做手術，在 47 歲生日的第二天，坐輪椅帶著全家人去了歐洲，帶我們考察文藝復興、大航海時代和歐洲足球俱樂部，這是他第四次帶我們去歐洲，因為坐輪椅，這一次他要避開所有的臺階，所以他反而戲稱是「平路易行」，這一路有很多的艱難與困苦，爸爸媽媽無所畏懼，帶我們走過了所有的路。

爸爸富有冒險精神，敢為人先，在困難面前從不低頭，他從歐洲回來後，在社群平臺中說過要寫書，但一直沒有動筆。今年以來，爸爸每天起早摸黑寫作，每天發到自媒體平臺「南方有崑崙」上面，很有意義。整本書記錄了旅遊中的趣事、著名人物的故事，很有趣味性，對較少機會出去行世界的人是很大的福利，希望大家都能在讀書的過程中感受到探索世界的樂趣！

卷首語

　　寫完 110 篇「平路易行」，正好是 2020 年 9 月 3 日，從己亥年十月假期為 2019 南極低碳行專門註冊自媒體帳號「南方有崑崙」並發表第一篇文章〈南極洲的布局〉開始，到第 110 篇〈移動的塵埃〉，過去了 330 天，平均每 3 天更新一篇，是一個不小的工作量。寫南極的文字，一多半是在 10 月、11 月於南美洲和南極洲邊走邊記完成，之後的文字大多是在 2020 年 1 月－ 8 月「悶家」悶出來和跑步跑出來的。

　　2020 年 4 月 25 日，同行推出了《南極 —— 尋找生命互動的頻率》，用了這樣的文案：如果你感到生命正在變得狹小，如果你想拋棄所有塵世間的煩惱，是時候關注這部治癒心靈的紀錄片了 —— 寫得真好！其實我的這些文字也是在找尋生命互動的頻率，在全球共炎涼的情境之中，在人類上下五千年和縱橫數萬里的時空中尋求一些共振與慰藉。

　　作為一名金融工作者，我嘗試了對南極論壇的全面解讀；作為一個歷史愛好者，無知無畏地對絲綢之路、文藝復興、大航海時代等題材進行了混搭研究；作為一個資深球迷和業餘足球運動員，觀察思考了天下足球；作為一個曾經的行動不便人士，寫下了輪椅上看到的歐洲；作為一個健康的跑步者，記錄了「當我談跑步時，我談些什麼？」。

　　透過「南方有崑崙」、「絲路行」、「平路（亞平寧之路，亦指無障礙通道）易行」、「跑步」四個系列的隨筆涵蓋歐亞大陸歷史上的重要人物，加上中日、美日關係的解讀，散漫地湊成了關於政治、軍事、科學、宗教、文學、藝術、經濟和體育的「人類極簡史」，誠摯呼應南極論壇「建構人類命運共同體踐行平臺」的提法。在走遍七大洲、五大洋之

後，關於南極、南美、絲路、亞平寧和伊比利半島以及各大足球俱樂部的描述將旅行心得和考察日記熔於一爐，亦有一些地理小發現，可當作鮮活的旅遊攻略閱讀。

感恩有你！感恩這一路出現的朋友！

南方有崑崙

1
南極洲的布局

　　1984 年 10 月 8 日，中國首支南極洲考察隊在青島成立。十月長假結束後的第一天，中國人的南極考察史剛剛迎來 35 週年。

　　篳路藍縷、櫛風沐雨的 35 年過去，當我們將目光轉向世界的最南方，在南極內陸冰蓋最高點的冰穹上，第三座中國南極科學考察站也已經屹立了整整 10 年。那裡高程 4,087 公尺，接近中華龍脈萬山之祖崑崙山山口的高度，她的名字也叫「崑崙」!

　　2005 年 1 月 18 日，中國第 21 次南極考察隊從陸路實現了人類首次登頂冰穹 A，而後中國又率先完成了對中山站與冰穹 A 之間格羅夫山區的考察，最終因此贏得國際南極事務委員會的同意，在冰穹 A 建立考察站。冰穹 A 是南極冰蓋的制高點，可以說是南極冰山之祖龍，中國由此確立了在南極考察方面鼎足而三的國際領先地位，其功勳足以照亮這片人類最後的淨土。

　　南極洲又稱「第七大陸」，面積約 1,400 萬平方公里，對於美國、歐洲和中國來說，都是 1.5 倍左右本域的面積，已經是世界最大的科學試驗場和競賽場。1956 年，美國在地球自轉軸的南極點上建了阿蒙森－史考特南極站，雄霸地球一極；蘇聯緊跟著於 1957 年在南極磁點建了東方站（Vostok Station，現在屬於俄羅斯）……相隔將近半個世紀的崑崙站，終於使拚命追趕的中國人繼太空競賽之後再度在地球準太空的南極進入

優等生俱樂部，而崑崙站鼎更是以大國重器的姿態無聲地宣告中華龍脈延伸至冰穹 A。

「準太空」這個詞是在 2018 年 10 月 29 日南極論壇組委會舉辦的第二次相聚雪龍號連線南極站的活動中，聽中國極地中心主任、首席科學家楊惠根博士介紹崑崙站的情況時首次耳聞，而後在第三次南極論壇的行前會上於南極論壇副祕書長、南極會副會長葉公偉先生的發言中再次聽到。楊博士向我們這些 2018 年的新晉極友說明了崑崙站的策略意義。

首先說明流體力學中的邊界層概念，邊界層是高雷諾數繞流中緊貼物面的黏性力不可忽略的流動薄層，又稱流動邊界層、附面層。邊界層內速度的法向垂直表面的方向梯度很大，即使流體黏度不大，如空氣、水等，黏性力相對於慣性力仍然很大，發揮著顯著作用，因而屬黏性流動。而在邊界層外，速度梯度很小，黏性力可以忽略，流動可視為無黏或理想流動。

然後我們被告知北京、上海的邊界層約為 1,000 公尺，而崑崙站上方的邊界層僅為 13.95 公尺，在崑崙站建天文望遠鏡很容易脫離邊界層的影響，可以基本不受體積限制地造出與哈伯望遠鏡功能近似的科學儀器，維護成本大大降低，硬體改進更新更是有無可比擬的優勢。崑崙站目前測到的最低溫是零下 84℃，在幾近無水的低溫空氣中，灰塵都凝成金剛石般的冰晶，對於可見光和無線電，崑崙站探測宇宙的窗口是全部打開的，這裡也是地表最強的探知暗物質和暗能量的窗口。楊博士認為在南極科學考察領域，最有可能獲得諾貝爾獎的是天文學方面的研究。

翻開南極地圖，最南處是以最先到達南極的兩名人類先驅的名字命名的美國阿蒙森─史考特站，她的東北面是中國的崑崙站，東南面是俄羅斯的東方站。鐵三角之外是一圈圈星羅棋布的一百多個科學考察站，

東方站離崑崙站更近一些，有冰上跑道，崑崙站至中山站的跑道建好之前，中國人得與俄羅斯商量借他們的跑道降落。

長假期間，看了長達 30 集的紀錄片《中國南極記憶》，對南極科學考察的全貌有了基本的了解。1984 年中國成為《南極條約》的締約國，由於還沒建科學考察站，無協商國地位，南極條約協商國會議表決之前，代表被請出去喝咖啡，首任南極科學考察隊隊長郭琨先生言及此事，老淚縱橫。他受命三個月內建成長城站，電影中出現了 1980 年代風靡神州的五條彈簧拉力器，科學考察隊員用來在向陽紅 10 號的甲板上鍛鍊身體，防止因體力衰退而倒下……科學考察船配備 56 式步槍，以防印尼海域不知深淺的海盜摸上船……中國人克服困難的本事和苦中作樂的精神真讓人感動萬分，亦鑒於此，每每完成西方人眼中不可能完成的任務，屢屢彎道超車。

行前活動：上海中國極地研究中心

1989 年 2 月，中國科學考察隊員在極地號破冰船撞出洞被冰崩所困的絕境下建成南極中山站，確保了南極圈內有站而鞏固了在南極科學考

察中的國際地位。正是有靠印度洋的中山站作為基礎，才有條件在更縱深的東南極洲內陸建設南方之崑崙。2014年2月中國又建成南極泰山站，而第五個南極科學考察站羅斯海新站也已於2018年2月在恩克斯堡島奠基，這個站預計要4年後建成，將會是中國「功能完整、裝置先進、低碳環保、安全可靠、國際領先、人文創新」的現代化南極考察站。

回顧走過國家發展一半歷程的南極科學考察，算是對即將成行的南極論壇2019南極低碳行活動的一次預習。在啟動儀式上，世界自然保護聯盟組織主席章新勝先生認為，這次論壇的參與者包括科學家、藝術家、企業家等各方面的人物，他們既可影響政府官員，又可影響普通百姓……有人做了幾十年關於南極的研究，但是總是將其定義在科學層面、環境層面，從未進入過思想層面、社會層面。倘若注入思想與價值觀，影響力將波及所有人。

去過三次南極的葉公偉先生在行前會上表示：「南極論壇的目的是打造一個非政府論壇品牌，建立一個獨特的影響力平臺，以共同價值觀為核心逐步形成一個我為人人、人人為我的小命運共同體……」南極論壇執行祕書長蔡育天先生代表主辦方呼籲：「南極之行，能體會到生命的價值所在。當你駛向世界的邊緣的時候，你也在深入心靈的中心。」——這已經是詩一般的語言，當我們越過赤道，飛過南半球西風帶，到達世界盡頭，跨過魔鬼海峽，登上南極半島，憑欄長城，眺望最南的南方，那裡還有一個巍巍崑崙，竟然是我們心靈的中心！

南方有崑崙，是多麼剛硬又浪漫的事！

2019年10月7日

2

東方有雪龍 —— 寫在國家記憶裡

如果不關注中國科學考察，就不會注意到雪龍號，這艘破冰船載著中國科學考察隊員一次次從上海出發，經過赤道，在澳洲西部伯斯的費利曼圖港口補充給養，然後進入南大洋西風帶狂風惡浪的荒漠之海。她既不是中國第一艘赴南極的科學考察船，也不是中國自己建造的科學考察船，卻成為最有名的大國海器之一，與遼寧號航母蛟龍號載人潛水器齊名。

其中一個原因是雪龍號服役時間長，運送了大批中國科學考察人員，是中國兩大港口科學考察站長城站與中山站最重要的補給船隻。配合因地球自轉引發巨浪而無山脈擋風的南緯 40 度的魔鬼海域，雪龍號讓初走這條路的朋友留下一言不發、二目無光、三餐不食、四肢無力、五臟翻騰、六神無主、七上八下、久臥不起、十分難受的體驗，然後將他們安全送達南極，同時替長城站和中山站送去柴油、建材、食品、車輛裝備等物資，帶回早就實施好分類的垃圾。

雪龍號是中國第三代極地破冰船和科學考察船，是由烏克蘭赫爾松船廠在 1993 年 3 月 25 日完成建造的一艘維他斯·白令級破冰船，中國於 1993 年從烏克蘭進口後按照中國需求改造而成。雪龍號 1994 年 10 月首次執行南極科學考察和物資補給運輸，已先後 35 次赴南極，亦多次赴北極執行科學考察與補給運輸任務，足跡遍布五大洋，創下了中國航海

史上多項新紀錄。雪龍號一次次往返南極，一次次回到母港上海，有科學考察人員十多次搭乘雪龍號，十多次來回，大約二十年過去，自然就白了兩鬢。

　　上海是雪龍之鄉，是雪龍號的母港，因此南極論壇兩次安排相聚雪龍號的活動，分別安排在雪龍號第 33 次、35 次赴南極科學考察之前。第一次是 2016 年 10 月 16 日，論壇主辦方之一哥倫比亞大學地球中心主任阿瑟博士還專程趕來參加了活動，矩陣公司作為支持方也參加了此次活動，並派常務副總 Jason 陪同阿瑟博士參觀了雪龍號。

　　第二次是 2018 年 10 月 28 日，因為這樣的活動涉及面廣、參與者眾，均須提前很久部署，所以時間一經確定是不好再改的，到了 28 日當天，雪龍號的行前工作尚未完成，不能上船，原本已成定論的事，也就取消了，只好改為參觀極地研究中心並聽報告，除了〈南極洲的布局〉中提到楊博士的極地考察報告之外，雪龍號的大副也趕過來，為我們帶來不少好料，除了介紹雪龍號之外，還重點介紹剛剛下水的雪龍 2 號。

　　雪龍 2 號與大哥雪龍號不同，是中國第一艘自主建造的極地科學考察破冰船，噸位雖然比雪龍號小，但因其是全球第一艘採用船艏、船艉雙向破冰技術的極地科學考察破冰船，戰力與顏值都勝出老大不少，而且能夠在 1.5 公尺厚冰環境中連續破冰航行。由於當時尚處於下水觀察狀態，我們只知雪龍 2 號交付使用後將填補中國在極地科學考察重大裝備領域的空白，只知其象徵著中國極地考察現場保障和支撐能力獲得新的突破，自然更沒機會上去看。我們得到的消息是，2019 年中國極地研究中心將完成雪龍 2 號的建造，並開始進行南北極試航。

作者（左三）參加連接長城站中山站活動

　　今日在北京參觀了國家博物館和北京展覽館，國博與北展都有雪龍號的展示，東方有雪龍，已經寫在一個國家的記憶裡。

2019 年 10 月 9 日

3
南極仙翁

　　在 2013 年第一屆南極論壇的參加者中,有一位當年虛歲八十的老人劉吉。劉老祖籍安徽安慶,1958 年畢業於清華大學動力機械系,大神級優等生出身,曾擔任中歐國際工商學院院長職務被年輕人們熟知。在我辦公的大廈二樓,有一家併購博物館,亦是 2015 年受表揚的上海併購金融集聚區的地標之一,裡面有一張 001 號併購師證書,正是劉老贈送給博物館的,我去南極,相當程度是受了劉老的影響。

　　五年前南極論壇的一次官方活動中見到劉老,他自稱「80 後」,與年輕朋友們相談甚歡,組委會贈送劉老寫的新書《八十老翁去南極》給大家,我請劉老簽名留念,劉老欣然提筆。我拿著劉老簽名大作回家捧讀,書不厚,還放了很多賞心悅目的照片,我一個晚上就讀完了。掩卷而思,對劉老書中概括的「神奇、神聖、神靈居住之仙境」十分神往,由此與南極結下不解之緣。

　　今年,南極論壇 2019 年南極低碳行行前會上,劉老繫著紅領巾代表老極友上臺發言,他笑談南北極都去過,要我們如去珠峰就喊他同往。劉老極具環保意識,說到大本營即可,無須登頂。其實南極論壇也只是探索南極洲邊緣,到訪長城站,並無極點的安排。人類與自然,乃是和諧共存的關係,就是朋友般探訪,不談征服,這樣大家都很輕鬆。

　　10 月 13 日從上海出發在達拉斯轉機飛布宜諾斯艾利斯開始南極之

旅，前一航段我在趕貳代公寓的私募文件，後一航段終於有空二刷劉老大作，因為此法與劉老上次的行程基本一樣，相當於看一篇極高規格、針對性很強，並頗具人文色彩的頂尖文章。

大多數人都知道，《南極條約》約定在條約有效期內各國不得提出領土主權要求，南極洲僅用於和平目的，禁止一切帶有軍事性質的活動。但是包括我在內的很多人對這個條約的年限並不清楚，實際上 1991 年各國進一步協定延長 50 年有效期，所有問題到 2041 年「留給子孫那一代決定」。劉老對這個背景是做了研究的。

《南極條約》並不否認已宣布的各國領土主權的要求！英國 1908 年首先提出領土主權要求，1917 年正式將南極洲 61% 的面積列為英屬地。紐西蘭、澳洲獨立後，繼承了英國部分屬地面積，1936 年澳洲正式宣布占有南極 42% 的領土主權。此外，法國、挪威、智利、阿根廷均正式宣布了自己的領土主權。好在美國由於「二戰」等原因未及付諸行動，才有艾森豪（Dwight D. Eisenhower）總統於 1958 年，也就是劉老清華畢業那年倡導 12 個相關國家就南極問題進行談判，於 1959 年達成有效期 30 年的《南極條約》，並於 1991 年協定續延 50 年。中國於 1985 年建成長城站即成為《南極條約》協商國，趕上了第三波關於南極未來的話事行動。

劉老在書中提到：「中國人從現在這一代起就要認真了解南極，關心南極，才能有效地參與將來『子孫那一代』的決定。我想這應是南極論壇的宗旨。」所以他在書的扉頁寫著「獻給寧寧和他們 2041 年當道的一代」。

南極論壇的行前會，當日還邀請了法國兒童合唱團來交流，這些八、九歲的孩童到了 2041 年均年過而立，此次同行的小極友張評逸，

2011 年出生，到時正好 30 歲，他與劉老家的小朋友寧寧這一輩的孩子，將來會和這些合唱團的孩子們一起替世界協商出南極怎樣的未來呢？

　　這或許也是我們這一代需要思考和努力去做，並為二代打點基礎的事。我們希望南極乃至世界都是和平的，我們這一代的中國已經將崑崙站建在南極洲最高的冰蓋上，中國人的崑崙，始終不忘南極仙翁的傳說。

2019 年 10 月 13 日於巴拿馬海盆南北美分界線上空

4

曾經的花樣年華 —— 初見阿根廷

近年有網紅專家分析，北上廣各挖一條穿越地心的隧道，對洞出來都是阿根廷，因此有「穿越地心來看你」一說。浪漫歸浪漫，實際上是兩個 10 ＋小時的飛行，任你往西飛杜拜、杜哈抑或巴黎、倫敦，還是往東飛邁阿密、達拉斯，都得再飛十多小時方可抵達阿根廷首都布宜諾斯艾利斯，地心對岸，自然是地球上最遙遠的距離。

1950、1960 年代的阿根廷，經濟總量在世界排名前十，平均每人所得居拉美之首，被譽為「南美洲的美國」、「世界的糧倉和肉庫」，布宜諾斯艾利斯則被直接冠以「南美洲的巴黎」這樣的稱號。70 年代以後穩定局面崩潰，多次政變，而後多次經濟危機，我目睹 2001 年一次危機對商人帶來的傷害，近期又看到一次股匯雙崩，就這樣在「你還好嗎？」的疑問中飛越太平洋到達拉斯，又穿越巴拿馬海盆一路向南到了大西洋邊的「好空氣」之城 —— 布宜諾斯艾利斯。

機場還不錯，只是入境辦得太慢。與達拉斯入境先機器自助做完90% 的工作，剩下問一、兩句話放行的效率大不同，阿國的入境速度很慢，等我們出來時，行李早就擱那裡等我們好久了。遺憾的是機場找不到換錢的地方，連個 ATM 都沒有，到達處也是辦登機證的地方，人挺多，有些雜，仗著身上還有些影響力遍布拉美的美元，索性就不換錢了，直接出去找計程車。計程車也沒有規範，按美元計價自然要宰一

刀，不跳錶不講匯率報 38 美元，但加上「一刀」比起中國國內旅遊網站的接車服務還便宜一半，就不囉唆了。

約三刻鐘到希爾頓，酒店在拉普拉塔河邊，全城只有這麼一家希爾頓酒店，入境關員問住址只要說希爾頓就可以了，可見其行業地位不低，酒店很友善，上午十點到也同意辦入住了。

如果讓你說一個熟悉的阿根廷人，年紀稍大一點的大都會報馬拉度納（Diego Maradona），年輕一代會報梅西（Lionel Messi），當然對足球不感興趣的也許會報裴隆夫人（Eva Perón）或者切·格瓦拉（Ernesto Che Guevara），文學愛好者可能會說拉美文學的代表人物波赫士（Jorge Luis Borges），也有朋友把酒當友，笑言「馬爾貝克」。不怕暴露年齡，1 小時後，我見到了馬拉度納。在博卡青年俱樂部對面的巷口，有一個馬拉度納坐像雕塑供人合影，梅西面對他站著，有些覷睏。這是經典的兩代人，馬拉度納在 1986 年世界盃封神，而梅西在 2008 年北京奧運會上奪得男足金牌，只是接力棒傳得有點尷尬，後面阿根廷就差那麼一口氣，不但世界盃沒戲，美洲盃也兩次被智利拔了頭籌。足球與國運還是有些關係，阿根廷足球和阿根廷一樣，從先進國家變為開發中國家。

直到 2021 年 7 月 11 日，梅西終於帶領阿根廷奪得美洲盃冠軍。梅西從這一天開始接過了馬拉度納的代號，2021 年 9 月 10 日，梅西在世預賽上對玻利維亞上演了帽子戲法，超越比利（Pelé）成為南美射手王，而他在巴黎的革命也將開始，梅西在巴黎的光芒必將會傳送到「南美洲的巴黎」布宜諾斯艾利斯。馬拉度納於 2020 年 11 月 25 日離開了這個世界，博卡糖果盒球場滅燈，只留下馬拉度納專屬包廂的一束亮光，照亮了阿根廷足球隨後開啟的新時代！──謹以此文紀念馬拉度納。

博卡青年隊與河床隊是 90 年代耳熟能詳的名字，是與我們不相干的

同城冤家，本無厚薄，但因為馬拉度納是博卡的，所以我就去了博卡青年隊的博物館。博卡區似乎不太熱鬧，當 Uber 司機放我們下來時，我一度懷疑是否搞錯了地方，這路邊的塗鴉、料峭的春寒，像是一個貧民區日常的中午時光，直到我看到那獨特的黃與藍，在轉角遇到馬拉度納，才知道到了平民的聖地博卡。

23 個小時的飛行很耗體力很容易餓，然後不休息就來博卡打卡，肚子已經餓得必須先吃飯。在博卡對面的橫街上推開一扇半掩的門，是一個老式的足球酒吧，還有一個小舞臺，上面有張舊沙發，旁邊掛了一些小燈和一串世界各地俱樂部小旗，有皇馬的也有 AC 米蘭的，彷彿往那舊沙發一坐，就可以穿越回 90 年代。酒吧裡光線很暗，正懷疑沒有午餐可吃，一位大嬸亮燈了，幫我們拿來了菜單，經過一番跨越多種語言的複雜探討，我們點了沙拉、烤肉和啤酒。啤酒是 1.5 升瓶裝，烤肉是牛肉、雞肉、香腸一大盤，放在一個老式的支架上，盤子舊但很乾淨，烤肉道地、醬汁有味，像魔法一樣變出來，然後就有其他顧客進來，在烤肉的嗞嗞聲中，餐廳立刻就鮮活起來，變成了舌尖上的阿根廷。

1,560 披索，合 30 美元，現金支付，全是老式的情調，和 90 年代沒有差別。1990 年世界盃，阿根廷淘汰巴西，這裡一定狂歡過，而後被德國奪走冠軍，這裡一定悲傷過，沒有什麼是一頓烤肉過不去的，要是過不去，就兩頓！門外不遠的馬拉度納曾經走過這裡，還有他最好的夥伴卡尼吉亞（Claudio Caniggia），風吹起他金色的長髮，阿根廷的狂喜與憂鬱都在這些交雜著的藍色與黃色裡，推開門出去，這裡的春天依然寒冷，南半球午後的陽光落在身上，仍然帶著 90 年代的溫暖。

初稿完成於 2019 年 10 月 17 日

修正完稿於 2021 年 9 月 11 日

5

足尖上的聖保羅

　　10 月 15 日到達聖保羅，聖保羅入境簡單而隨意，陽光比布宜諾斯艾利斯柔和，植物茂盛，基礎設施陳舊，公路上川流不息。李凌同學安排了車來接，一個小時後到達 Rua Haddock Lobo，一個在 Airbnb 上評價頗高的公寓，老式的電梯、有點藝術氣息的裝點，都在告訴我們這個兩千多萬人口、建城四百多年，占了巴西 42%GDP 的城市相當於巴西的魔都，南美洲的上海。

　　保利斯塔大街上的流浪漢夾在時尚的匆匆行人中告訴你這裡是真實的巴西，四季溫暖的氣候給無家可歸者極大的便利，世界排名前五的聖保羅大教堂外幾乎是流浪者的天下。巴西人都坦言治安不好，如果你扛著個單眼四處漫步是很容易成為目標的，因此最好的辦法是拿緊手機，融入巴西，這是個不容許炫富的國家。

　　日本人與聖保羅淵源頗深，採取直接歸化巴西球員這種立竿見影的方式，巴西人拉莫斯（Ruy Ramos）、呂比須（Wagner Augusto Lopes）、三都主（Alessandro dos Santos）、田中鬥莉王（Tanaka Marcus Tulio）相繼歸化日本，由此帶來 1998 年世界盃出線，2004 年亞洲盃奪冠和 2010 年世界盃及之後的成長，日本人的心中有一個燈塔一樣的聖保羅，當年漫畫《足球小將》裡就有大空翼效力巴西聖保羅俱樂部的橋段。

　　巴西拿了五次世界盃冠軍，聖保羅是有資格成立足球博物館的。聖

保羅足球博物館位於巴西足壇豪門科林蒂安斯俱樂部之前的主場 —— 帕卡布球場，總投資約 1,780 萬美元，占地約 5,600 平方公尺。由整個一側的看臺改建而成，它於 2008 年 9 月 29 日正式對外開放。博物館布展的中心思想應該是「與世界有關的足球和與足球有關的世界」，布展者有情懷、有視野、有高度，核心區是從 1930 年第 1 屆世界盃開始到 2018 年第 21 屆世界盃的回顧，雖然是以影片和照片為主，但結合了同時期世界大事，「9·11」事件、Facebook、微軟 Windows 面世、複製羊、冷戰、柏林圍牆倒塌等等大事件與歷屆世界盃大事相互串聯，把世界之複雜和足球之簡約勾連得嚴絲合縫。

這裡的巴西人心中只有世界盃，沒有歐洲盃沒有金球獎，即使是名聲和紀錄均逼近歷史最佳的 C 羅（Cristiano Ronaldo），在這裡竟然不見蹤影。梅西出現過一次，阿根廷有世界盃成績，梅西可以借光。葡萄牙雖有含金量不在世界盃之下的歐洲盃，但對不起，南美人只認世界盃。

博物館的遊戲區可以踢點球並能測出球速，我踢出一腳騙過門將的點球射門，顯示進球時速每小時 65 公里，年輕時踢球沒計量裝置，猜想應該在百公里時速以上吧！巴西人的驕傲是比利和羅納度（Ronaldo），比利一生進了 1,282 個球（包含友誼賽），而 C 羅才剛剛踢進職業生涯第 700 球（不含友誼賽），他在 36 歲零一個月時超越了比利的正式比賽進球紀錄，並在歐洲盃首場比賽後提升到 779 球，但巴西人那麼多彰顯「快樂足球」的友誼賽進球，恐怕很難超越。

聖保羅踮起她的足尖，一個叫「足球」的精靈在上面跳舞。

初稿完成於 2019 年 10 月 18 日

修正完稿於 2021 年 6 月 17 日

6
聖保羅的少年朋友

　　見到李凌是在她聖保羅的家裡，她安排了豪華的家宴，邀請了在巴西的鄉賢韓總和應總伉儷，大家相談甚歡，天南地北坐而論道，成了四個家庭的派對，亦是我從南美登陸南極洲的序章。第二天李凌發了一篇社群平臺貼文：「有朋自遠方來，少年友誼，我們認識的時候只有7歲。」作為旅居巴西的30多萬華人的一員，身為企業家之翹楚的她十分關心中國，積極捐款捐物支援家鄉。她一句「很多時候在巴西被讚譽為能人，其實是我有溫州人的血液」讓我想起了《溫州一家人》中的阿雨，那部近年來唯一看完全部劇集的電視連續劇，產生的社會共鳴是顯而易見的，在白手起家的鄉黨中尤甚，每個人都可以在劇中找到自己的影子。當我聽到阿雨說「我身體裡流著你的血」，我是流淚的。阿雨的原型程慧秋是我在清華 GFD 二期班的同學，我在阿秋和阿凌身上都能看到溫州女人的勇敢、堅強、聰慧、美麗和善良。

　　李凌是 Santino 旅行箱包品牌的掌舵人，創辦 Santino 二十多年來，兢兢業業、努力經營，將市場占有率做到巴西第一，迄今賣出去 4,000 多萬個旅行箱包，平均每個巴西家庭都買過 CP 值最高的 Santino 旅行箱包。

　　李凌是我從小學一年級就認識的同學，曾經還是同桌，高中又同班，可謂青梅竹馬的交情。我們的小學叫「小高橋小學」，創辦於 1936

年，本部在古雁池坊碧霞宮舊址，分部在大雄寺巷和牌坊棧，現在看看溫州古城地圖，才驚覺原來我們在釋儒道的氣場之中輾轉赴學懵懵懂懂地度過了少年時代，又在思考能力的巔峰會於基督長臂管轄中的聖保羅。

　　唯願世間諸神、古聖、先賢都賜予我們力量，在地球之上蒼穹之下，捍衛我們凡人的花園，讓我們歸來仍是少年。

2019 年 10 月 19 日

7

里約熱內盧的心中槍林，上帝之城雲海裡的基督

　　這次南極論壇，在里約轉機的朋友很多，三位馬來西亞的極友南極回來再去里約做深度遊，我考慮到南極的精彩一定放在最後，而去一趟南美太不容易，就提前出發先遊了里約。說起來我和里約還做過生意，我原本註冊過 vale.cn 的域名，賣給了世界五百強巴西淡水河谷公司，「Vale」的總部就在里約，羅納度曾經是淡水河谷的形象代言人，除了 2017 年在聖彼得堡洲際國家盃決賽頒獎現場見到他我有些激動之外，更早的時候有一次我在上海的街頭，看見一輛公車車身上極大的羅納度照片和 vale.cn 的標誌，也嘆了一句「人生何處不相逢」。

　　里約最有名的是貧民窟，《玩命關頭》（*Fast & Furious*）裡面男主角在山頂擺弄天線，滑板速降衝進五顏六色的貧民窟的情景時時出現在我腦海，唐米尼克・泰瑞托（Dominic Toretto）幫貧民接通電視看清了世界盃，而我們則透過電影理解了貧民窟。充斥毒品、黑幫、火拚內容的《無法無天》（*Cidade de Deus*）描述的「If you run, the beast catches; if you stay, the beast eats」之景象更是懾人心魄。

　　一度想租一輛車自駕，聖保羅的朋友說「在里約千萬別自駕，你路不熟，要是開進貧民窟……」十天以後，當我在日麗號上看到躺在浮冰上的海豹被兩隻虎鯨包圍的那頁 PPT 時，頓時想起誤入里約貧民窟的自駕者，對於這位或許存在的海豹式駕駛員抱有深深的遺憾與同情。朋友

說在聖保羅從堡壘防禦式的高級社區坐防彈車到市裡辦事，是直接進入建築的，沒多少漫步街頭的機會，就是為了防範可能的風險。而眾所周知里約的治安比聖保羅還差，那麼問題來了：還能不能好好地旅行了？十五日後我們南極歸來，阿根廷導遊形容中國遊客在南美宵小眼中是行走的美元，當我回到上海之時，確是長吁一口氣，算是勝利回到魔都，阿彌陀佛！

里約最著名的是擁抱全城的基督像，而能夠真正領略聖像妙處的倒是相隔半個城的麵包山，我們在黃昏時分坐兩次纜車登上麵包山，第一程先上烏卡山，眺望耶穌山，山頂雲霧繚繞，俄頃，出現一個十字架，在雲海中沉沉浮浮，定睛看去，卻是兩臂張開成一字形的耶穌全身像，隨著浮雲望滄海，在雲長長長長長長長長消（音：雲常漲常常漲常漲常消）之間，似在轉動，加之赤霞經天、玄黃緯地，有無比雄偉的儀式感和拔山超海的宗教氛圍，我心裡想：此城皆處基督像下，舉頭三尺有神明乃是實錘，有信仰的人心安定，不會有那麼多傳說中的匪徒大盜吧？

海拔 215 公尺的烏卡山頂有一健身房，漂亮美女在騎飛輪車，音樂很森巴。里約是一個很讓人刮目相看的城市，即使你事前了解再多，到了跟前還是有意外驚喜，巴西人說：「上帝花了 6 天時間創造世界，第 7 天創造了里約。」讓上帝花費整整十二時辰的里約，絕不是個繡花枕頭，其內在所湧動的複雜性才是最有魅力的地方，從這裡鳥瞰全城，是一個恍若天外的海灣大城，無數故事在水朝朝朝朝朝朝朝朝落（音：水朝潮朝朝潮朝潮朝落）之間，誰能料想那遠處無敵海景的半山竟是一個貧民窟？是怎樣的社會體制造就了迥異他鄉的社會生態？貧民窟延伸出虛擬的玩命關頭，更走出真實的比利、加林查（Garrincha）、羅納度、羅納迪諾（Ronaldinho），在萬般苦難之間，有全城狂歡的嘉年華。

雲海中的基督

　　坐第二程纜車到海拔 396 公尺甜麵包山，仰望 710 公尺處的基督像，更成局了，風適時地加大了些，金烏漸漸收斂了光芒，也許是距離產生美，第二天我登上耶穌山時並不比此時產生更多的暈眩。火車開在微雨之後的叢林之中，像慢跑在春天的綠巷，下車抬頭，先看見耶穌伸張的背，繞到前方，看到救世的尊顏和手心的釘痕，與里約城中的天梯教堂呼應，有鳥展翅，上帝之城言必鵬運，氣靡鴻漸。

　　耶穌山返，心中雖有槍林，亦不願辜負朵頤，在里約街頭喝咖啡，在路邊攤吃烤肉；縱是三日客，亦作常居狀，在球場看傳射，在海灘上跑步；穿過老城的葡式街區，去看朋友裝修的鋪。

　　感謝永傑同學的同學青田籍企業家陳超南先生到里約機場接機並以巴西烤肉款待，陳先生的金句是：你是永傑同學就是我同學。

　　海內存知己，天涯若比鄰！

2019 年 10 月 20 日

8
五星巴西的足球江湖

10 月份去足球王國巴西，兩件事體會頗深，一是聖保羅公園初試江湖足球，二是里約馬拉卡納殿堂級巴甲分享。

那一日搭了個 Uber 到聖保羅獨立公園，博物館即皇宮在整修，穿過花園、獨立廣場到獨立紀念碑前，可見熊熊燃燒的聖火和一面極大的巴西國旗。紀念碑是在 1922 年為紀念巴西獨立 100 週年而建成的，碑上的人物和銅像是紀念為巴西獨立作出貢獻的佩德羅一世（Pedro I）和其他巴西著名人士。紀念碑地下室還存放著佩德羅國王和王后的靈柩。紀念碑的聖火終年不熄，與迎風飄揚的巴西國旗遙相呼應，在紀念碑前，一對熱情的巴西情侶在接吻，幾位中國來的老人對著聖火拍照。回望博物館，因為有一條長長的坡道，有幾個年輕人馭著滑板如限制級戰警一般逶迤而來，這實在是很巴西的地方，感覺都夠當零公里這樣級別的地標。

獨立紀念碑右側的空地上，三個巴西年輕人在練球，這三個小夥子自帶訓練器材，繞桿運球定向傳射全部耍一遍，態度認真，還有那麼一些儀式感，應該是經常參加比賽的業餘球員。練完規定動作，他們倒腳玩球，球往我這邊飛，我截住球踢回去，他們看我會兩下，就邀我一起玩，雖然語言不通，但踢球者之間溝通很容易，一個眼神一個手勢就全明白了。

我頭頂腳踢試了下老身手，感覺很不錯，像回到二十年前的時光，對面的小夥子拍拍自己的胸脯，指指我，旁邊兩位也跟著拍胸，如同三

位信誓旦旦的合夥人，我看那球飛過來的架勢是叫我試試胸部停球啊，趕緊後退幾步，但球還是高了，從頭上飛過去，落在紀念碑旁，南半球的暖風帶著夏天的味道吹向我臉龐，這曾芬芳我的少年夢想打溼我青春眼眶的巴西足球，滾向聖火的方向。五星巴西的國家公園片刻的足球體驗無意之間開啟了我的心門，似乎是告訴我一個答案：為什麼你會在去南極之前來這裡？天下所有的情愫，也不過就是「念念不忘必有迴響」幾個字。蘇格拉底（Sócrates）、奇哥（Zico）、羅馬里歐（Romário）、貝貝托（Bebeto）、羅納度、羅納迪諾、里瓦爾多（Rivaldo）、卡洛斯（Carlos）……這片神奇的土地湧現的足球大師縱貫了我的成長歲月，聖保羅獨立公園意念召集令出，一支穿雲箭，千軍萬馬來相見，他們便從巴西各地趕至我的腦海裡，整齊站好，互道一句「Ola」。

巴西的石頭

聖保羅足球博物館

我用三個葡語單字走巴西，當我向三個小夥子示意要走時，把第二個詞也用了，「Chao! Chao!」揮手道別，我們分屬不同的半球，赤道分彼此，季節顛倒；隔著本初子午線，晝夜亦反。卻在這一刻邂逅，論球局，他們抑或是三缺一，而我肯定是一缺三，沒有任何計畫地相聚，搓了一把叫「足球」的麻將，火星撞地球，用頭與腳對話，用葡語道「江湖再見」。有時候命運贈送的禮物並不會暗中標好價格，比如南半球的陽光、南極洲的空氣和巴西街頭的足球。

2019 年 10 月 20 日

9
冠軍的殿堂

　　佛朗明哥慶祝南美自由盃奪冠的遊行照片，足夠震撼，想像一下人類還有什麼事能這樣集聚？不打不砸不搶沒補貼無獎金也沒個訴求就為高興？這紅與黑，是佛朗明哥的顏色，他們在兩日之內，奪了隊史上第二座南美自由盃和第 N 次巴甲冠軍，里約街頭沉醉不知歸路，人們將紅黑的球衣穿在山頂的耶穌身上；同樣的鏡頭出現在前三年的馬德里，每一年奪得歐冠，全城都是銀河般的白衣間黃，皇馬的絲巾圍在豐收女神的脖上；我參加過一次這樣的盛會，2016 年 7 月的里斯本，葡萄牙隊舉著歐洲盃遊過全城，在足球公園駐停歡慶，沐浴香檳與歡樂，我喜歡這些琴瑟琵琶八大王一般頭面的快樂場景，那是人類文明的希望之路、自由之歌與和平之門。

　　地球如此之大，集會常有傷悲，巴黎的黃馬甲、香港的黑衣人，抑或一體育場 P2P 的受害人，拿起的是石頭，放不下的是噴怨，降油價、撤條例、盼回本，希望有人為物價漲、特權寡、福利少、人心惡乃至為自己的不好好讀書買單。多麼具體的民生，一地痛苦的雞毛，將城市與勝地搗亂、把階層與族群撕裂，姑且不論是與非，街上的傷疤秀場與權欲角鬥場畢竟有礙觀瞻，陽光之下，誰願意整天看一個魑魅魍魎四小鬼各自肚腸的廢青或是油膩中老年族群？

　　足球起源於人文精神達到巔峰以至於滅國之後因為文明源頭的折墜

而痛惜，繼承人縞素三日的宋朝，崖山之後無中國，日本人繼承了精緻的宋朝和開放的大唐，近百年民間無數遣巴西使東渡西歸，維護全民族的素養，反對貪汙、崇尚民主，踏實做局，配置優秀的足球底層資產，不做那些沒用的東西，把現代足球弄成亞洲第一。竊以為人類文明發展到銷毀核武，談判不下去一球定輸贏的和平模式下的新叢林法則時，日本的戰力依然很強，你這邊還在爭說普通話好、廣東話好，還是閩南話好，坦然承認一切文明源自中國，將漢字書法練飛起來的日本早已雄霸球場，都懶得看端午祭申遺的韓國一眼，兀自以讓人心碎的青猶勝藍之姿往王座而去。

回到巴西。佛朗明哥（Flamengo）是我會用的第四個葡語單字，它的主場馬拉卡納球場曾經是世界最大的足球場，座席向天空狠狠生長，直到像魁地奇球場一樣魔幻。該運動場是為 1950 年巴西世界盃而興建，當時可容納 20 萬人看球，有外星球一樣的主場氣氛，以至於和東道主巴西進入決戰的烏拉圭中場隊員真被嚇尿。歷史太無常，嚇尿的烏拉圭隊在一球落後時完全解脫，最後竟然兩球逆轉，痛失冠軍的巴西隨後陷入多年的徬徨與憂鬱，甚至有說還因此導致了首都遷出里約。

懂得了無常之後的巴西最終迎來了馬拉卡納的療傷劑 —— 三奪世界冠軍的球王比利，比利一生代表巴西隊在馬拉卡納球場踢了 22 場比賽，共打進了 30 粒進球，不僅他的第 1,000 粒進球誕生於此，更是在此完成了職業生涯的告別賽。他的故事被拍成電影《比利：傳奇的誕生》（*Pelé: Birth of a Legend*），於 2018 年上映，開頭就是馬拉卡納慘案，然後 10 歲的迪科（Dico，比利原名）看著比他哭得還傷心的父親，說：「爸爸，我會為巴西贏得世界盃。」 —— 看這部電影根本不需要任何足球常識，就是看人家導演用特寫、慢動作等鏡頭語言講述身心淬火，方能書

寫傳奇。比利本人擔任這部電影的監製，還客串了一個角色，當我在巴西街頭閒逛之時，時常會想起這部電影，電影和足球的魅力交織出一部傳奇。

10月20日，週日的馬拉卡納一片節日氣氛，佛朗明哥主場迎戰同城富明尼斯，我和一班世界各地的球迷聚在球場後的小巷喝啤酒聊天，難以想像與巴西人 Raul 在網路上約好在離此三站路的地鐵站會合，輾轉來到這裡的有這麼多人，Raul 替一群人幫忙買票並負責帶路再管一瓶啤酒加足球陪聊，有一對波多來的情侶、曼徹斯特來的年輕人、三個紐約來的女孩和一位洛杉磯來的專業度較高的球迷，我們海闊天空地聊了一輪，其中有兩位來過上海的深以為來過魔都為榮。我在與後來遇見的來過上海的佛朗明哥俱樂部的朋友和烏拉圭的水晶店老闆的交談中，都深刻地感受到上海在外國朋友眼中的魅力，一位來自紐約的女孩因為在上海工作過一度成為話題中心。

與佛朗明哥執行董事 Marcelo（右一）等朋友

與佛朗明哥主席 Rodolfo Landim

與世界球迷在一起（馬拉卡納球場外的小街）

　　與世界球迷團一起入場後即分道揚鑣，因為巴中經貿促進會祕書長 Oscar 和佛朗明哥足球俱樂部執行董事 Marcelo 的精心安排，我被安排進了 VIP 區看比賽，中場休息時 Marcelo 先生帶我去見佛朗明哥俱樂部主席 Rodolfo Landim，我對佛朗明哥在德比戰中領先表示祝賀。主席很愉快地與我合影留念。

　　一個月後，佛朗明哥時隔 38 年第二次奪得南美自由盃，而後時隔 10 年再度奪得巴甲冠軍。2019 的馬拉卡納，成為雙料冠軍的殿堂。

　　感謝聖保羅朋友陳勇龍先生和 Oscar 先生聽聞我去馬拉卡納看球之後跟進的安排，使我得以進入佛朗明哥的中心，陳先生也是永傑同學的同學。在巴西，我還拜訪了中國銀行聖保羅分行，了解了中巴貿易和中國企業在巴西的狀況。中國銀行聖保羅分行的張廣華行長是我溫州中學學妹徐亦行的大學同學，他們都是上海外國語大學的優秀畢業生。徐亦行畢業後留校任教，現為西方語系副主任兼葡語教研室主任，2015 年 5 月，葡萄牙總統席瓦（Aníbal Cavaco Silva）委託葡萄牙駐華大使向徐亦行頒發了恩里克王子勛章，徐老師是席瓦總統在任期間第一位獲得此勛章的中國人。我學葡語的第一個老師是徐老師的學生，徐老師還送了她編寫的葡萄牙語教材給我，在此一併謝過。只是我學葡語的起點雖高進步卻慢，在冠軍的殿堂中遊走，用不上幾句，十分慚愧。

2019 年 10 月 21 日

10
當我們到達南極時，我們討論什麼？

2019 年 10 月 22 日上午，布宜諾斯艾利斯霍爾赫紐貝里機場，我在 AR2888 班機的登機口拿到 2019 南極低碳行的會議手冊和行程手冊，我們即將飛往世界最南端的城市 —— 阿根廷的烏蘇懷亞。世界盡頭冷酷仙境，因為南美的春寒料峭顯得更加讓人期待，清冽的空氣在風中等著我們，行程確是低碳的，吐納必是加量的，當我們肺中澄清一片、眼中一片澄明時，我們會想些什麼？

同機的極友有多位是二訪甚至是 N 訪南極，為什麼去過了還要去？這是第一次去南極的我心中的一個謎。幾乎是一個不可言傳的事，在之前的南極論壇相關活動中，一問再問三問，眾說紛紜，你也找不到答案。唯一可靠的是你自己去，將你被魔都帝都澳門香港海外洪爐漸漸煉出的丹心（抑或是黑心）意識滌蕩在南方之南的純白與蔚藍裡，帶動你已經麻木多年的感官，有人說萬年冰泡的茶會讓人與自然融合在一起，但是融合之後，你是有大的悲喜有的放矢還是有小的塵埃無處可惹一概不得而知，看你的造化與機緣。於是每一個人，在對自己十天的視聽盛宴期待之餘，也對自己一句的靈魂之遊滿懷憧憬。

同船的有德全的主管、望重的前輩、常施法雨的高僧、魔術師般的藝術家、嬝娜的舞者、天籟的歌者、圓通的醫者、練達的傳媒人、宇宙實力堅強的科學家、江湖遊刃的企業家，親切的老友、溫暖的新朋，幾

乎是一個行走著的美麗中國和五彩繽紛的國際社會。

　　翻開會議手冊，2019南極低碳行的主題：我們想要的世界 —— 如何建構並推進人類命運共同體。在多次的行前會中，暮秋的雪龍號、初夏的西郊、仲夏夜的金雞湖，記錄著太多關於怎樣的世界、怎樣的生活、怎樣的商業、怎樣的未來的思考與碰撞，三人行必有我師，因為這些亦師亦友的同道讓我常懷感恩，尤其記得與兩位金融界泰斗的午餐會和玉佛寺的素齋，在入世與出世之間，指了一條慎思篤行的求是之路，大學中庸世相千秋，道經德經黃帝內經，承載了共同利益、共同責任、共同發展主題的南極論壇，會是一次身體的逍遙遊和思想的化蝶飛麼？答案就在每個人的同船渡裡。

　　手冊上除了我們想要怎樣的……即對南極的探索思考和我們當前的商業社會的關係議題之外，還有南極與人類生存狀態的關係、南極和人類科學發展的關係、南極探索和人類精神的關係、南極和人類發展哲學的關係等總共五個關係的議題，既有科普又有人文探索，甚至還有南極之外的商業討論，上次午餐會劉主席披露將在南極與我們分享關於粵港澳大灣區一體化的研究，這是當下多麼務實而艱深的課題！在探討人類未來的直抒胸臆中，這些堪比南極洲極低溼度的好料同樣值得萬分期待。

　　南極無界，南極凍結了各國的領土主張，成為一個地球物理、勘探未知礦藏、天文學、環境科學等科學技術的競技場，由於除了科學考察站，沒有人類居住，準太空的極地環境異常神祕。美國在南極點、俄羅斯在南極磁點、中國在南極最高冰蓋各建了科學考察站，極地科學考察貌似無界實有高邊疆，所以南極論壇探討五大關係，堪稱神來之筆，關係是有交集的邊界，以上各種關係都是交集與邊界共存、對撞與融合

齊飛，在南極空靈的環境中討論真實鮮活的話題，是南極論壇獨到的創新。

我對南極論壇一直抱有敬意，一是跨界太大不容易召集，二是南極實況與群眾所知極度資訊不對稱導致論壇推廣時需要掃盲好幾遍，三是議題既要志存高遠又要扎根大地也不容易確定。南極終將會有界，《南極條約》不否認之前各國提出的領土主張，在 2041 年條約有效期滿，下一代也要面對這個問題。如果中國在長達二十多年的未來時空中在南極問題方面默默無聞，又如何交棒到 2041 年以後那一代手裡？只有不斷地用聲音重新整理中國的存在，他們的而立之年，才不至於措手不及。

南極論壇的遠見還在於與歐美科學家與藝術家進行對話，當我們到達南極時，我們討論科技與人文藝術，科技是有界的，而人文藝術往往無界，就像前一日在布宜諾斯艾利斯看的探戈，那就是人類情感的搖曳之姿，我們共歡樂，我們懷著同一樣的愛，不需要更多的語言。

　　2019 年 10 月 22 日於布宜諾斯艾利斯飛往烏蘇懷亞的班機之上

11

當你多得一個夜晚時，千萬別忘記收下日出

烏蘇懷亞之所以特別，是因為別號「世界盡頭」。南美洲越南越窄，到了烏蘇懷亞變成了一個蒼茫的奇點，再南就是連接兩大洋的比格爾海峽，再向南是德瑞克海峽。迄今為止，這裡仍然是有人類聚居的最南方，是南美洲的邊城、火地島的浪子，轉頭是安第斯山脈彭巴草原，回眸六千里到布宜，仰面是海峽，舉目千六里達南極。當我到這裡之前，南極行程只安排我們在烏蘇懷亞盤桓半日，午時抵達戌時登船。地球上最裝深沉的遺憾，是我們跑過全世界，即將登陸地球上最大的荒原，卻未能在世界盡頭酣睡一晚。

這時，神祕的龐洛先生出現了，我們被告知日麗號郵輪在智利……這時我們很不願意聽到智利兩個字，就像梅西不願在美洲盃看到智利一樣。去年南極行，即將成行前三天，日麗號在智利海峽撞壞了螺旋槳；今年智利不太平，聖地牙哥作亂，比香港加泰尤甚。世界的弱相關變成強相關被我們稱作無常，黑天鵝灰犀牛乃至日常所見的交通事故，見過的事多了，對人生常懷敬畏，感世道之多艱，嘆平安最重要。

烏蘇懷亞的紅嘴海鳥、白頭雪山、彩色木屋、帶有企鵝圖的郵戳、被清蒸的蜘蛛蟹、爬到銀行樓頂的貓、16：45不由分說就打烊的博物館、非披索現金不賣的門票，在高緯度的冷漠夕照中，給予人無名的淡淡的哀傷，在世界盡頭的小鎮點一杯咖啡，當苦澀的溫暖進了腸胃，頓悟冷酷仙境不是一個傳說。

　　組委會工作人員神祕地忙碌著，葉祕書長神情凝重，這是一場籌備了兩年的盛會，經歷過改期延後一年的無常，不容再有任何閃失。我們第二天得知，當日我們在港口眺望雪山，猶豫要不要離團去吃蜘蛛蟹的時候，一部筆記型電腦在老葉面前打開，日麗號終於過了智利海峽，離我們只有 20 海里。

　　正是這遲到的 20 海里，改成了次日辰時登船，給了我們在世界盡頭酣睡一晚的機會。我們對突發的多得的一晚頗感意外，來不及多慮即被安排分別上了不同的遊覽車，世界盡頭的小鎮猛然多了 192 名住客，就像承接了一場名人的閃婚，著實考驗了接待能力。

　　在顛簸了將近一個小時以後，我進了一個叫做 Los 後面不是 Angeles 的酒店，房子建在山地上，房間在大廳以下，下了電梯再下樓梯，舟車勞頓即使住在地心也無所謂了。因為賓館構造複雜，有極友推開了本以為是自己的房間，面前站著一臉懵懂的異國女子，只好落荒而走。

　　躺下時已經是子時，不知次日寅時起床卯時出發意味著什麼？酣睡自然是不存在的，但世界盡頭地心居住的體驗讓我甜美地進了盜夢空間，在鬧鐘的淺吟低唱中睜開眼睛，七葷八素已不知今夕是何年，撩開窗簾，一縷有著混沌初開般氣質的霞光撲了進來，如兩記情人的輕薄耳光打在臉上，嬌嗔一句：人家等你一晚了！

　　烏蘇懷亞向來都是以日落為專長，當我們看見這白雪上的紅霞時，知道我們將領略老烏不輕易示人的日出，就是這看似意外實則蓄謀已久的一招讓我們給跪了，輕熙輕攘輕奢的過客中，我們算是不多的有緣人，看到了極光般的霞光，我那遠在北極附近的瑞典的親妹，急速在我發的社群平臺貼文留言：「極光啊？」同行的極友也不知安排住在哪裡的蓮花公主急速按讚，立刻將我這邊極光般的霞光圖捧場地發在她的社群平臺上，那邊的按讚猜想也是三位數了。

　　兩朵螺旋槳一樣的雲緩變成俯衝之姿，衝向白頭雪山，遠處紅霞綻放，眼前湖面反射出橙紅帶黑的色彩，結界的感覺油然而生，這日出真是會鬧事啊！這圖再發文，就比較欺負人了，朋友們難免輕嗔一句：過分了，這樣真的好嗎？然後狠狠忍住就不按讚了。

烏蘇懷亞日出

烏蘇懷亞日出 - 周雪攝

烏蘇懷亞

烏蘇懷亞紅嘴鷗

　　面對豪華的日出吃了個簡單的早餐，遺憾的是正東面無山遮攔，加之高緯度的日出是以地球本身為道具追光的，蛋黃般的日出自然是沒有了，佐餐的是滿窗的金黃，噴射在灑落世界盡頭的 192 位極友身上，不管你身在哪個酷冷的角落，都將你置於仙境之中。

2019 年 10 月 24 日

12

碧浪清波：穿越最凶的海峽去看最大的荒原

一覺酣睡，醒來見三團極友在群組裡發「可以看到浮冰與冰川了！」心中一震，往窗外一望，果然，一座雪山離郵輪只有幾百公尺之遙，應該是到南昔得蘭群島了，名震歷史書和社群網路的暈船界的扛霸子德瑞克海峽已經被我們穿越了？

幸福來得如此突然，一直擔心會在德瑞克海峽吐到掛，卻因為參加一場集中全部功力傾聽的音樂會和接著一場快閃拍攝的合唱團訓練課累到睏，竟然還沒有與德瑞克好好道別，就分手了。

關於向陽紅 10 號的紀錄片描述過這個傳說中的魔鬼海域，非常適合小朋友藉機完成「成語」作業：一言不發，二目無光，三餐不食，四肢無力，五臟翻騰，六神無主，七上八下，久臥不起，十分難受。想不到這次造句只有「一言不發」用上了，當我們首次登陸，踏上半月島的一刹那，我一言不發。南極洲太美了，即使是邊界的一個小島，依然有最大荒原的味道。默對荒原，心想我們只用兩晚便完成了古人在兩千年的漫漫時空中不曾做到的事，連個嘔吐都沒安排上，是不是不太講究？

當我們聽本屆論壇的聯席主席胡煒先生在論壇開幕式上說，因為我們提前一天到達長城站，包圍長城站的浮冰被一陣狂風給吹開，一條理想的航道已然打開……我們按捺不住充滿敬畏的驚喜，鼓掌之餘遙望窗

外晶瑩剔透藍光暗藏的冰山，一個難免多心被動驕傲的第六感油然而生：會不會有一種神祕的力量護佑著我們的行程？

在首次登陸的青澀動作裡，在初見冰山的欣然雀躍中，我們還思忖著如此之快到達長城站，合唱團的排練僅有十二時辰。有一種遇見，叫來不及好好準備，就貼面了。在七名世界級的中外藝術家同臺的開幕音樂會謝幕之時，此次論壇的節目總監陳光憲先生與馬婷女士上臺與演出者擁抱握手致意，一個無須多想心中有數的體會撲面而來：可以工作到凌晨四點的能量之源往往在於我們與自然同樣高深莫測的內心。

西元前 384 年出生於古希臘的全能型優等生與先哲、千古一帝亞歷山大大帝（Alexander the Great）的老師亞里斯多德（Aristotle），最先提出「南極」概念，他認為既然北半球有這麼大塊的陸地，從對稱的角度思考，地球南邊一定也有一塊與之相對的大陸，他將這塊大陸稱為「南方大陸」。

西元 1480 年出生於葡萄牙波多的斐迪南·麥哲倫（Ferdinand Magellan）踐行了亞里斯多德的一邊一陸理論，西元 1520 年麥哲倫團隊到達南美洲拉布拉他河口，而後找到了一條通往「南海」的峽道，即後人所稱的麥哲倫海峽。西元 1519 年— 1522 年，麥哲倫率領船隊，穿越大西洋、太平洋和印度洋，返回歐洲，完成了環球航行。

麥哲倫的船隊航行到南美洲大陸最南端時，發現了一個島嶼，命名為火地島。當時的人們以為，火地島就是「未知的南方大陸」的邊緣。10 月 22 日我們曾在「未知的南方大陸」的邊緣淺睡一晚。

冰山

龐洛郵輪日麗號

　　人類在古希臘先哲理論建構的黑甜之鄉中夢遊將近兩千年方才發現
火地島,而發現火地島後近三百年,才於西元 1820 年首次發現南極大
陸。為何人類在近三百年的時間裡,竟然不能穿越火地島到最南端的烏
蘇懷亞,應該算是一個謎。在過去的很多個世紀中,烏蘇懷亞面前的海

峽只有鳥才能飛得過去，就像有一個橫著的大氣層把真正的南方大陸包裹起來，我們把南極洲稱為準太空是所言不虛的，這個橫著的大氣層就是南半球的魔鬼西風帶，它盤踞在德瑞克海峽上，每每對人類的航船迎頭痛擊，直到人類逐漸成長，才被漸次開啟。

德瑞克海峽是以 16 世紀英國私掠船船長法蘭西斯・德瑞克（Francis Drake）的名字命名的，據說是因為一次烏龍，在駛向麥哲倫海峽時，大風把德瑞克的船從大西洋吹到了太平洋裡。這個踢向太平洋的烏龍球證明了火地島並不是什麼南方大陸的邊緣——往南，是一片汪洋。

南極論壇就是穿越這片最凶的汪洋去看地球上最大的荒原，在船上把所感所想交流了、討論了、昇華了，形成一個公約，抑或建立一個共同俱樂部。

日麗號郵輪是射往橫著的大氣層的火箭，對郵輪方來說，是一次特別周全的遠航，而對有眾神護衛的論壇參與者來說，卻是碧浪清波的心中之歌。

2019 年 10 月 26 日凌晨四點於到達長城站之前

13

大雪前後的我和你
——將思想核心呈現在浩宇蒼穹之間

　　10月27日晨，想到六樓前甲板找一處地方寫東西，剛出電梯，正好碰到鳳凰衛視攝影師杜德基老師拿著器材從甲板回來，頭上還有些未融之雪。我一驚，杜老師喜形於色，用廣式普通話說：「厲害吧，下大雪了。」

　　昨日朱丹伉儷拉琴的窗外，已經雪滿船舷，天尚未全亮，雪在下，風在吼，南大洋在咆哮。我趕緊下去拿機能外套，路遇探險隊回來，正好碰見探險隊員兼郵輪翻譯官饒鑫鵬，他說外面風力45節，這地方不可能登陸，得另外找個地方，大家等通知。早餐的時候廣播告知我們正在傑拉許海峽巡航，此地因比利時人傑拉許（Gerlache）西元1897年－1899年在此地成為第一個在南極過冬的人類而命名。一百多年後，我們在南極冬天剛過去的時候來到這裡。於我們，大雪是錦上添花，平添一抽屜南極飄雪之照或是幾個G的雪中美圖資料夾，收穫郵輪堆雪之歡、天水沖茶之喜；於他，也許又是暗黑的極地鐵拳，雪上加霜，費掉更多炭火，盤算剩餘的口糧與能源，祈禱夏天盡快來臨，但也可能他明白這是溫暖來臨的前奏、太陽軍團將至的預兆，寒冷已是強弩之末，興許他穿上絲路來的魯縞，亦在雪中狂歡。Who knows?

　　當此空間我們有極友躍入甲板泳池之時，百年前的勇士不再孤獨。王寅教授既是採雪沖茶人亦是室外礦泳者，王教授精研《黃帝內經》，稱南極為極陽之地，此番挑戰一下極地寒流亦當小賀。大雪之後的幾小

時，我們從尼克港登陸，觸碰南極大陸，有極友穿比基尼在雪地荒原拍照。人類挑戰自己，不是非得有空前絕後之舉，自願離開舒適度即非庸常，經常挑戰自我突破自己可稱豪強，其中成就卓越者善於獨立思考並勇於將其分享給眾人那就是英雄了。

暴風雪來臨

長城站

企鵝之舞

　　大雪之前的幾個小時，南極論壇的首次演講由明康先生主講，題目是「中國市場展望」。明康先生不太高興我們稱他為劉主席，不過我也實在不好意思按他的要求直呼其名，我們在健身房或是電梯相遇，我便改稱劉先生。學高為師，劉先生有眾所周知的執掌銀監會的輝煌經歷，有過將三兆人民幣不良資產逐漸化解的不世之功，偏偏還是位謙謙長者。他的報告務實求真嚴謹，中國經濟的正反面均不誇大也不無視，只是擺事實講數字，

更多的是向我們展示讓數字說話的工夫，提示一下讓我們自己去思考。

劉先生的報告可以延伸出很多子報告，似乎每一個子報告都能構成中國市場經濟的一個側面，就像前日被我們郵輪繞著巡航的冰山，每個角度都不同，有堅若磐石處，亦有裂縫開口處，有細部展日月光華之美，亦有局部呈分崩離析之危，有明有暗有濃有淡，語焉不能詳，他講了一些，推理了一些，展望了一些。南極科普多次，我們已經基本懂得冰山的水下部分還有六分之五或者七分之六，這些得我們自己去思考了。

第二位主講的是世界自然保護聯盟（IUCN）海洋與極地首席科學家Garl Gustaf Lundin，這位喜歡穿著機能外套在甲板上吃飯的老兄對我們講海洋環境，哥倫比亞大學專注南極海冰及其與全球氣候關係的袁小軍教授擔任翻譯，我們得知海洋變暖是不爭的事實，海洋生物的生存空間變小、密度加大，捕魚變得更容易。人類對海洋的干擾加劇，塑膠和微塑膠進入海洋。聽得我們怪心疼海洋的，我把他的 PPT 拍下來回頭再研究。

26日上午，參加南極論壇的極友如願在長城站前合唱了《我和你》。

身著黃綠外套的探險隊員在不遠處嚴密關注長城灣上浮冰的動靜，浮冰如流，只是在風力的作用下替我們打開一條衝鋒舟上島的通道，這也可能只是一個時間窗口，我們得於窗口關閉之前回到郵輪上，不然我們可能需要陪伴長城站的 13 名工作人員住到十二月雪龍號到來之時……清華的探險隊員小李這樣對我們說。

南極論壇討論什麼？引用我們三團團長吳大衛先生的總結，討論三個關係：我和我、我和你、我和它。分別是人的自我反省、人與人之間（亦指國與國之間）的關係建設與提升、人與自然的和諧共處。

本文始於尼克港，時船到天堂灣，匆匆收筆。

2019 年 10 月 28 日

14

丹克之巔一筆造界，吞舟之魚不游枝流

10 月 28 日，登丹克島，探險隊員一早上去把路開好，長長的之字布在雪原上，應該還粗夯過，局部有臺階狀，山舞銀蛇原馳蠟像的丹克島，突然出現唯一的路，像臨時建構出來的華山。有大量巴布亞企鵝散布在這個島上，海裡還有企鵝不斷游上來，我們在橡皮艇上目睹此波瀾壯闊的企鵝界之「諾曼底登陸」，登岸望去，企鵝的黑背在雪原中連成一條顫動的墨跡線，如同《千里江山圖》開篇時雄筆，一畫即造界！雄筆回峰處，一群企鵝已經靠近極遠處的丹克之巔，那裡應該什麼都沒有，不知道牠們要去那麼高的地方做什麼？

丹克島不是我們首選的目的地，本來就是一個人跡罕至的地方，許多三訪南極的極友也沒上去過，加之我們是今年第一班到南極的郵輪客，因為天氣原因我們才輾轉來到這裡，南極的夏天，這裡仍是飄雪時空，充滿天地玄黃宇宙洪荒的味道。早餐時我向清華大學法學院教授高西慶先生請教攀岩的技巧，同座的明康先生對於類似華山鷂子翻身處的倒懸攀岩也極有興趣，他還介紹高先生一家都是單板滑雪的高手。此時高先生一定在意念中想過攀上丹克之巔，然後單板滑下來。

五個時辰後，高先生在論壇主講「中國企業走出去的經驗與啟示」，作為曾經的中國證監會副主席，在華爾街從事律師工作多年的杜克大學法律博士，他給了很多建議與啟發，並闡述了美國金融危機中大家感興趣的

話題。走出去是攀岩，應對危機是滑雪，不知道有沒有人這樣想過？南極
以宏大給予人宏大的思考方式，以包容給予人包羅永珍的胸懷之基。

企鵝群

　　我們沿著探險隊開闢的冰道上到半山腰，那裡有更多的企鵝聚集，
牠們的社會人類無法想像。兩個小時後的郵輪午餐時，我和丁敏芳教授
討論企鵝如何在不斷的海陸轉換冬夏交替和子女成長的過程中仍然準確
地找到自己的另一半？這是一個完全不同的宇宙，連日月盈昃，辰宿列
張都看不太清，又如何能那麼無誤地標記自己？

　　丁教授 1983 年畢業於北大地球物理系，在普林斯頓大學獲得博士學
位，是哥倫比亞大學 Lamout-Doherty 地球觀測研究所的資深氣候科學家
和主要負責人，我們討論的六個小時後，她在論壇上主講「南極為什麼
重要？」南極是地球氣候的穩定器，亦是地球變化的記錄員，冰芯之中
藏有地球氣候變化的資料，美國的研究發現我們看到的紅嘴巴布亞企鵝
數量不斷成長，而我們在半月島看到的唯一一隻阿德利企鵝是數量驟減
的，還記得那隻阿德利孑然而立，如黑頭的風清揚站在路旁，牠是要告
訴我們什麼？

與三團名譽團長高西慶（右二）合影

　　當我在丹克島上抬望眼，仰天未嘯之時，忽見一座龐大的山峰屹立在海上，積雪掩蓋不了的蒼懷，雲霧烘托出來的激烈，她的左前下方是一塊巨大的長方形冰山，如一個橫放了紫電青霜的劍匣，右前下方是日麗號郵輪，幾乎與劍匣等身，那裡有我們十天遠航的一切資訊，四層的演出大廳更是南極大講堂、天堂音樂會的所在，此刻竟顯得那麼盈盈一握。這個氣勢恢宏的峽灣令人永生難忘，坐下便放下，躺倒即萬物互聯，耳畔是四個小時後在四層演出大廳朱丹先生演奏的「匈牙利圓舞曲」、「梁祝」和「臥虎藏龍」，是陳光憲先生導聽的捷克史麥塔納（Bedřich Smetana）的「我的祖國」和貝多芬（Beethoven）的「歡樂頌」。

　　28 日下午，看到虎鯨，「吞舟之魚，不游枝流」（作家狄馬先生寄語給小極友張評逸時擇《列子·楊朱》中的名句）。此 29 日上午六點三刻，船到夏古港，雪白皚皚的山頭上，還有法國探險家夏古（Jean-Baptiste Charcot）在南極過冬的木屋，是法國人的朝聖之地，亦是我們瀟瀟雪歇憑欄之處。

2019 年 10 月 29 日

15
來吧，朋友！伸出你的手

歸程，暈船。

德瑞克海峽展示了它正常的一面，浪高五到八公尺，足以讓一多半人臥床了。10 月 30 日我們紅隊衝擊夏古港未果，因狂風暴雪撤回大船，正遺憾萬分之際，忽見右舷有一海豹穩躺冰山之上隨波逐流不亦快哉。此時榴上的我們深感行路之難，即使想做一隻躺贏的海豹亦不容易，至少你得克服暈船啊！

南極歸來，由於有探險隊的講解和實地勘察，關於海豹我們已知之不少。最難見到的威德爾海豹我們看了五次，最容易看到的鋸齒海豹反而沒看到。傳說鋸齒海豹常被豹海豹痛打，深陷暴力。威猛的雄象海豹有 60 隻左右的雌性海豹配偶，但最後都因力衰被後生海豹逐出領地，一個象海豹王朝大約存續六到七年，而崩於失敗的一天。海豹常被海豚科最大最猛的虎鯨圍剿，而企鵝儘管有吃不完的磷蝦，但亦常生活在被海豹生啖的恐懼之中，岸上的生活會悠哉一些，但也要提防猛撲下來的賊鷗掠去辛苦產下的卵。

南極對人類來說是最大的荒原，但對南極生物來說卻是完美的生態系統，物競天擇，生生不息。天地不仁，以萬物為芻狗。天地之間，其猶橐籥乎？虛而不淈，動而愈出。南極有大道，大道而不言，這種沉默的公開公平公正的世界觀常使我們心生敬畏，天地對萬物不加干預而任由其自生自滅。看似冷漠，其實正是最好的態度。人在此中，油然而生不以物喜不以己悲的感覺，多言數窮，不如守中。

登陸歸來

靠近冰山

天堂灣晚霞 - 劉濤攝

　　我們想要的世界是一個怎樣的世界？自然的法則是對待世間萬象一切平等；人的世界至少也應如此，人是萬物之靈，在人類自身的塑造中甚至更應完美，人類同住地球村，智者引領科學，仁者建構社會，音樂、繪畫、建築大道同源卻五彩繽紛，人類自身應該充滿慈悲憐憫，保護環境、護佑弱者，窮則獨善其身，達則兼濟天下。人類文明如果不及一個荒原的文明，又有何存在的意義？

　　此行最美處，乃是天堂灣。無風無浪，冰山幽藍，天邊橙黃。幾條衝鋒舟游弋在海上，引擎熄了火，可以聽見水中氣泡輕爆的聲音。香檳起封時，混沌打破，如天地初開，杯中氣泡與水下氣泡共鳴，天邊亦呈香檳色，凝視杯中酒，竟是一乾坤！攬浮冰而返，置於盆中，兩個時辰後化為兩杯水，偈云：「佛觀一缽水，八萬四千蟲。」南極之大千世界，大千世界之南極，盡在一冰中。

　　很多極友捉到了天堂灣的彩蛋，當我在聆聽天堂灣音樂會之時，夜晚九時多的天堂灣出現彩霞，海波極友妙手偶得之佳作「天堂灣彩霞」被大大分享，我和我的朋友說，這是我老鄉拍的，當時，日麗號在天堂灣被彩霞罩著，四層大廳在開音樂會，我被音樂的彩霞繚繞著，頂上還有彩霞飛天。

　　朋友說：「你太會吹牛了，我們要自己去看一看。」

　　來吧，朋友！伸出你的手。

　　　　　　　　　　　2019 年 10 月 31 日過德瑞克海峽於暈船之中

16
烏蘇懷亞雨後清晨：以極友為師可知賢者之德

　　烏蘇懷亞用一個雨後的清晨來迎接我們這些十日遠航歸來的客人，儘管這一路沒什麼灰塵，但她還是堅持替我們洗塵。以日出壯行，用細雨接風，這個世界盡頭的小城對我們這個今年南極的首航團獻出了她雙份的愛。

　　白頭雪山再一次溼潤了我們的雙眼，十日之前，兩對愛到白頭年屆金婚的老極友在這裡找回了初見時的感覺；四年半前李奧納多（Leonardo DiCaprio）在這裡拍攝《神鬼獵人》（*The Revenant*）最後七分鐘一舉拿下奧斯卡；四年前同車的臺灣導遊在這裡娶了一個玻利維亞女孩，小城故事多，充滿喜和樂。從萬古荒原歸來再看世相風景，忍不住要流淚。沒有被南極美哭，也會被人情打動，看似一幅畫聽像一首歌，人生境界真善美這裡已包括。被南極純淨的水蕩滌過的眼，再經雪山浸潤回到人間，已經變得透明；被南極純淨的土地渲染過的心一方面軟得可以化一方面又變得少而又少的堅定；被南極純淨的空氣滋養過的鼻子在心有猛虎之時仍可以細嗅薔薇。

　　回憶昨夜告別的閉幕晚會，最佳分享獎指揮全團代表在長城站成功演繹《我和你》的曉燕老師唸了一首自己創作的詩：「我一生最嚮往的是純淨，純淨的愛、純淨的友誼、純淨的心靈……純淨是沉澱、是信念、是大自然的恩賜，更是瞬息萬變的永恆，珍貴得少而又少不變的堅定！」——多麼好的詩！在變與不變之間，定格了永恆、珍貴與堅定。

獲最具才華獎的青年鋼琴家坦言自己是個宅男的張浩天，在冰雪中完全釋放了自己，長城站外雪地坐彈，紅袍連帽赤手御冰，像一位少年高僧在二次元空間坐禪，天堂灣音樂會沒有歇過的伴奏，與小提琴與大提琴與二胡與薩克斯風與女高音與眾人之嗓的交會，怎一句才華了得！

最佳發現獎哥大袁小軍教授和我聊過一件幾年前的事，如果有人發現南極海圖上沒有標注過的島將以發現者的名字命名，現在出航都是一船的人，所以通常都是船長或在船上的首席科學家得此榮耀，每個人的名利心不同，當船員發現一個新島趕緊去叫首席科學家時，科學家已經獲得這個島的命名權了。也有朋友在夢裡被喚醒，慍怒言：我不去，我要睡覺。能當首席科學家的必然有幾把刷子；發現新島的船員趕緊去報告可見具有大局觀；名利當前，仍以睡覺為第一需求的，可謂純真如上古之人，無島可名亦成美談。

最佳攝影獎給了創立並贊助全部獎項的知名企業家衛平，衛總得獎後有點不好意思，因為滿船皆是攝影師：有替政府官員拍攝過照片，還替我們團一人照了一張標準照的王保勝大師；有拍出天堂灣美景的匯特傳媒集團的劉濤兄；也有在丹克島一筆造界處見到的不知名的扛長焦大砲目光堅定的拍照大姐；航運界鉅子李紹德先生亦是攝影名家……可當獲獎作品在大螢幕上出現之時，我們大呼名至實歸，衛總抓拍的是小提琴家朱丹伉儷在六層船頭甲板合奏的瞬間，雙弦合璧逆光飛揚冰山映印琴聲似水，幾乎在平面上仍能感受到船頭飄飛的旋律，我們在飽覽南極中不免有些小小的惆悵，有些許自然之壯色大過人類之美的沮喪，想不到最後還是依靠衛總這樣瞬間才情爆發的搶拍才為人類之美挽回了一點局面。

這次論壇安排了一個上海交響樂團原團長陳光憲先生和小提琴家朱丹先生的關於音樂的對話。我認識朱丹多年，也現場聽過朱丹參與的大型音樂會，因自身音樂修養之局限，實在也難深諳其道，此次聽陳團長

與朱丹的對話有初窺門徑，武陵人入桃花源之感，緣音符之溪行，忘路之遠近。忽逢桃花林，夾岸數百步，中無雜樹，芳草鮮美，落英繽紛……聽到無我處，更有問今是何世，乃不知有漢，無論魏晉之樂。朱丹這次將他美麗的夫人斯洛維尼亞小提琴家 Polona Karen Zhu 帶到南極，兩人珠聯璧合的演奏，更是極地之佳話。

南極論壇大合影

小提琴家朱丹伉儷 - 衛平攝

　　閉幕式由論壇聯席主席馬利女士總結致辭。馬總是中國網際網路發展基金會理事長，人民日報社原副總編輯、人民網原董事長。馬總的致辭聲情並茂字字珠璣，她談到大自然的力量，談到藍臉鸕鶿上接狂風暴雨下抵深海巨浪，談到美哭了眾人的天堂灣……談到去掉所有繁華……談到面對自己的渺小，談到培育更大更寬的格局……總結了南極論壇作為公共外交平臺、人文思想平臺和人類命運共同體踐行平臺的意義，最後她呼籲讓南極論壇的精神照亮你和我，探索、尋求生命中美麗的天堂灣！

　　這一路，與賢者同行，得益良多，192 位極友，聚是一團火，散是滿天星（馬總語），共同經歷過如此漫長遙遠瑰麗的旅程，我們在布宜諾斯艾利斯夏天的萬聖節說再見，我們回到北京上海杭州香港……回到紐約溫哥華吉隆坡聖彼得堡……回到各自的生活，但烏蘇懷亞雨後的清晨將深深地鐫刻在我們的記憶裡，以南極為師，可知天地之道；以極友為師，可知賢者之德！祝大家安好！

　　此文起筆於烏蘇懷亞，基本完成於科洛尼亞，修正完稿於布宜諾斯艾利斯。

2019 年 11 月 3 日

17

烏拉圭的落日與燈塔，科洛尼亞的歷史糾纏

　　科洛尼亞是烏拉圭與阿根廷最一衣帶水的城市，她在南美地圖上蟄伏多年，靠我們極友的口碑秒紅。

　　布宜諾斯艾利斯去科洛尼亞水路只要一小時，碼頭在布宜地標中國工商銀行的邊上，與希爾頓酒店很近，步行 15 分鐘即達。港口很像九龍的中港城，從拉布拉他河口橫穿過去，也有一個像伶仃洋大小的水面，過了這南美洲「伶仃洋」就到了科洛尼亞，就像從香港到了澳門。拉布拉他河是阿根廷與烏拉圭的界河，入海口寬闊無比，靠近科洛尼亞之時，一座白色的燈塔映入眼簾，這條大河先納百川一路至此波浪甚寬，已完全是大海的胸懷。

　　「拉布拉他」在西班牙語中是「銀子」的意思。拉布拉他河是南美洲第二大河流，全長 4,100 公里，她彙集了巴西、玻利維亞、烏拉圭、巴拉圭和阿根廷幾條重要的支流，巴拉圭河、烏拉圭河、巴拉那河因為嚮往大海，所以匯入「銀河」，在燈塔之東風平浪靜地往大海而去。拉布拉他此刻沉穩堅定，甚至讓你認為她就是海。從這裡溯巴拉那河北上可至上游巴西、阿根廷交界的伊瓜蘇，那裡有世界最寬的伊瓜蘇瀑布，雄偉壯麗不可方物，此時三十多位極友正駕艇向三千尺直下的飛流而去，想必水聲笑聲呼聲震耳欲聾，極友們用各地方言大喊過癮；而處巴拉那河終極入海口的我們安靜地排隊進闡，將隨身的小包過下安檢進去找英語

服務。生活充滿了多樣性，即使同在一條河流。

　　歷史有驚人的相似，地理亦然，和澳門一樣，科洛尼亞也是個不大的小城，澳門在珠江入海口東南望太平洋，科洛尼亞在「銀河」入海口東望大西洋，都是大航海時代葡萄牙人到過並實際控制的港口。踏上三百多年前葡萄牙人用參差的石頭鋪就的街道，沿著元青花模樣的葡式瓷磚路牌尋訪古城的過去，如見一艘亦軍亦商的艦從里斯本「陸止於此，海始於斯」處啟航，穿越大西洋，漂泊數月，發現巴西。葡萄牙人在巴西經營近百年後，沿巴西海岸南下，在離拉布拉他河口不遠處靠岸登上科洛尼亞，宣布主權，此地成為葡萄牙殖民者在烏拉圭的第一個居民點。

　　「銀河」對岸的西班牙人也沒閒著，西元 1535 年西班牙在拉布拉他建立殖民據點，次年控制阿根廷，他們稍晚於葡萄牙人發現巴西但早於葡萄牙人建立里約，西元 1680 年葡萄牙人在對岸烏拉圭登陸宣誓主權，原本臥榻之旁豈容他人鼾睡，但那時葡萄牙引領大航海時代，極其富強，西班牙人忍氣吞聲觀望了一百多年，西元 1750 年葡萄牙人趕走了剩餘的法國勢力，基本控制巴西全境。而西班牙則坐穩了阿根廷。

　　歷史有無常，西元 1755 年，葡萄牙大航海時代到達巔峰之時，突然發生一場大地震幾乎毀掉了整個里斯本，地震動搖了殖民帝國的核心，帝國露盛極而衰之態。西元 1776 年西班牙設立以布宜諾斯艾利斯為首府的拉布拉他總督區，次年，西班牙人乘虛而入奪取科洛尼亞，烏拉圭人「惶恐灘頭說惶恐」，淪為西班牙殖民地。留取「烏心」照汗青的西班牙人實際控制烏拉圭四十年後，「伶仃洋裡嘆伶仃」的葡萄牙人捲土重來，再次占領了烏拉圭，並將其於西元 1821 年併入巴西。西元 1822 年巴西脫離葡萄牙獨立，西元 1825 年烏拉圭趁勢脫離巴西帝國獨立，可謂一直

被爭奪，突然得自由。

　　科洛尼亞在漫長的葡西爭霸戰中有大小戰役七次，城頭變換大王旗，烏拉圭在反反覆覆之後獨立，而科洛尼亞終於因為特殊的歷史背景而成為南美洲歷史文化名城，老城區於 1995 年成為世界文化遺產，歷盡滄桑容顏不改，終於等到了南極論壇的一小批極友到來。老城中葡萄牙人建的街道是石頭直接鋪就的，一條路是一個平面；西班牙人建的街道兩邊略高，大概是人行道的意思。葡萄牙人建的房子往往是紅色的矮房子，西班牙人就用其他顏色建高一些。西班牙人作風很低碳，除了葡萄牙人的總督府他們沒要之外，葡萄牙人建的房子包括教堂都留著，只是教堂前面加蓋了門樓，更堂皇了些。

科洛尼亞日落

　　那個白色的燈塔應該是歷史最悠久的，是大航海時代的見證，上去需另付一美元，登上塔頂放眼如海一般的「銀河」，只見「上下天光，一碧萬頃，沙鷗翔集，錦鱗游泳，岸芷汀蘭，鬱鬱青青」。此南美洲「岳陽樓」也！無酒臨風亦寵辱皆忘，深感不虛此行。烏拉圭人愛運動，水面上雖無漁歌互答，但浮光躍金，帆影夕照，動影沉璧，其樂何及！

　　下到地面，走了下黃昏的街道，居然發現了以法國探險家夏古命名的小酒店，是哪個法國人或是法國女婿在用命名酒店的方式委婉地告訴我們法國人在此地曾經的存在？似乎我們紅隊在南極衝擊夏古港未果之後，夏古先生的大名就反覆出現了，先是探險隊長在郵輪上向我們介紹2021年即將遠航北極點的破冰級郵輪指揮官夏古號，然後我在千里之外的烏拉圭見到夏古酒店。

烏拉圭人約黃昏

烏拉圭銀河日落

　　每個民族都有自己的驕傲與沉浮，科洛尼亞的日落璀璨無比，幾乎可以媲美烏蘇懷亞的日出，旦夕之間，有我們豪擲一天的光陰紀錄，也有煌煌大歷史的存在與虛無。烏拉圭沒有太多名人，但即使是科洛尼亞這樣的小城，仍可以折射人類群星閃耀之時的餘暉。

2019 年 11 月 7 日

絲路行

18

梁家河：有大學問的地方

我們到達南泥灣機場之後，便直奔梁家河而去。

車子在黃土高坡上疾馳，兩邊有不少窯洞閃過，雖然有一些薄薄的綠灑在溝溝壑壑上，但黃土黃依然是延安的主色調，即使是第一次來這裡也不會陌生，這種味道在中學課文中領略過，這種土黃在詩歌中朗誦過，比《溫州一家人》中阿雨的父親和哥哥到陝北打油井時多了點綠，但基調仍是執拗的黃。

同車的林總此番二訪延安，她和我聊 15 年前來延安的見聞，翻山越嶺、路遇「丐幫」、環境衛生極差的小學、拚命刮土的雨刮器……那時的梁家河不太為人知，想必還在積蓄歷史的能量，以待今天與我們相見。我正在腦海信天遊之際，忽聞鞭炮大作、嗩吶浩蕩，不由心中一顫：交大 CEO 俱樂部影響力如此之大。

下車仰頭一望，但見「黃土味道」四個大字高懸樓頂，一旁一堵粉牆上畫了上萬青年，一位年輕人歡快地舉牌過頂，牌書「這家店要天天來」！原來是到了午飯時間，在此打尖，適逢陝北婚禮，抑或是綏德的漢子娶米脂的女孩，方知剛才想多了。一行人在「黃土味道」中滿滿兩桌坐定，延安市招商局的郭科和小劉作陪。小劉在我這桌，小夥子穿得挺潮，人也很有精神，向我們介紹了一下陝北菜，我問起當地婚嫁狀況，亦為了解一下民生。得知如今 5G 時代自由戀愛，年輕人想法與世界同

步。我們離開「黃土味道」時，門外的嗩吶仍震天響，不忘提醒我們這
是在良辰吉日來到梁家河。

梁家河村離「黃土味道」很近，因為來考察學習的人多，已經建了
大停車場和接待服務中心，既有幾分 5A 級景區的派頭，又有高鐵進站的
安保級別。梁家河參觀是免費的，大家排隊憑身分證進場，秩序井然。
我了解了一下，這個程序還是很有效果的，今年就查到了幾名犯罪嫌疑
人，其中還有吸毒者。不過我們也有想不通的地方，你說被通緝還去看
張學友演唱會也就算了，那是娛樂，你還敢跑來梁家河參觀，這心得有
多大？難道還想考公務員？

我們這批有身分證的人順利地過閘坐上了電動車，電動車一人 10 元
人民幣，路程想必有 3,000 公尺左右，果不其然，車子開了有 5 分鐘才
到村莊，想當年這裡只有羊腸小道。

在村史館外的郵局購得陝西人民出版社出版的《梁家河》，村民工作
人員熟練地幫忙蓋上郵戳。

我們在村史館前的小廣場合了影，因為此地不允許學員拉個性化的
布條，我們主要靠氣質地說，梁家河，我們來過了！今天的到訪也許在
冥冥之中早就注定，有一句很網紅的話：「每個人的氣質中，都藏著讀過
的書，走過的路，愛過的人。」物理學就結緣的解釋是量子糾纏，那麼，
當我們有緣在此感悟初心，自然也不會忘記使命。

2019 年 7 月 22 日

19

鴻門宴：舉重運動員贏不過長跑運動員

　　絲綢之路是西漢創始的，有必要回顧一下漢的建立，史書煌煌，不必多言，但是鴻門宴作為最著名的影響中國歷史的飯局有必要說一說，這個飯局距今已有 2,226 年，仍然歷久彌新。

　　2009 年去了一次西安，商務活動之餘，當地的朋友趙先生一定要安排去鴻門宴遺址看看，從兵馬俑回來去華清池的路上，問了好幾次路，才找到那地方。

　　這是一個相對冷僻的景點，只是西安市的文物保護單位，比兵馬俑的等級要低很多。進門就是鴻門宴人物的群雕，但雕功不怎麼樣。幾處碑文還有別字，「勝券在握」刻成了「勝卷在握」，「再次」刻成了「在次」，幾乎讓人懷疑是個山寨版的鴻門宴，可能是當時剛剛開放，來不及校對。

　　這個地方，兩千多年前是通往古新豐的大道，由於雨水沖刷，愈陷愈深，南北洞開，如同門狀，故稱鴻門。這樣的地方在黃土漫漫的陝西其實並不少見，少見的是擁兵四十萬所向披靡的項羽在這裡宴請擁兵十萬戰戰兢兢的劉邦，而項羽的本意是幹掉劉邦。要是劉邦被幹掉了，就沒有了漢朝，當然也沒了漢語和漢族的說法，歷史的車輪將夢幻般地飄移，不知魂歸何處了。

　　項莊本是無名小輩，自鴻門舞劍以後，便名垂青史了，因為他那會

意在沛公。

沛公劉邦用了最尋常不過的手法：尿遁，卻造就了最不尋常的茅坑。鴻門宴配套的「洗手間」如今被玻璃罩了起來，對著一個鐵門，而鐵門外，據說就是老劉尿遁不還的路。

從鴻門宴的故事發展看，項羽缺謀，劉邦缺勇，項的謀臣范增幾次示意動手，項羽視而不見，感覺到手的鴨子飛不了。項莊舞劍過來，劉邦小便失禁的可能都有，情急之中打開那誰給的錦囊，錦囊裡一張白紙，畫了株桃花，也許是二三月份下了二十天雨突見太陽的詠春之作，可劉邦一見便知道桃花的意思是「逃」了，可見能做皇帝的人對逃都有深知灼見，很多江山都是逃出來的。

劉邦逃時還能召回持劍帶盾進入鴻門宴現場護駕的樊噲，堪稱奇蹟。猜想項羽喝得有點多了，他發現老劉跑掉時，居然劉邦已去四十餘里，相當於跑了半個馬拉松了。不過不是馬拉松，是馬拉邦。

鴻門宴遺址供著一尊老者形象的觀音，那也和老劉逃跑有關，傳說路上一老者幫忙指引了方向，這老者既然不是臥底，自然是神明了。

這裡也有項羽的雕塑，名曰「霸王舉鼎」，講的是項羽當年單手舉鼎繞場一周以振軍威的事蹟。

鴻門宴告訴我們一個事實：在政治和軍事上，往往舉重運動員贏不過長跑運動員，韌性比爆發力重要。而絲綢之路是一個跨越很多個朝代的基礎設施，它的背後代表了持續的推進，是不停歇的跑步，它的核心就是專注和堅持。

2019 年 7 月 29 日

20

二訪碑林

上一次來碑林是 25 年前了，時光如流，似乎一個響指，就是四分之一個世紀。

這一次出發之前在上海連宴兩日，31 年未見的同學又聚在一起，闊別三十又一春，回憶舊時光。

8 月 8 日正值立秋，適逢七夕加一，半月如梳，銀河鵲橋氣場猶在，七位女同學麴院踏荷而來，凌波仙子一般駕臨海上，共憶雁山雲影甌海潮淙，席間合一曲「上下古今一冶，東西學藝攸同」蕩氣迴腸。

37 年前，我等以溫州各小學三甲之身入讀朱自清填詞校歌的第一中學從此結緣，走過青蔥不居的歲月友誼反而歷久彌堅，即使後來天各一方，也從來都記得石坦巷尾溫中門前那魁星點斗的一幕，那張寫滿兩百名字的榜單確是我們青春的開始。

海上溫情群組群主老布將一首原本淒厲的〈北風〉溫情脈脈地唱完，與同學一一握手後六個多小時只管南下故鄉去了，己亥年最強的颱風「利奇馬」與老布擦肩而過，從故鄉北上，經過山洪暴發的永嘉楠溪和被淹沒的臨海老城，粉碎七夕月色醉人的荷塘，直抵結界抵抗的魔都。

在無常的天象之前，海上溫情群組的好夥伴們又做了一次義無反顧的聚集，這一次是在新華別墅，颱風的雨夜，已經看不清新華路法國梧

桐身上的紋身，連門牌也看不大來，七仙女居然到得比月朗風清的前一日更早！夜雨狂風中有英語詩朗誦，有異域歌舞，葡萄美酒喝得我陶醉，彷彿為我第二天的絲路之遊餞行，在颱風中穿過將近半個長寧，才找到一輛車回家。

8月10日，虹橋火車站取消了去浙江的所有車次，杭州東站出現了車站建成以來第一次被動停業，甚至絲路起點的西安也取消了開往上海的班次，所幸從上海開向西安的 G360 正常行駛，火車逐漸駛離大風大雨，當我們在社群平臺看到被淹到有點嚇人的上海中環線時，火車進入了午後陽光的西安北站。

二訪碑林將碑林的排序提到了絲路第一站，出了西安北站立即排隊搭車到碑林，寄放好行李便去朝聖。一訪碑林的記憶有點模糊了，看到碑林與文廟在一起還略見陌生，只記得當年的計程車司機說他小時候碑林是可以隨便進去的，常騎在馱碑的贔屭頭上玩耍，腦中浮現小兒無賴臥碑剝蓮的場景。現在有儀式感了，見過文廟的牌坊，過了安檢才是這東方文化的寶庫、書法藝術的淵藪、漢唐石刻精品的殿堂。

適逢蘇州碑刻博物館與西安碑林博物館合辦「千年書鄉 —— 蘇州文廟府學歷史碑刻拓片展」，就進去看了看。蘇州府學即蘇州文廟加蘇州中學，乃北宋名相范仲淹於西元 1035 年建立，蘇州中學由此讓天下中學皆望其項背，因此有「天下之有學自吳郡始」的說法。拓片有天文圖、地理圖、平江圖，有一堆勉勵好好讀書的御碑，字有竹有鶴，句有「思無邪、公生明」……一圈看下來自然十分景仰。想當年溫州中學也與籀園在一起，籀園在勝昔橋邊，是上世紀初為了紀念溫州籍大學問家教育家孫詒讓而修建的，「籀園」二字為南通籍末代狀元張謇所題，現籀園已經是溫州教育史館，於某年孔子誕辰之日開館，相當於現代文廟，所以中

國讀書的好地方規制大體相同。記得當年籬園旁邊有個小攤，賣豬油炸的糯米粉裹糖霜的名喚「口舌」的小食，一毛錢人民幣一根，隔著學校的門縫一收一遞錢貨兩清這般交易，是讀書郎下課即奔去要吃的美食，從心頭到舌尖，籬園在我們的青春時光裡，記錄了不少小歡喜。

「千年書鄉」開胃菜之後，進入碑林的饕餮盛宴，迎客第一碑是國寶級文物〈石臺孝經〉，後面有堪稱中華文化原典的刻滿四書五經的〈開成石經〉，還有柳公權書的〈玄祕塔碑〉、集王羲之字的〈大唐三藏聖教序碑〉、顏真卿書的〈多寶塔碑〉、歐陽詢的〈皇甫誕碑〉、懷素〈藏真帖〉等書法至尊之作，亦有康熙、林則徐、左宗棠等政界人物之墨寶分享，還有五嶽真形圖、〈孔子廟堂碑〉……碑林七室八亭，扛著煌煌中華。

比較意外的是在碑林看到了昭陵六駿，上月我去禮泉的一個生物質電廠考察，爬到那個電廠的鍋爐邊，能看到昭陵的金字塔尖，玄武門之變貞觀之治大量的資訊湧來，最終停留在秦王李世民開國征戰的六匹駿馬被閻立本畫刻於昭陵的畫面，不曾想其中四駿入了碑林，而另兩駿被擄至賓州大學博物館，那兩匹叫「颯露紫」和「拳毛騧」的駿馬恐怕是再也回不了故土了。賓大是川普（Donald Trump）的母校，可能這位推特治國的老兄比我們一般中國人更熟悉「颯露紫」和「拳毛騧」，而將流失兩駿和「特勒驃」、「青騅」、「什伐赤」、「白蹄烏」等眼前四駿倒背如流，分分鐘能鎮住川普的，無他，岐山也。

出了碑林，便是西安古城牆南門永寧門城樓，全中國難得一見保存完好的明城牆，據說 1958 年、1981 年兩次差點被拆掉，現在應該很安全了。城牆上可以騎車，可覽古都勝境，走了一段回望，夕陽西下，一樓巍峨，遍地金光，近前一看，原來是在整修中的魁星樓，建在城牆之上的魁星樓不多見，應是與文廟碑林配套，亦稱文昌閣。魁星信仰盛於

宋代，從此經久不衰，有說魁星即鍾馗，是封建社會讀書人崇信最甚的神，而農曆七月初七為魁星誕，原來我們齊聲高唱中學校歌的前一晚，路人皆知是情人節，不料更是魁星誕。

　　願孩子們讀好書，碑林拾貝，魁星點斗。

2019 年 12 月 15 日

21
半個香港

　　25 年前，我第一次去陝西歷史博物館，那時網路剛剛有，網速 14.4k，速度不到現時的百分之一，沒有抖音沒有無人機燈光陪襯的西安，陝博自然也是不紅的，既不像現在這麼有名，也沒有太多人去，導遊也比較好請。

　　如今就不一樣了，雖然說是免票，可你沒有計畫沒有耐心沒有攻略基本上是約不到的，而且免票的看不了唐代壁畫看不了大唐遺寶，電視上天天在播的完全是美劇《24 反恐任務》（24）節奏的《長安十二時辰》，我當然不會甘心在長安就待十二個時辰還錯過整個唐朝，好在老婆事先不知道從哪裡加了西安資深導遊的即時通訊，預約了一個一起看陝博的群組。提前到了小寨東路陝博對面的小旅館門口集合，交了身分證，領了耳機，調好頻道，然後一群人跟著一個高個的小夥子導遊穿過馬路到了陝博門口，小夥子一邊發給我們實名制的門票，一邊解釋這是陝西歷史博物館，不是陝西省歷史博物館，意思是這是國家級的博物館，地位與國博差不多，不是省裡的單位。

　　25 年前享受專人導遊的待遇自然已經沒有了，只記得當時那位戴眼鏡的三十多歲的矮個子講解員帶著我們侃侃而談，到了「鑲金獸首瑪瑙杯」前，說這個號角狀的杯值半個香港。我看著這個中西合璧，造型源於西方「來通」，氣質又很大唐，口鼻部鑲金，雙眼圓瞪似牛非牛，通體玻璃光澤的奇奇怪怪的瑪瑙物件，心想這傢伙一定是信口開河吧！1994 年香港 GDP

是上海的 6 倍，半個香港相當於三個上海，這杯子能裝進三條黃浦江麼？

陝博是從史前文明開始說起的，藍田人生活在 115 萬年前，比北京人早數十萬年，頭骨展示；然後是舊石器時代的大荔人，又有頭骨展示；再有新石器時代的半坡遺址，已經是一個母系氏族村落的遺陳了；然後才到遠在 5,000 年前的華夏始祖炎帝與黃帝，其實還有蚩尤，是當時中原的三大勢力。《山海經》描述中疑似三撥外星人的戰鬥，據說黃帝與炎帝打了三場戰役，但和蚩尤打了五十幾場不分勝負，一度徬徨求助九天玄女，最後勝出。黃帝手下倉頡造字、伶倫製作音律、隸首發明算盤，黃帝與岐伯等人的對話被整理成 18 萬字的《黃帝內經》，這個團隊上古黑科技太多，我是相信他們來自外星文明的，神仙打架是華夏文明的源頭。

陝博有個很奇特的現象，好像很多文物都是透過量子糾纏而面世的：一個叫「鳥蓋瓠壺」的青銅器是 1967 年在綏德一廢品收購站偶然發現的；上過電視節目的戰國兵符「杜兵符」是農民在犁地時發現的，廢品站還不肯收，後來碰巧遇到考古專家才得以現世；漢高祖皇后呂雉的玉璽竟然是在 1968 年夏天的某個夜晚，咸陽韓家灣公社一個 13 歲的學生在放學路上發現的；農民放牛撿到一個小物件進而發現了一個上千年的匈奴王墓；當然，最猛的還是西安修地鐵，據說已經挖出 400 餘座古墓了，這個有點強行干預量子碰撞的意思。

量子糾纏俗稱「緣分」，何家村遺寶事關一個震驚世界的文物奇緣。1970 年 10 月 5 日，在西安城南何家村省公安廳下屬的某收容所內，基礎建設施工人員在挖地基時挖到一個大陶甕和一個提梁罐，裡面一堆金銀寶物，公安系統內，自然馬上上報，第二天就有專業指導挖掘，又起出第二甕，就這兩甕一銀罐，裡面俄羅斯娃娃一樣寶物套寶物，一共有 1,000 多件工藝精湛、富麗堂皇，既有大唐風範又具外域風格的金銀玉琉璃瑪瑙器皿現世，鋪陳開來就是現今面積不小需個把小時端詳的大唐遺寶館。

　　這個不知何來的天外藏家收納手法之高明、收藏品味之專業讓人驚嘆不已，其系統歸類思路清爽彷彿還活著一般。此人對煉丹饒有興趣，還收藏了一整套唐代煉丹的器皿。選的寶物可以用八個字概括 —— 「全球智慧、大唐品味」，比如無論你用什麼西洋技法拿出一個西式的金碗，我只管吩咐在碗上刻一對鴛鴦！極強的中華文化自信，超級開放的相容並蓄能力，思古撫今此處可有淚兩行。

　　何家村遺寶與西方著名的考古發現「阿姆河遺寶」相對應，成為20世紀中國重大考古發現，與19世紀末敦煌發現藏經洞有得銜接，令人驚嘆的是古物吸取了莫高窟的教訓，在上班時間從公安局的地界冒了出來，而不是荒漠流沙無人照應的地方。古物長沒長腳真不好說，高祖皇后玉璽在小學生放學路上出現，常理很難解釋。

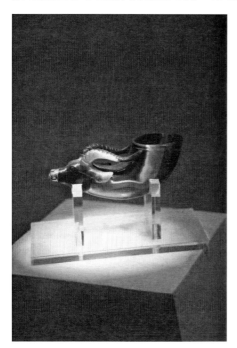

「半個香港」

　　論常理何家村是唐長安城興化坊所在地，該坊北過兩坊為皇城，東隔一坊為朱雀大街，西北不遠是西市，倒是皇親國戚或者朝野大咖極為便利的藏寶地，這個題材被《長安十二時辰》捉到，提及大將軍郭利仕偷盜宮中金銀器，最終在興化坊下落不明，杜撰得非常接地氣。另一考證，西元783年，涇陽兵變，徵稅大臣因接受叛軍招安被處死，「稅務局長」家住興化坊，先埋珍寶再投降事後被處死從而寶藏線索斷了的可能性極大，甕頂離

地面不到一公尺，似乎也印證了當年匆匆埋寶的可能性。

　　廊迴路轉，當年那個號稱值半個香港能裝三條黃浦江的「鑲金獸首瑪瑙杯」又出現在我眼前！原來它就是出自何家村的，何家村扛霸子、鎮館之寶。25 年前沒有專門的何家村遺寶分展，因此沒注意到何家村這個名字。正感慨一樣的國寶前面站過相隔 25 年的我，只聽到高個子小夥子在身後輕輕地說了一句：這個獸首瑪瑙杯值半個香港……

　　你……你是當年矮個子眼鏡導遊的徒弟麼？半個香港又是什麼梗？竟然流傳了四分之一世紀？2018 年香港 GDP 是上海的八成，半個香港相當於上海的四成，獸首瑪瑙杯還能裝下一條蘇州河嗎？小夥子娓娓道來，鐵娘子柴契爾夫人（Margaret Thatcher）訪華參觀獸首瑪瑙杯說過這樣的話：如果把這個「鑲金獸首瑪瑙杯」給我，我就會提前歸還香港。所以民間都說這個東西值半個香港。

　　原來如此啊！香港倒是如期拿回來了，瑪瑙杯也成為首批禁止出國（境）展覽的國寶級文物，在中西文化交融方面，香港和獸首瑪瑙杯有異曲同工之處，那就保護好相當於兩個瑪瑙杯的香港吧，賦予她極強的中華文化自信，超級開放的相容並蓄能力，刻一對鴛鴦！

2019 年 11 月 13 日

22
雪都

　　西安有直飛阿勒泰的班機，算是不負絲路起點之名。2019 年 8 月 11 日，從西安出發，3 個小時的航程，飛越 3,000 公里，到達阿勒泰時，已是晚上 7 點多，陽光依然耀眼，彷彿日正中天。幾個小時的微時差，竟然也有穿越時光隧道的感覺。

　　機場很小，卻有一個「中國雪都」的招牌，進了行李提領處，還有「人類滑雪起源地，Welcome to ALTAY」的廣告牌，用易拉寶撐起來 ── 「約在冬季」、「冬季去哪裡玩？」、「滑雪大冒險」，對於從七夕颱風天掙扎出來，輾轉來到此地的我們，頓有北半球躍入南半球之穿越地心來看你之心跳反射。

　　出了機場，有位皮膚黝黑的小夥子早已候著，接我們到租車公司去，路上山青水綠，還是夏天不假，只是一塊大牌子仍然執拗地跳出來：「冰天雪地也是金山銀山！」還是在提醒我們這裡是中國雪都沒錯了。夏天的新疆是我記憶中的新疆，我來過烏魯木齊十多次，從來沒想過冬天來新疆，可是甫到貴境，這個阿勒泰一直在用各種手段喊我冬天來，貌似在下一盤很大的棋。

　　我們的計畫很簡單，一是到福海看朋友，二是去傳說中的喀納斯湖，我甚至連旅行計畫都沒做，這一路的雪都提法讓我陷入了沉思：為什麼我們不把冬奧會放在這裡呢？那才是一盤更大的棋。這裡空間上是

絲路重鎮，時間上很恍惚，幾千年變化並不大，但高鐵已經修到了烏魯木齊，離此人類滑雪的起源地不遠了，只是人類××運動的起源地得有聯合國認證，如果舉辦冬奧會，能捎帶辦了。問開車的小夥子，冬天來有什麼玩的，答曰「車子可以開到喀納斯湖上」，就這一句話，把我給震撼了。歌聲響起：「這一生一世，這時間太少，不夠證明融化冰雪的深情。」哦，錯了，那是貝加爾湖，是霍去病刻字留念的「瀚海」，而我們要去的是「福海」。

　　預定的車子剛剛還到租車公司，都來不及清洗就準備交給我了，看來租車的生意不錯。前面的租車人都還沒走，我們聊了聊喀納斯湖，說一路太好走了，安全、路況佳、天氣好，我聽了放心了些，印象中新疆動輒跑 500 公里遠中間沒有人煙，萬一中間出來個劫道的或是恐怖攻擊，還是讓人擔心的。人家一句話就釋疑了：「到處都是鏡頭，可不能超速。怕你們被罰款，有時警車還限速壓著路開……」我的腦中立刻閃出後來被評為 2019 年最有人氣的網路表情：捂臉。

　　租車店的老闆是個漢人，很會做生意，我這一單其實也是他電話爭取來的，之前我想過找一導遊包一輛車，後來發現包車不適合我們，尤其沒有大漠孤行的風情，何況這一身全球自駕的成熟技藝也太浪費，就在網路上找租車自駕的，後來找到「悟空租車」（原本用的幾個租車網站貌似不行了），也是第一次用，感覺他那店好評不多又不在機場，怕麻煩，下了單又取消了，人家立刻電話過來表態接機和周到服務，並解釋了一下新店剛開，車子很新，我才又下了單，後來發現這個「悟空租車」在絲路基本上很好用，畢竟是大師兄代言啊！

　　不過加油浪費了點時間，前租車人圖省事留了點殘油就還車了，接機的小夥子帶我們去加油，那陣勢把我嚇了一跳，檢查車廂，檢查身分

證，加油站設了停車場專用的桿子，保全檢查完一按遙控，車子才可以進去，加油的時候還要掃一下身分證，新疆之行的關鍵詞跳出來了 ——「驗證」、「安全」，後來幾天的行程不斷證明了此關鍵詞之可靠。

2020 年 1 月 11 日

23
日月光華，欣榮黃金海岸

　　事前本來打算像時下流行的重走玄奘之路一樣租一輛越野車，覺得吉普車與大漠才配，「悟空」哥說沒必要浪費錢，去喀納斯都是紙平的路，如果不是拍照用的話，轎車 CP 值高些。我猜想可能他們的越野車都租出去了，否則向交易對手推薦 CP 值高的貨，這覺悟得有多高？

　　於是租來的小本田上了阿勒泰機場去福海的高速公路，適逢古爾邦節第一天，高速公路是免費的，第一次享受新疆穆斯林文化帶來的福利，據說這一天，穆斯林都精心打扮，宰殺牲口，邀請親戚朋友前來做客，同時還舉行各種文藝活動。將近晚上九點了，太陽還沒落山，時有飛鳥掠過，是百鳥歸林還是兩百爪聯歡不得而知。時維七月，序屬立秋。熱氣消而戈壁清，草原靜而暮山紫。高速公路上沒幾輛車，我不知傳說中的「天眼查」嚴苛到什麼程度，驅「駝騑」走戈壁，豈敢超速？即使轉入了縣道也恪守限制。但見大漠孤煙直、長河落日圓，到達福海黃金海岸時，已近十點，太陽是完全地沉下去了，心中一片茫然，略為惋惜。

　　友方的吳總早在福海景區門口張望，我從不起眼的「駝騑」上下來和他打招呼，他有些意外，因為我之前電話說訂了一輛越野車，不用派車接我們，所以他一直盯著吉普車看呢！我們如此低調，福海迎接我們的排場卻大過天際，我以為太陽已收攤，小酌一番便好休息，不料福海

裡面有我此生未遇之勝景，日落如劇終，霞光似彩蛋，此雄彩華章奇幻之處，唯有三個月後南極天堂灣之晚霞堪堪能敵。

剛下車，即受指引向福海奔去，暗黑天幕透出迷人的橙黃，映得海水如黃金一般，遠處的島彷彿是天人之舊館，如另一個平行世界中的景物，透過時光之門傳送過來。波瀾萬頃，上接重霄；小亭流丹，下臨無地。鶴汀鳧渚，窮島嶼之縈迴；霞光九重，即岡巒之體勢。無垠的大漠中，怎會有如此碧浪之海？福海之地處四國之交，西望哈薩克，北接俄羅斯，東看蒙古，南抵天山，四國為一小世界，如四大部洲，那黃色山巒金光之島，不就是須彌山麼？須彌山又稱寶山、妙高山、妙光山，居小世界的中心，妙光一詞，足以震撼我心。

能不能這樣算——以福海「妙光山」為圓心、1,000 公里為半徑畫一個圓的四國小世界，再乘以 1,000 就是小千世界，乘以 1,000 的二次方即中千世界，乘以 1,000 的三次方就是大千世界，感覺「妙光山」隨時可以騰空而起到達 8.4 萬公尺高空，福海外溢將四國領土變成飄海之洲；抑或整個福海就是懸浮的！我們在小世界披夕照，俯澄波，浪滔曠其盈視，川澤紆其駭矚。遙想共工爭帝，怒而撞不周之山；天傾西北，祝融敗天河之水。鴻均遭徒，女媧承命。五色與金絲齊飛，七彩共雅丹一色。地平水住，響窮烏倫古湖，日月光華，終於欣榮黃金海岸。轉頭見到福海邊的女媧神像，福海邊那些被奮勇舉升的石頭喚作金絲玉，竟然是娘娘補天之資。

這個小世界有指引者也有背叛者，補天之女媧，也許是永珍之由，亦可能是終結之末。俄頃，日月將霞光徹底收去，福海漸漸變得伸手不見五指，唯有濤聲依舊。烏市來的朋友在等著我們，好酒好菜，還有新鮮的灌在桶裡的駝奶，我們共慶餘年。

2020 年 1 月 17 日

24
阿勒泰記

　　漢據西域，唐列北庭。阿山玄武，天山朱雀。襟冰川而帶古河，控玉茲而引舊蒙。金夫逾萬，皇光射牛斗之墟；銀髮一束，左公定大清新疆。大漠霧列，俊採星馳。臺隍枕四國之交，賓主盡東南之美。創天樂兄之雅望，棨戟遙臨；烏市新友之懿範，襜帷暫駐。颱風東至，魔都西行；陝博求是，碑林問古。騰蛟起鳳，王學士之詞宗；魁星點斗，長安十二時辰。絲路飛天，暑期研學；童子何知，躬逢勝餞。

　　時維七月，序屬立秋。熱氣消而戈壁清，草原靜而暮山紫。儼驂騑於上路，訪風景於崇阿。臨福海之濱，得天人之舊館。波瀾萬頃，上接重霄；小亭流丹，下臨無地。鶴汀鳧渚，窮島嶼之縈迴；霞光九重，即岡巒之體勢。

　　披夕照，俯澄波，浪濤曠其盈視，川澤紆其駭矚。共工爭帝，怒而撞不周之山；天傾西北，祝融敗天河之水。鴻均遣徒，女媧承命。五色與金絲齊飛，七彩共雅丹一色。地平水住，響窮烏倫古湖，日月光華，欣榮黃金海岸。

　　遙襟甫暢，逸興遄飛。晨霧醒而清風生，溼地糯而白雲遏。天鵝交頸，氣凌鳥島之樽；雁陣掠湖，影舞臨川之筆。駝似峰，羊如雲。窮睇眄於雪峰，極娛遊於天水。天高地迥，覺宇宙之無窮；興盡悲來，識盈虛之有數。望北疆於眼下，目南港於報間。特權極而哀怨深，訴求顯而

格調遠。嶼山難越，誰悲失路之人；萍水相逢，盡是他鄉之敵。懷國恩而不見，奉英室以何年？

福海

嗟乎！時運不弱，國事多舛。衛青不老，去病已封。屈張騫於匈奴，非無聖主；留班超於疏勒，豈乏明時？所賴君子見機，達人知命。老當益壯，寧移白首之心？窮且益堅，不墜青雲之志。酌貪泉而覺爽，處涸轍以猶歡。北海雖賒，扶搖可接；東隅已逝，桑榆非晚。董首高潔，空餘報國之情；捲髮猖狂，豈效窮途之哭！

嗚呼！勝地亦常，盛筵可再；觀魚亭春，冰天雪地。金山銀山，幸承恩於偉餞；仿滕王閣，是所望於福海。借王名句，恭疏短懷；四韻不成，不敢言賦。為阿勒泰記，以謝好友親朋。

2020 年 1 月 18 日

25
震澤

　　己亥歲末，極友再聚震澤古鎮。此地屬蘇州吳江區，與蘇之同里、浙之南潯相望。古鎮不大，卻盛產著中國最好的絲綢和桑蠶絲，至今還在沿用著古法養蠶、製造絲綢。絲綢之路地理上的起點是西安，而生物學上的起點應該在這裡，一位詩人曾寫過：「蠶在吐絲的時候，沒想到會吐出一條絲綢之路。」這古鎮，「質樸自然，安詳閒適」，有一條400公尺長的寶塔街，街盡頭的寶塔始建於赤烏年間，與上海靜安寺同齡，亦算是完成長三角一體化的孫權，在這裡替妹妹孫尚香建了這座塔，孫妹登高思劉，故稱望夫塔。一座懸掛蟠龍金框聖旨匾「欽若師儉」的徐家老宅穿過寶塔街，街西是別具匠心、低調奢華的府堂庭院，街東是豪華的米行和絲行的河埠頭，那縱貫千年的悠悠蠶口吐出來的絲綢盛唐即是從此類大小碼頭啟航，進入京杭大運河，從此無問西東。

　　吳江自古商貿繁華人傑地靈，現有上市公司十幾家，更有幾家進入中國500強，南極會楊宗賢副會長正是吳江人氏、震澤鄉賢、2013年極友；夫人蔣總，2019年極友。他們創業26年，員工數千，成就斐然。以服裝、閥門、環保為主業，經歷過欣欣向榮的春天，亦扛過冷風驟雨，青田企業目前是最大的校服生產商之一，社會貢獻甚大。極友18人會於青田企業，有從澳洲趕來的邢總（2013年極友，亦是震澤人），有從澳門飛來的汪總，還有書寫十公尺長卷《大乘妙法蓮華經》將贈玉佛寺收

藏的桂老先生一家⋯⋯時值寒冬臘月，楊兄親自泡茶，大家備感溫暖。我們討論一個共同的話題：南極論壇是否需要一個常設會址？是否可以將「我們想要的世界」這一宏大的命題先收斂到「我們想要的社群」？

我們在寶塔街 8 號看了震澤古鎮的未來規畫，這個北臨太湖、南壤銅羅、東靠麻漾、西接浙江的寶地已經有一個不俗的規畫，桃李春風中的古鎮水鄉讓人心醉，未來虹橋火車站出發的高鐵到此只有 21 分鐘，建設中的高鐵站就在北麻漾湖的對岸，下車上船，蕩漾過來幾分鐘，是何等麻麻的感覺！高鐵已經成為一個低性能版的傳送門，片刻間可將上海的都市風華與水鄉的質樸古風左右傳送，雖還不夠量子速度時空扭曲那樣隨意穿越，但基本上也已經是地表最強。對於南極論壇、世界自然保護聯盟、哥倫比亞大學的國際友人來說，或許震澤的體驗比上海更震撼。準確地說，上海震澤的組合比單純的上海甚至單純的南極都更夢幻，這個生物學意義上的絲綢之路的起點最終將連接到世界上最大的荒原，我想起〈大雪前後的我和你 —— 將思想核心呈現在浩宇蒼穹之間〉中的那一段：大雪對於傑拉許，「也許又是暗黑的極地鐵拳，雪上加霜，費掉更多炭火，盤算剩餘的口糧和能源，祈禱夏天盡快來臨；但也可能他明白這是溫暖來臨的前奏、太陽軍團將至的預兆，寒冷已是強弩之末，興許他穿上絲路來的魯縞，亦在雪中狂歡。」 —— 庚子年的桃李快發了，春蠶又將開始吐絲了，不是麼？

臘月廿四這一天，按我們老家的習俗，是祭拜灶王爺的日子，灶王爺要上天向玉皇大帝彙報這家人的善惡，從今天起到除夕日這段時間，民間稱為「迎春日」。極友算一個大家庭，我們在震澤討論「我們想要的生活」，也聊「我們想要的商業」、「我們想要的未來」，其中的善意和期待或許能上達天庭。向大家拜個早年！

26

凌晨四點的悲傷——紀念柯比

　　大年初三凌晨，中原標準時間四點，在看拿坡里與尤文圖斯的比賽直播時，得知柯比（Kobe Bryant）意外去世，籃球巨星的噩耗擊碎了足球世界，感覺看不下去比賽了。C 羅在賽後馬上更新了 IG：「柯比是位真正的傳奇，激勵過無數人。」（C 羅本人一定是這無數人中的超級被激勵者，本場賽事尤文輸掉了，但他一個人狂奔、一個人奪旗完成八連殺，完全是柯比的風格）；梅西發 IG：「一位少有的天才離我們而去。」柯比欣賞小羅，是巴薩的粉絲，柯比穿紅藍的影片立刻出現在網路；柯比穿紅黑的影片同時洗版，只因他與 AC 米蘭也交好；晚一個小時開戰的大巴黎與里爾的比賽中，內馬爾（Neymar）打進點球以後，先是做出 24 的手勢，再一手指天，紀念他的偶像柯比……紀念名單中還有席丹（Zinedine Zidane）、薩拉赫（Mohamed Salah）、林加德（Jesse Lingard）、博阿滕（Jérôme Boateng）等足球界的新老明星，名單很長，如果對兩邊的圈子不熟悉，你甚至會誤認為柯比是位足壇巨星。

　　籃球界的紀念就更深刻了，這位鼓勵了無數人的人在剛剛鼓勵完超越他紀錄的人之後離開了這個世界，被他鼓勵的詹姆士（LeBron James）和曾經鼓勵過他的喬丹（Michael Jordan），無不扼腕，喬丹說：「語言無法表達我的痛苦，我愛柯比就如自己的兄弟一樣。」（很榮幸在 90 年代見識過喬丹的公牛王朝，麥可‧喬丹的肆意飛翔扣籃和一次次絕殺，

113

他們真的很像，連外貌、氣質、體型都很像）詹姆士直接淚灑機場，美國籃壇近三代傳承猛然斷篇，一個五次 NBA 冠軍、兩次奧運冠軍、20 年湖人的統治者隕落，直升機墜落之時，一顆流星劃過地球，消失在天際。當柯比和 13 歲的女兒吉安娜墜機遇難的消息確認後，NBA 多場比賽用 24 秒違例和 8 秒違例來悼念這位曾經穿過 24 號和 8 號的傳奇球員。

柯比多次來過上海，我居然偶遇了兩次！有一次在波特曼，還有一次在靜安香格里拉，眼見門口一群年輕人穿著 24 號球衣，穿著柯比球鞋，舉著牌子，深感偶像的偉大之處，如果年輕人都是聽了「四點鐘的洛杉磯」而變得勤奮，這該有多大的功德？少年強則國強，我喜歡這些有夢想的孩子，也熱愛上海這種開放的姿態和國際化的感召力，每當這個時候，我都很想再做一回少年，在那裡等待這個單場能拿下 81 分的英豪，與「籃球之神」合個影，或是拿到一個簽名，把夢想的力量帶回家。柯比每一次中國行的廣告語都很具感召力，「活出你的偉大」、「打出名堂」、「雄心不熄偉大不止」……對於平凡的少年來講，很需要這些鼓勵。科比的中國行漸成常態，甚至吉安娜開始學中文，有說差不多學了五年了，可以幫爸爸當中文翻譯了。

今天突然發現這些再正常不過的偶遇永遠也不會再有了，很大一批地球少年失去了偶像，這個春節真是太沉重了，窗外是下了數天不停的雨，春節假期被推遲至 2 月 9 日 24 點結束，我在窗前遠望樓下公園中空無一人的籃球場，不知我見到的那些少年，以何種方式寄託他們對柯比父女的哀思？安放逆流成河的悲傷？

在絲路行中間，出現了不該出現的柯比，也算是一個特別的紀念吧，「雄心不熄偉大不止」，或許可以作為絲路群英共同的座右銘。

2020 年 1 月 27 日

27
福海

大寒，整個福海被凍住了。

「須彌山」亦可親近，甚至可以開一輛賓士 G63 抵達山的腳下，這裡有平民冬捕的盛會，在這個時間窗口中，天上的街市掉落凡間，只要你敢在這個時間光臨，夏天所見之天人之舊館，就是此時人族之樂園。

福海也叫做烏倫古湖，水域面積 1,035 平方公里，一望無際可以充海了，當地人也稱其「大海子」，冬天的冰面厚達 1 公尺，不但可以揹著老人在冰上行走，猜想戰車都可以上去，冬捕又稱踏雪尋魚。

去年夏天，我在福海縣城住了一晚，第二天再進福海看白天的景觀，在門口買了一塊金絲玉，被景區負責旅遊開發的唐總帶著在周圍跑了一圈。看天鵝在野湖中成雙，見駱駝在草肥處聚團，成群的大雁飛過安靜的湖面。在沿湖公路開車，幾乎聽得到車輪與柏油馬路摩擦的聲響。在一條岔路邊停好車，換乘越野車進了一個小沙漠，攀到沙丘的頂上，可以看烏倫古河如一幅十里長卷鋪陳開來，風動絲綢一般漾出粼粼波光，幾隻水鳥掠過水面，幾處點剎，貌似微微表示敬意。

福海區域方圓幾十公里，中間要改造一座橋，為了便於遊輪通行，將來會在四處建幾個碼頭，遊客在大漠中體驗海上航行的味道，想像冬天福海被凍住的樣子，不失為人間特別值得的體驗。福海讓新疆有了夏日風情、冬之戀情，讓一條如此乾涸枯燥的絲綢之路有了海洋般的滋潤，讓貿易有了度假的味道。

立秋的福海，我們從沙丘上下來，換車奔喀納斯而去。

2020 年 1 月 28 日

28
辛棄疾與草原絲綢之路

　　福海去喀納斯大約 300 公里路程，按照限速慢慢開的話差不多需要六、七個小時，中途在布林津吃午飯。布林津是阿勒泰地區最熱鬧的城鎮，服務業的表現也可圈可點，一家店裡，既能做好吃的新疆大盤雞，也能做定神的家鄉番茄蛋湯，吃飽了上國道，陽光正好微風不燥，繁花早已開至荼蘼，再不去看想看的湖，就有些晚了。

　　路上的車多起來了，來阿勒泰玩的人沒有不去喀納斯的。前一段聽一個教授說朝鮮戰爭的意義，稱中國透過朝鮮戰爭在國際叢林社會立住了腳跟，蘇聯把雅爾達會議劃分好的已經在嘴裡的部分勢力範圍還給了中國，包括大連旅順和喀納斯一帶的領土。邊開車邊想這些陳穀子爛芝麻的事，翻過了一山又一山，路過多個可以停車吃飯的村莊，經過多個半真半假的景區而未入，時常看到風力發電廠慢慢轉動的風葉和山谷草地上成群的牛羊。

　　去喀納斯的路很好，但只有兩車道，超車就在來車奔跑的道上，所以還是有一些小風險的，遇到一些太慢的司機，實在忍受不了慢慢吞吞地跟在他們後面，就需要一頓猛如虎的操作，所以也不是特別輕鬆的旅程，心裡還要想著 8 點前得進山啊，萬一趕不上景區內的遊覽車，後果不可想像。

趁開車無聊回答一下朋友提出的問題：為什麼你走的絲綢之路和我們知道的不一樣？怎麼有海又有湖的？朋友們的地理程度絕對可以！我都還沒說到霍去病，不是沒想到搬出霍去病將軍，而是這條路根本不是漢代絲綢之路南北線中的一條，而是東起陰山，經蒙古高原西南偏南翻越阿爾泰山進入阿勒泰草原，沿烏倫古河、額爾齊斯河西行，經準噶爾盆地西北部、哈薩克丘陵，越中亞平原到黑海的草原絲綢之路。

不是愛跟風，歷史有記載。唐至遼、元，此道為商旅往來絡繹不絕的通道，唐詩人岑參、元使臣劉郁，還有早些年路過臨安牛家村的丘處機真人也從此路走過，比丘道長大八歲、武功略遜但文采殊勝的辛棄疾老師，也走過這條草原絲綢之路。

「八百里分麾下炙，五十弦翻塞外聲。」── 大漠是肯定去過了，戍邊肯定也戍過了，辛棄疾沒跑了！再查下去，〈青玉案‧元夕〉──「東風夜放花千樹。更吹落、星如雨。寶馬雕車香滿路。鳳簫聲動，玉壺光轉，一夜魚龍舞。蛾兒雪柳黃金縷，笑語盈盈暗香去。眾裡尋他千百度，驀然回首，那人卻在，燈火闌珊處。」

說的是豪華春假的最後一天，正值元宵佳節，美人頭上都戴著亮麗的飾物，笑語盈盈地隨人群走過，身上香氣飄灑。我在人群中尋找她千百回，猛然一回頭，不經意間卻在燈火零落之處發現了她。── 後世考證，美人身上的香氣為龍涎香氣，龍涎香來自海上絲綢之路。

2020 年 1 月 29 日

29

喀納斯

　　絲路上走過獨行的玄奘，孤身匹馬偷越玉門關，以白骨馬糞為路標前行，就憑念經加徒步走到夢中的西天。岑參詩云：「沙上見日出，沙上見日沒。悔向萬里來，功名是何物。」玄奘不曾動搖自己的信仰，還感化了邊關叫王祥的守將、瓜州叫孤獨達的刺史、高昌贈往還二十年所用之資的國王，從長安非法出境時只有 28 歲，回到長安時已經 46 歲了，受到唐太宗盛情召見，並提議還俗輔政，堅辭，建大慈恩寺，翻譯經典終至圓寂。

　　絲路為何瑰麗？是因為走滿了故事，我到的阿爾泰山，玄奘沒到過，但丘處機到過。成吉思汗差不多成為上帝之鞭時，邀 73 歲的丘道長去見他，丘道長以為翻過長城就能見到，但都在路上了，才知道成吉思汗打到蔥嶺另一邊的阿富汗了，再走完全靠信仰了，好在成吉思汗派了人一路保護架著他走，走了差不多兩年，見到成吉思汗時都快 75 歲了，就成了成吉思汗的顧問，成吉思汗在一個冬天三次召見他，並稱他「神仙」，丘處機最終成就一言止殺救蒼生的偉業。後世寫的《元史》和《長春真人西遊記》均有描述。

　　「誰知西域逢佳景，橙橙春水一池平」，謠傳是丘處機經過喀納斯湖的時候寫的「喀納斯印象」，實際是耶律楚材寫的！成吉思汗遠征西亞曾親自路過並駐足於喀納斯，喀納斯還有很多他的傳說。

　　喀納斯是草原絲綢之路最精華的地方，也是新疆最美的地方之一。十年前我去過天山天池，那是西王母的小世界，當然也很美，但美得讓遊客有些拘謹，仰望與祈福的心態大於恣意享受自然的美。喀納斯是屬於蒼生的，你只要在晚上八點之前趕上景區內的最後一班遊覽車，被送到觀魚臺方圓幾里的地方住下，那個有酒吧、民宿和寬頻的人間樂園便是你的，那些雪山下的鞦韆、可以上去「凹造型」的曳引機、花叢中的籬笆、在風中獵獵作響的旗子和亭子上空的明月都是你的。

　　民宿有自己的生態，餐廳是共享的，我們在晚飯的時候遇到一群從南京開車過來的人，還有一對從西安直飛喀納斯的情侶，知道了各式各樣不同的到達方式，深深地為接地氣的喀納斯驚嘆，我雖然在很多年前就知道了她的名字，拖到現在才來，竟然覺得有些歉意了。民宿的條件自然差了一些，倒是真的讓你體驗到這個雪山之下四國交界之處的真實生活。第二天，我們到遊客中心寄放了行李，坐遊覽車到觀魚臺站開始攀登，喀納斯景區面積 1 萬多平方公里，比上海還要大很多，但對於我們這些才住一晚的遊客，觀魚臺和附近的三個灣就是喀納斯的全部，其他的你可以藉助想像的翅膀或者在你的心頭複製貼上。

　　當你爬上 1,076 臺階之上的觀魚臺時，如彎月一般的喀納斯湖就呈現給你，這個平均水深有 90 公尺的因冰川強烈刨蝕、冰石堰塞而成的深水湖，自然有一個不可名狀的水底世界，凡夫在觀魚臺上自然是看不到魚的，除非你有一對「黃金瞳」；但是俗子亦有阿爾泰山的雪峰可以慰藉，可以勾起心中對冰川天女的些許回憶。1980 年代從同學家借來梁羽生寫的《冰川天女傳》，欣喜地走過那座叫「萬里橋」的青石板橋的那個下午，與觀魚臺的時空對接上了。

2020 年 1 月 30 日

30
立春

今日立春，己亥年終於正式過去了，新年新氣象，希望春光能一掃疫情的陰霾，大家早日繁花與共。春節假期快延長到半個月了，除了中間開車到南潯遇「風能進雨能進，外地車不能進」，長嘆一句「此生無悔入浙江，只是今日不能進」之外，都在家待著。

和最遠的烏魯木齊的朋友通了電話，去年絲路行從喀納斯出來，經阿勒泰機場飛到烏魯木齊，那西域是何等的繁華景象，朋友安排了車來接，出了機場上了高速，車水馬龍中，遙見天山白頭，影影綽綽立於高架盡頭，海市蜃樓一般。

在大巴扎閒逛，始於西元 1881 年的二道橋，將始於清朝的熱鬧，都推送給你。一條琳瑯滿目的行人徒步區上，有饢，有馬腸，有駝奶，有沙棘，有雪菊，有沙漠玫瑰，有綠蘿花，有葡萄乾，有和田玉，有新疆的歌舞。

2019 年 8 月 14 日上午，新疆二道橋大劇院裡洋溢著節日的氣息，一片歡歌笑語。300 餘名來自全中國各地的各族麥西熱甫舞蹈愛好者快樂聚會在一起，以歡樂的舞姿，喜迎第四屆全國麥西熱甫大聯歡。「麥西熱甫」是維吾爾語「歡樂的廣場歌舞聚會之意」，是維吾爾族群眾在生產生活中創造的一種以歌舞和民間娛樂融為一體的娛樂形式，以舞為主，配以歌唱，節奏明快、熱情奔放。由於其內容豐富多彩，並且對參與人

員沒有限定，從而被天山南北各族群眾所喜愛。可能是影響力確實大，北上廣選手成績不錯，竟然這次比賽是上海選手拿了冠軍。

　　二道橋是絲綢之路的活化石，歷經千年的風吹雨打、大浪淘沙，今天依然呈現出多元文化交會的魅力，尤其成為新疆民族民間文化的窗口和載體。二道橋大劇院的穹頂就是新疆歌舞之鄉麥西熱甫宴會廳的文化建築符號和制高點，穹頂的巨畫，是維吾爾族哈孜老師一家人歷時一年多創作的巨幅歌舞之鄉油畫。可以說，世界上沒有比這幅民族舞油畫更壯觀，更能代表新疆麥西熱甫這樣一種多姿多彩魅力的了。

2020 年 2 月 4 日

31
黨河的敦煌

從烏魯木齊到敦煌，可以選擇高鐵，不過高鐵到的是柳園站。季羨林在他的散文中是這麼描述的：「一離開柳園，也是平野百里，禾稼不長；然而卻點綴著一些駱駝刺之類的沙漠植物，在一片黃沙中綠油油地充滿了生意，看上去讓人不感到那麼荒涼、寂寞。我們就是走過了數百里這樣的平野，最終看到一片蔥鬱的綠樹，隱約出現在天際，後面是一列不太高的山岡，像是一幅中國水墨山水畫。我暗自猜想：敦煌大概是來到了。」── 可見柳園到敦煌市還有百八十公里，為了節省時間，我們還是直飛敦煌了。

敦煌是個縣級市，機場離市區很近，敦煌又是一個沙漠中的城市，在飛機上看下來就是沙漠中的一個綠洲，而搭計程車去酒店的路上，可以看到季老所說的不太高的山岡，其實是一排排沙丘，這樣的城市即使有兩千多年的歷史仍然還帶有科幻感。酒店在黨河的邊上，沒有黨河就不存在綠洲，也就沒有敦煌，也是，一般的河也不敢叫黨河啊！

黨河上有矴步，在北方的沙漠中看到這種南方簡易實用的過河設施，還是有些驚訝。初秋的敦煌，也有江南的味道，在悠久的敦煌歷史中，常有內地兵荒馬亂的片段，此地便成了孤懸塞外的文人避難之地，帶來一些技術和思想，懷念故鄉的種種，在絲綢之路遙遠的地方復刻一個心安之處，這矴步，興許就是這樣而來。

敦煌鳴沙山

　　黨河的水量不小，夕照下踩著矸步過河，遠遠望去，一個個鐵掌水上漂的樣子。狗兒在一旁驕傲地渡河，流鼻血的孩子用棉花塞住鼻孔，趕著狗兒往前。那點生活氣息，竟然與江南無異，我們上到黨河對岸，在一排地方特色的餐廳中，找了一家燈火輝煌人氣鼎盛吃黃牛肉火鍋的店，大快朵頤。吃得有些撐時，在敦煌的街頭漫步，街的中心是此地的城標 —— 反彈琵琶的飛天，這位西天極樂世界的娛樂之神，已經把整座城都拉伸得有幾分茅台鎮的味道。

2020 年 2 月 5 日

32
泛爽之泉

　　泛爽這個詞很怪，應該是一個生造出來的詞。禁足三日，出門即泛爽；大病初癒，喝粥即泛爽；疫情解除，世間齊泛爽；苦悶不解，醍醐灌頂為泛爽；胸懷奇志，得道多助為泛爽；山窮水盡，柳暗花明為泛爽。

　　在月牙泉邊看到這隸書的「泛爽」二字，題於鳴月閣入口的匾額之上，落款是張繼，無從查證是哪個張繼，不過時己亥七月十六，中元初秋，如若在這鳴沙山住下，唐人張繼的千古名句「月落烏啼霜滿天」賦景於此，想必也很貼切。

　　沙漠清泉、姑蘇楓橋，山川異域、風月同天，萬古悲秋、終歸泛爽。「醉臥鳴沙月泉側，千沙萬泉無顏色。」—— 應該是後人泛爽後的抒懷了。

　　鳴沙山堪為神州勝景，如果沒看過沙漠，建議把第一次留在這裡。月泉灣、響沙坡、沙丘鏈、淺丘、戈壁，如天地沙盤、沙漠盆景，沙丘鏈有著優美的曲線，有可以親近的能夠爬到頂上的沙脊，可以一口氣滑到底的沙坡，只是這時節沙子還有些燙腳，講究的旅行者穿著齊膝的橙色鞋套在沙海中漂移，隊形整齊的駱駝被人牽著從沙漠中走過，到處都能夠拍出沙漠主題的風光大片，兩位大嬸相互幫襯著爬上刻著「鳴沙山」三字的石頭，取出彩色的絲巾，逆風飛揚，俗世種種，在半年後席捲神州的疫情之下，都成難得之美。

　　鳴沙山因可聽沙鳴而聞名,「沙嶺晴鳴」為敦煌八景之一。因為遊客太多,自然不要奢望能聽見沙鳴。月牙泉是沙漠中的奇觀,號稱天下沙漠第一泉,千年不涸,想必地下與黨河相通,祁連山的冰川是沙漠第一泉的終極金主,那不曾間斷的涓涓雪水或明或暗地流淌了幾千年,因周圍特殊地形地勢的保護,新月之處積水成湖,底部水路泛爽,水面漣漪蕩漾。

　　月牙泉滋潤了鳴沙山,山另一端的危崖之下,是絲綢之路的思想總部 —— 莫高窟,那裡的藝術之花、人文之光頤養了整條絲綢之路。

2020 年 2 月 6 日

33
莫高

前秦建元二年（西元 366 年），僧人樂尊路經敦煌三危山，忽見金光閃耀，如現萬佛，於是便在金光之處岩壁上開鑿了第一個洞窟。——開窟是沉默的吹哨，是不說話表現自己的思想，是靜靜的吶喊。

「莫高」的意思是功德無量，意即沒有比為眾人抱薪者更高尚，沒有比修建佛窟更高的修為了，莫者，不可能，沒有也。沙漠之中，夜黑得徹底，因此星辰也特別熠熠生輝。莫高窟裡載道的經文，點亮了一個民族，莫高窟像 1,650 多年來的長明之燈，光耀著一帶一路上的美醜善惡，將其收斂於一窟一窟的彩塑與畫卷，在後世斑駁的手電筒光的照射下，又發散給人間。

中國敦煌學開創人之一、清華導師王國維先生曾說：「凡事物必盡其真，而道理必求其是。」他是一個求真到固執己見的人，是敦煌學研究領域中前無古人的拓荒者，最終為世間留下「經此世變，義無再辱」幾個字自沉於頤和園昆明湖，留給歷史一片愕然。

將近一百年過去了，真正不思悔改的惡習還充斥著我們的社會，芸芸開窟人，也只是有信仰的普通人，他們不想這個世界只有一種聲音，他們在沙漠中表達自己真實的想法，只為捍衛心安之處的故鄉，捍衛自己本已艱辛的生活，應該不曾想過要拯救地球，但地球終將記住他們。我們參觀過的莫高窟第 61 窟開鑿於五代時期，是規模最大的洞窟之一，

是五代晚期河西歸義軍節度使曹元忠及夫人開鑿的功德窟。這個洞窟的供養人畫像保存較為完整，供養人是開窟人背後的金主，也可以說就是開窟人，這樣的人有很多很多。第 61 窟也被稱為「文殊堂」。洞窟的西壁繪有巨型的五臺山圖，長 13.5 公尺，高 3.5 公尺，被認為是莫高窟最大的佛教史蹟畫。它是以五臺山的真實地理位置和現實生活為依據創作。其中，還詳細描繪了從山西太原途經五臺山到河北鎮州（今河北正定縣）方圓 250 公里的地理形勢。

古時候的敦煌到底有多繁華？打個形象的比喻，正如著名敦煌學者王惠民此前接受採訪時所形容，「古代敦煌就像現代的深圳一樣」──誠絲路示範區也。

九層樓位於莫高窟上寺石窟群的正中，裡面供奉的是世界最大的室內盤腿而坐的泥胎彌勒菩薩的造像，是敦煌打卡的必到之處。

2020 年 2 月 7 日

34
陽關

　　庚子月初圓，小樓共嬋娟。不曾想會是這「在家中待著也是戰鬥」的光景，守望了一個漫長的假期，自覺禁足共築圍城，圍城外面是故鄉。線上開會之餘，斷斷續續地寫絲綢之路，今天寫到了陽關，到陽關那一日正是己亥年中元節，今日是庚子年的上元，正好半年時間。這半年裡，我先是走了一回絲路，再經北美、南美到南極，集齊了七大洲、五大洋的行旅，得以在這自成一統的小樓裡，憑藉文字造界自由穿越時空，算是對被動禁足的反擊。

　　陽關曾是中原和西域的邊界，關門一封，神州成一統，西出陽關無故人。王維詩云：「絕域陽關道，胡煙與塞塵。三春時有雁，萬里少行人。」──後兩句倒是與當下的中原大地有幾分相似，不存在你的陽關道和我的獨木橋，大家都在一條船上，南北同炎涼，千里共嬋娟。

　　陽關是漢代的重要關口，當時漢武帝設定了「列四郡，據兩關」，其中兩關就是玉門關和陽關，兩關相隔五十六公里，都在敦煌市轄內，從玉門關出發，是絲路的北線；從陽關出發則是絲路的南線。張騫出使西域從陽關出發；「匈奴不滅，何以家為」的霍去病多次出兵，常走陽關；玄奘從玉門關偷渡出，回來時從陽關隆重入，堪稱經典的世相風景；比玄奘更早的高僧法顯從陽關出，後世的馬可·波羅（Marco Polo）從陽關

入；宋代名相寇準作〈陽關引〉——「且莫辭沉醉，聽取陽關徹。念故人，千里至此共明月」……

　　走進陽關故址，留給我們的是只剩一個烽燧的廢墟，關城早已不在，大漠之中有塊石頭新刻了「絲路古道」幾個字，再看那古道，漫漫戈壁千萬堆沙，確是極好的冷兵器時代的戰場。閉上雙目，可聽蕭蕭馬鳴；打開天眼，可見旌旗蔽日，蝙蝠振翼，朔風凜凜，一望關山淚滿巾。

　　陽關烽燧前，想起唐代錢起寫的〈送張將軍征西〉一詩，開篇是「長安少年唯好武，金殿承恩爭破虜」說的是金殿領命，意欲報國；「沙場烽火隔天山，鐵騎征西幾歲還」說的是戰爭爆發；而「戰處黑雲霾瀚海，愁中明月度陽關。玉笛聲悲離酌晚，金方路極行人遠」四句則是戰場中形形色色的視聽感受；「計日霜戈盡敵歸，回首戎城空落暉。始笑子卿心計失，徒看海上節旄稀」描寫的是戰後情境和心理建設。

　　錢起是盛唐中唐之交的詩人，吳興人（今浙江湖州），在大歷史中雖名不比李杜王維，但他在省試的命題作文中寫出「曲終人不見，江上數峰青」的名句，不僅成為「科考狀元」，也奠定了他的詩壇地位，這兩句神來之筆成為後世詩人蘇東坡、秦少游解析楚辭「湘靈鼓瑟」的藍本，影響深遠。不過我難以考證他是送哪一位張將軍征西？從行文的內容看，這位張將軍顯然不是第一次征西，是再度出征。送別之時，金殿承恩、力爭報國的小張早已成為功名在身、飽經風霜的張將軍。克敵致勝的張將軍人生中有多少個「戰處黑雲霾瀚海，愁中明月度陽關」的時刻？陽關上的明月，又照耀了多少古往今來的人？

陽關

　　今日元宵，不能和千里之外的親人相聚，如陽關明月愁照下的張將軍，心中一片悲涼。春節取消了各種約會，看著年前寄到的護腿板，本來正月初四到初六要參加溫州四校的校友足球比賽，會是這個春節與往年不一樣的地方，結果是我們都被四校之一瑞安中學的張文宏校友的金句「在家中待著也是戰鬥」的號召悶在了家裡。

　　原定今天與極友桂老先生一家同去玉佛寺，桂先生書寫十公尺長卷《大乘妙法蓮華經》贈玉佛寺收藏，我們同去祈福，玉佛寺住持覺醒大和尚是書法大家，辭舊迎新常書寫「越來越好」這樣祝福贈善信，遺憾今日不能赴震澤之約，在此恭祝朋友們越來越好，在自由的天空下早日相聚。

2020 年 2 月 8 日

35
嘉峪關

　　在敦煌盤桓了兩日，2019 年 8 月 17 日乘坐 D2759 次火車去嘉峪關市，2 小時 25 分鐘到達嘉峪關南，CRH5G 車型，老版的和諧號火車，但也為絲綢之路帶來了嶄新的氣象。古道西風和諧號，日正中天，自由人在天涯。── 現在想來那真是天堂般的日子，做絲綢之路上的游俠，即使絲巾蒙面，也只為些許風沙，何至於如今惶惶，N95 裝備好，還要提防氣溶膠。

　　嘉峪關是明代建的，雖也號稱「天下第一雄關」，比山海關還早建九年，其實是很不爭氣的，關城雖然豪華，卻是閉關鎖國之具。連敦煌、莫高、陽關、玉門一併放棄，關門一鎖，九州自封，西邊關禁東邊海禁，把祖宗辛辛苦苦做出來的一帶一路盡數埋了。朱明王朝治軍無方，吏治堪憂，腐敗盛行，剝皮都擋不住，貪官抓不勝抓，直至無臣可用，一度出現罪臣戴鐐銬上班的奇觀。依靠錦衣衛東廠等一班鷹犬，四處鎮壓百姓，宦官當政，排斥異己，最終被只有幾十萬人口的清所滅；當然疾控也沒有做好，官員坐等出事，科學界比政界更亂，後期鼠疫盛行也是明朝迅速衰落的主要原因。

　　沒安排在嘉峪關市住，計畫是當晚再坐火車到張掖，只是嘉峪關南站也沒個行李寄放處，只好拉著行李出來再說。出了車站，搭了輛計程車，司機不錯，一聽我們的安排，就建議我們包半天車，行李就可以放

車上。我一看這省很多事，馬上成交。司機介紹我們買聯票，先從天下第一墩開始看（明長城最西端的關口），再爬懸壁長城，最後嘉峪關城收尾。依計而行，十年前我到過明長城最東端的虎山長城（在丹東），那邊也有個長城博物館，與天下第一墩的博物館相仿，只是這天下第一墩臨危崖闊峽，更有西部之壯色，非常值得一看，以前總以為萬里長城是從山海關到嘉峪關，實際是從虎山到第一墩，加上中間張家口的大境門，三點一線，這次終於給集齊了。

懸壁長城也是意外之喜，是踏踏實實讓你爬一遍的長城，烽火臺、堆口、墩臺一應俱全，城牆似從山上倒掛而下，有詩讚：「萬里長城萬里關，迭嶂黑山暗壁懸。」懸壁長城扼石關峽咽喉，長城腳下有一組絲路人物群雕，張騫、霍去病、班超、玄奘、馬可·波羅、林則徐、左宗棠，這一組歷史人物有史可考，當年都經石關峽出入過西域諸國。群雕邊上有賣西瓜的，巨幅廣告寫「祁連山雪水，冰鎮野西瓜」，威武如長城。吃了野西瓜，上了候著的計程車，沒走多遠，又看見一座長城，感覺有點怪，司機主動說了：「這個長城是新建的，以前好多野導遊就把遊客拉到這裡。」這……可真是有點亂啊！「現在不開放了。」── 我想應該是取締的功勞吧，打假猜想都不夠分量。這樣看來，那西瓜應該也不是野的吧？

2020 年 2 月 9 日

36
去病

　　絲路行寫到了最後一站張掖，張掖別名「甘州」，若論此當為甘肅之首，張掖擁有世界上最大最古老的軍馬場 —— 山丹軍馬場，由第一任場長西漢名將霍去病親手建立，自漢朝之後，凡是統治河西走廊的政權，無不在此馴養戰馬，山丹軍馬場方圓 2,100 平方公里，占地相當於三分之一的上海，是個存續了兩千多年的國防資源部門，班固《漢書》卷所云「明犯強漢者，雖遠必誅」靠的就是帝國的騎兵和軍馬場的底子，絕非一句空洞的嘶吼。

　　霍去病是個快樂的年輕人，十七歲追隨大將軍衛青，率領八百鐵騎深入大漠，大破匈奴騎兵，拜驃騎將軍。西元前 121 年春天，率一萬騎兵，大勝進迫河西的匈奴，河西歸漢，這個十九歲的年輕人，率軍直搗單于城，在焉支山前大破匈奴渾邪王；接著翻越焉支山，千里奔襲休屠城，一連擊潰匈奴五個部落，斬首八千，俘九千。可怕的是，當年夏天又發動河西戰役，大掃渾邪王殘部，殲四萬，俘四萬。同年秋，奉命迎降匈奴渾邪王，降眾叛亂，率幾人在匈奴軍中斬殺變亂者。西元前 119 年，率軍北進兩千多里，殲敵七萬，乘勝追殺至狼居胥山（今蒙古），祭拜天地，兵至瀚海（今貝加爾湖），刻石留念。匈奴自此遠遁，漠南無王庭。匈奴為此悲歌：「失我祁連山，使我六畜不蕃息；失我焉支山，使我嫁婦無顏色。」—— 這可能是匈奴唯一傳世的文學作品了，可見災難與

挫折確實能激發創作的靈感。兩年後，霍去病去世，時年二十四歲，這個年輕戰神從此永遠留在了漢人心中。

我翻看《史記》、《漢書》、《資治通鑑》，關於霍去病的死因都是一筆帶過。霍去病死於長安，野史有說因戰地水源汙染導致的瘟疫傳染而死，可是《史記》並無當年有瘟疫的記載，何況從戰場歸來至去世有兩年時間，什麼樣的病毒有這麼長的潛伏期？鑒於這個年輕人有如此的戰力和功勛又突然消失，我在掩卷之時，不免懷疑他可能來自於另一個時空，帶著相對兩千多年前的西漢來說的黑科技，我寧願相信他在西元前117年那天回去了他的時空。我25年前去茂陵瞻仰過「漢驃騎將軍大司馬冠軍侯霍公去病墓」，那裡可能埋藏著漢武帝獨享的祕密。

2020 年 2 月 10 日

37
酒泉

　　這兩天，社群平臺上的好友們開始在立掃把了，說是來自 NASA 的研究，足見群眾還是尊重權威的。14 年前，我去過 NASA，感覺設施都十分陳舊，印象較深的是挑戰者號殉難的太空人墓地，就在工作區，旁邊車來車往，樹下，墓碑上，是一面飄揚的美國國旗。國旗是美國人喊「加油」的方式，相當於日本人的古句，而我們在非常時刻立起了掃把，也算是一種「加油」吧，這麼多天悶在家裡，一個個房間飄過來飄過去，確實很像不能出艙的太空人。NASA 確不曾說過今天可以立掃把，這件事的始作俑者已無從查證，不過稱之為「超級傳播者」亦不為過。

　　酒泉相當於中國的 NASA，是中國最早的太空中心。酒泉是漢代河西四郡之一，絲路重鎮，要知道衛星發射中心都已經在內蒙古了，仍叫酒泉衛星發射中心；扛著「敦者，大也；煌者，盛也」之豪名的敦煌實際是酒泉市轄下的縣級市。這裡還流傳著霍去病獲勝後得了漢武帝賞賜的美酒，兵多將廣不夠分，就倒酒入泉，眾飲共醉的傳說，據稱是「酒泉」之名的由來。但酒泉仍十分低調，低調到你很容易在絲綢之路上錯過她。

　　絲路之上，古有「飛將軍」戍邊揚威，今有「飛將軍」三問蒼穹，酒泉的威名看來真瞞不住了。

初稿完成於 2020 年 2 月 12 日

修正完稿於 2021 年 6 月 17 日

38
張國臂掖

　　在絲綢之路上，有一座叫「張掖」的城市，漢元鼎六年（西元前 111 年），取「張國臂掖，以通西域」之意，置張掖郡。在大航海時代來臨之前，西域之西就是全世界。所以當我寫到這裡，深深為先漢的胸懷和遠見打動，張國臂掖就是擁抱世界，就是講開放，就是在講人類命運共同體，這比「雖遠必誅」更溫和、更人性、更積極穩妥，當我們需要世界擁抱我們之時，可曾想過我們之前是否做好了「張國臂掖」，是否韜光養晦，是否將「犯我強漢雖遠必誅」作為底線放在心裡而不是招誰惹誰，整日裡警告這個警告那個，不首先給予文明的擁抱和擁抱文明？

　　西元 609 年，隋煬帝經青海，入扁都口穿越祁連山到張掖，路遇奇怪的六月飛雪也可能是瘟疫，老楊的隨從凍死一大片，其中包括兩個心愛的妃子，但是楊廣先生仍然在「張掖加油」的鼓勵下在這裡成功舉辦了中國歷史上首屆萬國博覽會，登山丹焉支山，參禪天地，接見和招待西域 27 國使臣。史書記載：「西域諸胡多至張掖交市。」隋代張掖由民間互市發展到官府組織的「交市」在中外交流中占有十分重要的地位，這是隋朝基於政治、經濟、軍事、文化、外交等各方面綜合考慮和大影響的一種策略。大唐實際上是繼承了大隋的革新開放，更猛地「張國臂掖」，最終迎來了盛世中國。隋朝建成的大運河，至今仍是中國內河航運的重要基礎設施。

　　去年到張掖，住在大佛寺旁，拜塞上禪林大佛寺和關帝廟（在山西會館內，與大佛寺相通），目睹此城悠久的歷史和燦爛的文化，被優美的自然風光和獨特的人文景觀所吸引，此地自古就有塞上江南和金張掖之美譽，古人有詩曰：「不望祁連山頂雪，錯把張掖當江南。」既然如此，何不再遊？

　　昨天在同學群聊及河西四郡，有人進行戈壁穿行，從此地穿過；也有人惦記 7 月在鳴沙山下的比賽，有人說想抓緊去圓夢，也有人正在無一例確診的大酒泉隔離；還有同學大學時曾在這裡放了一個月的氣象氣球，測氣溫、高度、風速、溼度等，然後去了美國，現在時時關心中國⋯⋯這個貌似已經古老得和我們沒關係的河西，已經被金九銀十金角銀邊等現代概念沖刷得幾乎讓人想不起的「金張掖銀武威」，竟然與我們還有那麼多關聯。

　　2020 年 8 月 19 日，拜張掖大佛寺，大佛寺因寺內有中國最大的室內臥佛涅槃像而得名，是絲綢之路上的一處重要名勝古蹟群。殿前有聯：臥佛長睡睡千年長睡不醒，問者永問問百世永問難明。大佛視之若醒，呼之則寐。殿內四壁為《西遊記》和《山海經》壁畫。據說此壁畫比《西遊記》小說更早。大佛寺除了有聞名於世的經藏，也有不為人知的祕密，元朝開國皇帝元世祖忽必烈和末代皇帝元順帝妥懽帖睦爾均出生於大佛寺。

　　南宋小皇帝宋恭帝降元以後，被元朝封為瀛國公，後在大佛寺出家。南宋最後滅亡實為被奸臣瞞報軍情所害，當時朝廷宰相賈似道當權，這人為著自己的烏紗帽，祕密封鎖元軍的進攻消息，以至於襄陽城被圍困 6 年，朝廷卻不知曉。直到西元 1273 年襄陽城破，南宋門戶大開，西元 1274 年 20 萬元軍長驅直入，橫掃江南。

　　襄陽加油失敗，臨安自然就頂不住了。聽政的太皇太后做主，年幼的宋恭帝小趙就降了元，後在大佛寺工作，發揮了極強的閱讀和翻譯經典的能力，成為一代高僧。元時，義大利旅行家馬可‧波羅來到張掖，被大佛寺的精美塑像、宏偉建築和張掖的繁華所嘆引，曾留居一年之久，故他倆應有交集。臥佛半醒，看人間百世流轉，聽俗塵千年一嘆，有些事永問難明，何妨心照不宣。

2020 年 2 月 14 日

39
祁連

「雪皓皓山蒼蒼，祁連山下好牧場。這裡有成群的駿馬，千萬匹牛和羊，馬兒肥牛兒壯，羊兒的毛好似雪花亮。」——《青海青》這首歌不知作於何年。祁連山在我的心窗前這麼多年，直到前幾年在青海初見，在張掖再見。在西寧時是在山中，而在張掖，是遠眺，不在此山中，方識真面目。

祁連山是絲綢之路上的神山，沒有祁連山的冰川雪水，黑河、疏勒河、黨河都不會存在，河西走廊就沒有綠洲，河西四郡更無從談起。祁連山脈從西北貫穿到東南，從甘肅連到青海，東西長 800 公里，南北寬 200 ～ 400 公里，像斜躺著的盤古，絲綢之路從他身上一路向西。

祁連山的名字是匈奴起的，「祁連」是天的意思，沒有比天更高的讚響了。2,100 多年前，匈奴被漢朝打敗，分成南北兩部，南匈奴融入大漢勢力版圖，北匈奴被漢朝軍隊趕到了裏海，匈奴為爭奪生存空間，向西多次攻入東羅馬，由此推動將近 200 年的歐亞民族大遷徙。匈奴是 1.0 版的「上帝之鞭」，大半個歐洲成了匈奴失去祁連山的新寄託，從而影響了整個歐洲的歷史程式。「失我祁連山，使我六畜不蕃息」，被霍去病趕出了河西的匈奴人，在對祁連的崇拜與思念中，不斷完成對歐洲的進擊，反過來可知河西的偉大，祁連的崇高。

祁連山

　　張掖的溼地公園是黑河水滋養出來的，黑河也叫弱水，發源於祁連山。溼地之秋色中，有長得嫋娜的荷花和蒼茫的蘆葦，一望的盡頭便是巍巍祁連，如無鋒的重劍橫亙天邊。從天山到祁連，吾等這一路向東的絲路之行，如在盤古的軀幹上挪移，感覺中原的三山五嶽，竟有些像盆景了。

　　我煌煌中華，惇惇絲路，太多的歷史人文，輝映著無窮奧妙。我們被歷史的大潮裹捲著前行，沒有人能置身事外，在痛苦之時，傾聽一下絲路傳來的聲聲駝鈴，在徬徨之餘，想像那一刻大漠深處的裊裊炊煙。

　　家是我們永遠的綠洲。

2020 年 2 月 15 日

平路易行

40
本菲卡雄鷹

2 月 15 日晚，葡萄牙足球超級聯賽本菲卡隊與布拉加隊的比賽在里斯本光明球場舉行，兩支球隊還共同舉行了特別的開場儀式。

本菲卡是葡萄牙唯二的奪得兩次歐冠的隊伍之一，1961 年和 1962 年，「雄鷹」接連擊敗巴薩和皇馬，蟬聯歐冠冠軍。2018 年 8 月 21 日，我懷著對本菲卡的景仰在里斯本本菲卡隊的主場看了一場他們對希臘塞薩洛尼基的歐冠附加賽，當時左腿跟骨骨折沒多久，坐著輪椅去買票，人一看就幫我打了折，安排了輪椅區的位置。

這是我第一次知道球場還有專門的輪椅區，從室外到場內輪椅區全是平路，沒有臺階不用坐電梯。本菲卡在各方面都考慮了行動不便球迷的需求，除了專用的輪椅位之外，還有陪同位，我身旁兩位大爺，都是七、八十歲的樣子，一位坐輪椅上另一位坐邊上陪同位，陪同中間還幫輪椅大爺買東西，推到邊上看進球回放。難怪本菲卡在 2006 年成為全球付費會員最多的足球俱樂部，創了金氏世界紀錄，而會員數字在後面的幾年中還不斷保持成長。

本菲卡球場在哥倫布購物中心的對面，球迷們通常早到，熙熙攘攘地向體育場彙集，也有從哥倫布購物完了或用完晚餐過去的，哥倫布還有本菲卡的專賣店，大家互相當配套，很和諧。因為主隊隊服是大紅色調，所以球迷們像一個個移動的紅包。體育場外有一處在修路，坡道盡頭是一個 30 公分的「斷崖」，我正犯愁，馬上來了四個「紅包」年輕人將我連人帶車一起抬了，放至地面，這球迷素養和助人為樂的精神真沒話講。

我四處找尤西比奧（Eusébio）的雕塑，入場的人多，看看時間也很緊迫，就罷了。尤西比奧與比利齊名，資格還略老，江湖大名是「黑豹」，是速度奇快的前鋒，也是葡萄牙的民族英雄。1961 年、1962 年尤西比奧幫助本菲卡隊奪得 2 次歐洲冠軍盃冠軍。1963 年、1965 年和 1968 年本菲卡隊獲得 3 次歐洲冠軍盃亞軍。除此之外，尤西比奧共為本菲卡隊奪取 13 次全國甲級聯賽冠軍，5 次全國盃賽冠軍，為葡萄牙國家隊奪得 1966 年世界盃季軍並榮膺最佳射手。尤老 2014 年去世，享年 71 歲，2016 年葡萄牙奪得歐洲盃，決賽時 C 羅受傷而哭泣，一隻飛蛾飛來停在 C 羅的眉毛上，據傳是尤老的化身，鼓勵葡萄牙隊，寓意飛蛾化蝶，葡萄牙隊終於如願！

去本菲卡看球

作者與本菲卡鷹

8 月 21 日那場球最終收穫了平局，8 月 30 日本菲卡在客場又先失一球，情況十分不利，但最終他們完成對塞薩洛尼基的四球大逆轉成功晉級歐冠正賽，又是尤老護佑？尤西比奧當年以主導大比分逆轉成名，1962 年對皇馬，就是 5：3 反敗為勝，氣吞萬里如虎。

本菲卡有個著名的「古特曼詛咒」的故事。1962 年率隊在歐冠決賽

中擊敗迪斯蒂法諾（Stéfano）、普斯卡斯（Puskás）等巨星領銜的皇馬後，教練古特曼（Guttmann Béla）向本菲卡董事會要求漲薪，但遭到拒絕。一氣之下，離隊之際匈牙利人發出「惡毒詛咒」：「從現在開始，100年內本菲卡奪不了歐洲冠軍」 —— 這個詛咒已經堅持了快 60 年了，居然已經時間過半，詛咒夠狠，光陰也夠匆匆！

2020 年 2 月 17 日

41
皇馬：眾志成銀河

2月17日週一凌晨4點，西甲第24輪，聖地牙哥·伯納烏球場，皇家馬德里 VS 塞爾塔的比賽之前，我看到「眾志成城」四個字。「眾志成城」四個字，本就是皇馬成功的精髓，如果皇馬是一所大學，那「眾志成城」就是校訓，與厚德載物、行勝於言等可以等量齊觀。

我看了好多年的皇馬比賽，特別是 C 羅在的那幾年，見證了歐冠三連冠、西甲聯賽冠軍、世俱盃冠軍、超級盃冠軍等幾乎所有比賽，當我拄著枴杖站在 13 尊列如長城堆口的歐冠獎盃之前時，對於眾志成城四個字，還是深有同感的。

2018 年 8 月 7 日，我利用威尼斯飛波多經停馬德里的空檔，半小時閃電探訪了皇馬伯納烏球場。皇馬的球場經理得知我行程緊迫，迅速安排參觀博物館，並安排了員工通道直接進入球場，全程各段均有不同的員工接待，從從容容中，正好半小時看完。

不愧是世界第一的俱樂部，球場接待系統大氣、友善、專業，十三冠無言而立，隨行經理靜候觀賞，一句廢話沒有。到球場時，陪同的保全是個帥氣的有點像盧卡斯（Lucas）的年輕小夥子，一問果然是盧卡斯的粉絲，和他開玩笑說其實我們戴了尤文的帽子來踢館的，他和善地笑笑，說 C 羅走後，貝爾（Bale）有更多機會成為新的 C 羅。天不從人願，貝爾終於沒能成為新的 C 羅，但在威爾斯國家隊，他始終是腳踏祥雲的

大聖。2021 年 6 月 17 日零點開始的土耳其對威爾斯的比賽中，他兩次精彩助攻斬土耳其於雲下，倒是讓我期待威爾斯能在歐洲盃上再次與葡萄牙相遇，像在歐冠比賽中一樣，貝爾和 C 羅各來一次驚天動地的倒掛金鉤才好。

後來我總結了一下：好的俱樂部，應該是以科學的配置球隊，以正確的輿論引導球員，以高尚的精神塑造球星，以卓越的成績鼓舞球迷。賽場外立德立言、無問西東，賽場內自然眾志成城、所向披靡。

皇馬與塞爾塔的比賽最終給人絕平了，比賽中席丹還被人撞翻在地，他是老皇馬球員，但作為教練被撞倒還是第一次。今年皇馬開局不佳，馬失前蹄，但我仍然看好皇馬能奪得本賽季的西甲冠軍，看好席丹帶隊的凝聚力和由他合成的銀河戰力，雖然 C 羅轉會去了尤文對皇馬帶來火力上的重大損失，但這個危急時刻仍然眾志成城的俱樂部，終將收穫他們的西甲第一名！

2020 年 7 月，皇馬完成了聯賽 10 連勝的壯舉，提前一輪奪得西甲冠軍，本澤馬（Karim Benzema）成為皇馬新的 C 羅。本屆歐洲盃，「笨馬」終於被祖國召喚，進入了心心念念的法國國家隊，並將於 2021 年 6 月 23 日的夜晚在歐洲盃上與 C 羅相逢。因為法國隊在昨天被匈牙利隊 1：1 逼平，而葡萄牙隊雖然有 C 羅首開紀錄的夢幻開局和零角度騰飛的助攻收尾，但終因自己的烏龍和決堤的後防被覺醒的德國隊 4 球逆轉，所以這次「笨馬」與 C 羅的重逢將成為天王山之戰，如同昨日的阿寬（托尼·克羅斯〔Toni Kroos〕）與 C 羅遭遇一樣。

我特別欣賞皇馬舊將的重逢，四孩兒的 C 羅與三孩兒的阿寬兩位老戰友、老父親各為其國搏殺之後牽手拍肩，在硝煙未盡的戰場上一敘別情，而更老的父親皇馬舊將佩佩（Pepe）的加入更讓我幾乎落淚，佩佩

為小女兒繫鞋帶的樣子又閃現出來，誰還能將當年球風凶悍有「武僧」之稱的佩佩和這一屆二孩兒的溫柔佩佩連結在一起呢？歐洲盃遇到父親節，祝踢球的父親和看球的父親節日快樂！家國平安！

初稿完成於 2020 年 2 月 18 日

修正完稿於 2021 年 6 月 20 日父親節

42

尤愛同舟：逆境之王向死而生

　　昨晚，歐冠冠軍的賠率出來了，在英超連續 N 場不敗的利物浦是最大熱門，可是我還是看好排在中下游的尤文圖斯，12 倍的賠率，完全不被群眾看好。人必須有點逆向思考，今晨的歐冠八分之一決賽首回合，大熱的利物浦與大巴黎全部折戟沉沙，利物浦居然一次射正都沒有。

　　當然逆向得有理由，我是看好阿涅利家族（famiglia Agnelli）的策略，和他們在策略眼光下從皇馬引進的逆境之王絕境之魔 C 羅。

　　週日義甲第 24 輪，尤文圖斯坐鎮主場迎戰布雷西亞。C 羅在創造連續十場聯賽進球的紀錄後選擇了休息，但斑馬軍團仍然 2：0 戰勝布雷西亞，布馮（Gianluigi Buffon）撲出不少險球。儘管薩里不受球迷待見，但尤文依然重回了義甲榜首。這些年，跌跌撞撞打到頂峰的球隊更具可看性，挫折是人生的常態，而向死而生是王者的選擇。

　　出於對葡萄牙人 C 羅的支持，我在去皇馬之前先去了杜林，火車經過曾經探訪過的擁有義大利之夏名模裙裾飛揚記憶的聖西羅球場，沒有在米蘭停留直接到了杜林，從杜林火車站出來搭計程車直奔尤文圖斯的主場安聯球場，到尤文博物館徜徉一番，尤文因球衣黑白相間而被稱為斑馬軍團，擁有過普拉蒂尼（Platini）、羅貝托·巴吉歐（Roberto Baggio）（昨天生日，也 53 了）、席丹、內德維德（Nedvěd）、皮耶羅（Piero）、英薩吉（Inzaghi）這樣的明星球員，他們的戰鬥中飽含了我很多的青春記憶。2018 年 8 月 7 日，雖然是第一次到杜林，但也算是我的懷舊之旅。

尤文圖斯主場

　　尤文博物館很義大利，也很文藝，記錄著他們過往的輝煌與悲傷，1978 年世界盃尤文向義大利國家隊輸送了 9 名球員，1982 年 6 位，最近 8 年，尤文在義甲連續稱霸，某種意義上說很長一段時間裡，尤文是義大利足球的精華版。尤文總共拿過 2 次歐冠，最近最接近歐冠的一次是在決賽中被 C 羅領銜的皇馬擊敗。球隊的門將布馮年紀輕輕就拿了世界盃卻從未得過歐冠，為了歐冠去了大巴黎未果又回來當替補衝歐冠，當然尤文最大的手筆是從皇馬引進了個過去奪得 4 次歐冠的 C 羅。

　　這是一筆賺到的買賣，C 羅有 2 億粉絲，是體育界最強的明星，也可能是跨所有界最強的明星，據說尤文賣球衣就賺回了成本，股票漲的都是賺的，要是再拿歐冠，那就賺翻天了。

　　特地去了尤文的專賣店，布局有點像 ZARA，東西價格還算公道，黑白搭很容易配衣服，我買了圍巾和圍脖。值得一提的是，這個套頭的圍脖特別好用，我帶去了南極，正合了「尤愛同舟」之意。

2020 年 2 月 19 日

43
翡冷翠的一夜

佛羅倫斯是文藝復興之都，是資產階級新文化運動的搖籃。文藝復興為歐洲資本主義的產生奠定基礎，最終催生了英美這樣輪番領導世界前行的國家，從佛羅倫斯開始，到 16 世紀一直傳播到歐洲其他地區，其影響力在藝術、建築、哲學、文學、音樂、科學技術、政治、宗教以及智力探究等方面都得到了展現。文藝復興時期的學者在研究中採用了人本主義的方法，並在藝術中尋找現實主義和人類情感，肯定人的價值與尊嚴。

2018 年 8 月 4 日，我們一行七人從羅馬到佛羅倫斯，先在火車站寄放了行李，換車去了比薩，遊完比薩回到佛羅倫斯已經是傍晚，在托斯卡尼的夕陽中分坐兩輛計程車到了事先租好的公寓，坐看計程車在老城穿梭，非常慶幸沒有租車自駕前來，這完全是一個文藝復興時期的城市，步行是最好的選擇。我第一次描述租住的公寓，實在是覺得太有風格，配色大膽，雕塑、油畫、現代畫相得益彰，還有一個小天井，大門在一條老街上，進來後是兩戶人家共用的走廊，有點昏暗，出去不遠就是新橋，夜色未闌珊，河上還有划艇，健壯的艇手操槳划向老式的廊橋，就是《情迷翡冷翠》（*Up at the Villa*）中的鏡頭。

這是個貴族的城市，與羅馬的王權完全不同，靠資本主義發達起來的貴族，在佛羅倫斯的日常好像就是聊畫畫、找畫家、聽風評、吹牛

皮、收藏畫，到最後，宅第裡已經汗牛充棟擺不下了，就建博物館，直
到這裡的烏菲茲美術館震爍古今。最顯赫的麥地奇家族（Medici）出了
詩人小說家羅倫佐（Lorenzo di Piero de' Medici），羅倫佐的次子成了教
宗，一舉把達文西（Leonardo da Vinci）、米開朗基羅（Michelangelo）、
拉斐爾（Raphael）帶進了梵蒂岡創作，這個出了多個教宗的家族最後將
所有的藝術藏品都留在了佛羅倫斯。

　　要說對這個城市的印象，公寓裡畫的三個不同膚色的女子、《情迷翡
冷翠》中的古典足球、裸體的大衛是最直接的；烏菲茲收藏的宗教題材
的〈亞當與夏娃〉和波提且利（Sandro Botticelli）突破宗教題材的〈春〉
是印象深刻的。

　　佛羅倫斯共和國乃至托斯卡尼大公國幾百年後的一次「張國臂掖」，
是文藝復興之都對絲路源頭的一次擁抱。幾座充滿藝術氣息、宗教信仰
和人文關懷的城市接納了很多華人華僑，離佛羅倫斯不遠，同樣處於托
斯卡尼豔陽之下的普拉托，那裡的製衣、皮革、製鞋和餐飲業活躍著許
許多多溫州人，時間關係這一次沒能去看看，但我想下一次我會將普拉
托列入我的行程。

2020 年 2 月 20 日

44

麥地奇的寶藏：萬紫千紅世界巔峰

〈翡冷翠的一夜〉中提及麥地奇家族最終把收藏全部留在了佛羅倫斯，其中大部分寶藏在烏菲茲美術館。那個繞著一個古建築排隊的人至少三圈的地方就是烏菲茲美術館。

因為我的輪椅和枴杖，加上扶老攜幼的實情，一行七人全部享受了特殊通道，而且在票價上還給予了大幅減免，看上去烏菲茲有系統的接待行動不便人士的操作流程，在這個四百多年歷史的宮殿中，加裝了多處專門舉升輪椅的電梯，高低錯落的廳廊完全變成平路易行。

在多樣性方面，烏菲茲與包羅永珍的世界四大博物館沒法比，它走的是文藝復興的精品路線，「為了藝術，為了工作，也為了樂趣」──這是烏菲茲博物館設計師瓦薩里（Giorgio Vasari）的名言，也是烏菲茲的座右銘。要是論文藝復興單項，那烏菲茲可是甩「四大」幾條街，猜想可以把「四大」甩到佛羅倫斯火車站附近。烏菲茲廣場上有貼心讓遊客拍照上傳社群平臺的大衛雕像（原作在佛羅倫斯美術學院博物館），是天才雕塑家米開朗基羅的作品。米開朗基羅是麥地奇家族一力扶持的藝術家之一，也是麥地奇家族最後一位教宗克萊孟七世（Clemens PP. VII）的兒時好友，他的藝術鉅作〈創世紀〉和〈最後的審判〉在梵蒂岡，是獻給麥地奇家族的最後作品。

大量呈現波提且利、達文西、拉斐爾、米開朗基羅、提香（Titianus）等人作品的地方，全球唯有此地，可以溯源至西元 1560 年由麥地奇王朝科西莫一世（Cosimo I）動念之時，經過兩代人基本建成。西元 1389 年誕生的老科西莫國王也是家族二代創始人科西莫・德・麥地奇（Cosimo de' Medici）有一句名言：「我懂得這座城市的心情，麥地奇家族……會被趕走，但這些東西會留下。」西元 1591 年，就有人參觀了這裡寫了留世的筆記：「萬紫千紅……世界巔峰……」

　　西元 1815 年，烏菲茲美術館收藏了波提且利的帆布蛋彩畫〈維納斯的誕生〉，它是 16 世紀中期在卡斯特羅的一個鄉村和波提且利另一幅名作〈春〉一起被找到的，這幅畫的來源和訂畫人現在還未知。這個鄉村讓我想起了長安何家村，在歷史的長河中，總有那麼一些大隱於村的人，神祕而有能量，同時又具備極其高等的審美能力，機緣到時，他們的收藏會橫空出世，而他們仍然不被世人所知。

　　〈維納斯的誕生〉原名叫〈從海中升起〉，當我站在畫前時，看到維納斯裸體站在一個大貝殼上，隨著浪的鼓動慢慢向前推進，動力可能來自旁邊的相互擁抱的風神齊菲兒（Zephyrus）和奧拉（Aura），春之神霍拉（Hora）在岸邊迎接她。與萬紫千紅的〈春〉相比，〈維納斯的誕生〉畫面更輕快、更開放，就是世界巔峰！

2020 年 2 月 21 日

45
百花之城：歷史潮流滾滾向前

聖母百花大教堂是佛羅倫斯的地標，世界五大教堂之一，西元1295年開建，後爛尾，再後由科西莫·德·麥地奇出資續建，前後歷時175年。

這位麥地奇應該就是上文〈麥地奇的寶藏〉中二代創始人的父親，他扶持一位十八線貴族子弟科薩（Baldassarre Cossa）一路進步成為羅馬教宗若望23世（Antipapa Ioannes XXIII），從而接管了教宗的帳本，麥地奇家族因為「上帝的銀行家」身分躋身佛羅倫斯菁英集團，二代麥地奇去世時，被熱愛他的佛羅倫斯市民尊為「國父」。

大教堂最有特色的是龐大的直徑達45公尺的穹頂，傳說天才設計師布魯內萊斯基（Filippo Brunelleschi）不畫草圖，不留計算稿，完全憑心算和空間想像指揮施工，整個工程變為他一個人的祕密，當這座高91公尺的與羅馬萬神殿之穹相映成輝的百花之頂呈現在世人眼前時，又一個大神被文藝復興的浪峰推至潮頭。

米開朗基羅也自嘆不如，他後來在梵蒂岡建的聖彼得大教堂有一個比這個更大的圓頂，但他也承認做不到這樣的美。文藝復興的偉大之處在於天才不拘一格地湧現，布魯內萊斯基可以向1,400年前的萬神殿的設計者學習，而米開朗基羅可以向布魯內萊斯基借鑑，佛羅倫斯這座城，營造了一種酩酊又可控的創作氛圍，放任這些天縱之子肆意傳播靈感，薈萃建築、科技、藝術、文學、金融、僭主政治的精華，在人類歷史上留下與神

親近的篇章，而聖母百花大教堂便
是文藝復興的遺存與見證。

　　但丁（Dante Alighieri）、佩脫
拉克（Francesco Petrarca）、薄伽丘
（Giovanni Boccaccio）、布魯內萊斯
基、米開朗基羅、拉斐爾、達文西、
伽利略（Galileo Galilei）……或者在
這裡出生或者成長或者工作，阿爾諾
河靜靜流淌，他們在老橋上看過夕陽
聽過歌唱，看著教堂向天空生長，仰
頭在穹頂下作畫，在小巷自我隔離創
作「神曲」，人類文明至此，忽然有
了靈感爆發的三百年，得以把整個歐
洲帶出黑暗，把世界照亮。

佛羅倫斯日落

　　西元 1295 年，佛羅倫斯的聖母百花大教堂奠基之年，威尼斯共和國
商人馬可‧波羅走懸壁長城石關峽（見〈嘉峪關〉）從中國回到威尼斯，
他在揚州做過官，在張掖大佛寺待了一年做研究（見〈張國臂掖〉），回
國出版了《馬可‧波羅遊記》（*Marco Polo and His Travels*），詳細敘述了
中國和東方各國的風土人情和物產文明，盛讚中國和東方各國的富庶繁
華。此書被翻譯成各種文字，廣為流傳。地理大發現前一階段的重要人
物，幾乎都讀過《馬可‧波羅遊記》，此書是當時唯一的東方攻略、中國
指南和絲路路書，揭示了開闢新航路的可能性，同時也推動了歐洲人的
思想解放。

時間再往前 40 年，葡萄牙王國軍隊攻克阿爾加維，將摩爾人的勢力徹底驅逐出葡萄牙的國土，完成了再征服運動和國家的統一，為集中並調配強大的人力物力和財力來進行探險的地理大發現創造了條件。時間再往前 13 年，鄭和結束了 7 次下西洋，成了航海界的上古大神，明代領神旨一般關閉了海上絲綢之路，而改變世界的大航海活動悄然發生。

大航海活動和文藝復興在時間上可以說是基本重合的。文藝復興在佛羅倫斯最興盛的時期就是羅倫佐‧麥地奇的時代，羅倫佐‧麥地奇死後 6 個月，哥倫布（Christopher Columbus）發現了新大陸，羅倫佐的次子喬凡尼（Giovanni di Lorenzo de' Medici）成了教宗良十世（Leo PP. X）（見〈翡冷翠的一夜〉），在他任內的西元 1517 年，馬丁‧路德（Martin Luther）在德國維滕貝格城教堂大門上貼出《九十五條論綱》，就此引發了宗教改革，之後發生了「羅馬浩劫」，文藝復興的中心轉向威尼斯。

有意思的是文藝復興大神們最活躍的 15 世紀到 16 世紀，托斯卡尼地區參與大航海的人也出奇得多。阿爾諾河穿過托斯卡尼，流經盧卡和比薩兩市，在比薩附近，流向大海。佛羅倫斯在義大利語中的意思是花之都，花都中心，聖母百花大教堂就那麼佇立著，山川異域，百花同母；大河上下，不失滔滔。

歷史潮流滾滾向前。

2020 年 2 月 22 日

46
佛羅倫斯沒有英雄：大道廢有仁義

　　我用輪椅和枴杖在亞平寧半島行走之時，與文藝復興一樣，義甲也是我心中的指引，15 世紀被人傑滋潤的佛羅倫斯和 1990 年代被義甲盪滌的春風中國，都是我難以忘懷的夢。難以忘記所向無敵的「米蘭三劍客」，難以忘記拿坡里大殺四方的暗黑球王，難以忘記佛羅倫斯的紫衣戰神，更難以忘記 1997 年 2 月 19 日一位巨星的殞落。在只有人民的兒子而沒有英雄的年代，人類群星閃耀之時，無論亞平寧之路還是 90 年代之路，都分外易行。

　　今晨看了一場最平常不過的義甲聯賽，杜林的尤文圖斯跑去威尼斯邊上的費拉拉市踢了一個客場比賽，2：1 勝了斯帕爾。但是尤文的 7 號 C 羅創造本人千場比賽和義甲 11 連勝的紀錄，11 連殺追平了 90 年代巴提斯圖達（Batistuta）創造的紀錄，而巴提斯圖達就是上文所指效力佛羅倫斯隊的紫衣戰神。巴提在佛羅倫斯的時候，曾經一場比賽進球後，雙腳開立抓住角旗桿，做出了一個威風無比的動作，像極了古代的戰神，所以就叫戰神了。

　　有明星沒有英雄的時代是最好的時代，當我走在佛羅倫斯的浩宇蒼穹之下，觀賞燦若星河的人文之作，深為物質與精神的甜蜜交融而打動，瓦薩里走廊上的金鋪、菲拉格慕的第一家鞋店、寶格麗源於波提且利之〈春〉出品的奢侈品百花之鏈、Giulio Gianninie Figlio 的皮具，甚至

「只知道吃」的朋友喜歡的托斯卡尼的火腿、羽衣甘藍和雞肝醬、牛肚三明治、佛羅倫斯牛排都是俗世燦爛的非凡之品，可以給予人富足安全之感，有這些就可以了。太上，不知有之；好的社會需要明星不需要英雄。歲月靜好如一定要有人負重前行，那一定是哪裡出了問題。

2020 年 2 月 23 日

47
路過伽利略的母校

　　比薩在文藝復興時期是佛羅倫斯公爵的領地，現在也還是一個小城，2019 年 8 月 3 日，我們一家人坐早上 8 點多的火車從羅馬到佛羅倫斯再轉到比薩的綠皮火車，到達比薩後在火車站吃了頓麥當勞，才剛剛中午。從火車站步行到比薩大教堂的時間也就半個多小時，在那裡主要是圍繞大教堂和斜塔拍拍照灌灌水，再走回火車站，回到佛羅倫斯天色都還不晚。

　　千百年來在比薩出生後來最有名的孩子是伽利略，西元 1564 年，伽利略在比薩橫空出世。他的父親是位魯特琴手、音樂家，而他在物理、數學、天文學和哲學方面都表現出很強的天賦，迅速成為了優等生，當然同時他也成為一個魯特琴手，天才往往可以讓別人的專業成為自己的兼職。年少時他向父親提出要去比薩大教堂當傳教士，而他父親堅持要他去比薩大學學醫。看到這裡，天下多少父母會有同感，我一位好朋友的孩子硬是不肯去北大學醫，而到復旦學微電子，一樣的心路歷程。兒子的比薩大教堂和父親的比薩大學推送到我等看官面前了。

　　比薩大教堂可不是等閒的教堂，比薩斜塔的真實身分其實是比薩大教堂的鐘樓，它為響徹天空的召喚而存在，也為等伽利略的實驗而存在。伽利略雖然沒以自己最初的理想中比薩大教堂傳教士的身分登斯塔矣，也沒成為父親心中的醫生，但他終以科學家和實驗者的身分登臨此地。伽利略和比薩的關係相當於魯迅與紹興的關係，一旦進入中小學課本，他們的家鄉就成了大家想去的地方。

　　我們從火車站去比薩大教堂的路上，是經過比薩大學的，我以為只是一所可能會排名很後面的大學，都沒來得及進去拍張照，想不到它原來是伽利略的母校，我太孤陋寡聞了。

　　比薩大學建立時間為西元 1343 年 9 月 3 日，但是其歷史可上溯到 11 世紀。比薩大學擁有伽利略這樣的科學巨匠，還出過兩位義大利總統、五位教宗、五位義大利總理和三位諾貝爾獎得主。根據上海交通大學的研究統計，比薩大學被評為義大利第一的大學，這個我始料未及，這是一所與牛津、劍橋差不多歷史的學校啊，人類教育史上又一座燈塔。我順便查了比薩機場的班機，上海飛比薩可經倫敦、慕尼黑、莫斯科、阿姆斯特丹中轉到達，機場全名是比薩伽利略機場。

　　據說伽利略在比薩大學裡面刻意迴避了一段時間數學，因為學醫比較賺錢，趕快學會治流感治肺炎也可以為社會多做貢獻，所以他堅持不玩數學。但後來他偶然聽了幾堂幾何課就收不住了，隨後向他父親要求准許他改修數學與自然哲學，據史載，他父親極不情願地答應了他。

　　搭上了數學才華爆發，畢業沒幾年，伽利略就被任命為比薩大學的數學主任，當時他 25 歲，但是 24 歲時他竟然還在佛羅倫斯的素描美術學院擔任講師，主講透視法和明暗搭配，大神的世界我們真的不懂。佛羅倫斯美術學院也是名校啊，西方美術史上最值得誇耀的男性雕像「大衛」就收藏在他們的博物館裡。

　　我的輪椅翻過阿爾諾河上的橋，這河從佛羅倫斯流過來，在比薩邊上流進地中海。伽利略去佛羅倫斯美術學院教素描，又回比薩大學教數學，也許就是從這裡上的岸。

　　走著走著就看到比薩斜塔了。想起伽利略說過的一句話，科學唯一的目的是減輕人類生存的苦難，科學家應為大多數人著想。

2020 年 2 月 24 日

48

比薩斜塔：世無敲鐘人，萬古如長夜

　　伽利略 25 歲時發現上古大神亞里斯多德的一個著名理論在邏輯上的矛盾，亞神曾經斷言：物體從高空落下的快慢與物體的重量成正比，重者下落快，輕者下落慢。亞里斯多德提出這個理論橫亙兩千年無人撼動，卻被一個相當於現在的「八年級」年輕人用常識推理得像比薩斜塔一樣歪了，矛盾是顛覆的鐘聲，在斜而不倒的鐘樓一併敲響。

　　伽利略提出一個假如就從邏輯上奇襲了亞里斯多德的理論，這個「假如」就是：假如將一大一小兩塊石頭捆在一起，按照亞里斯多德的理論，本來小石頭下落的速度比大石頭慢，捆一道，大石頭被小石頭的慢速度拖累，那麼一起落下時就會比大石頭自己落地要慢了；但是大小石頭捆在一起時，明明就變成了一塊超大石頭，那麼也按亞神的觀點，超大石頭的速度會更快才對。

　　亞里斯多德在 1,900 多年來累積了無數的忠粉，他的著作建構了西方哲學的第一個廣泛系統，包含道德、美學、邏輯和科學、政治、玄學。在伽利略之前的十多年裡，有義大利數學家和荷蘭物理學家也提出過質疑，有說達文西也傳過顛覆亞神理論的「謠」，均不了了之，自然有人不買伽利略邏輯推理的帳，這太影響學術招牌了，官方闢謠說亞神理論可防可控，自由落體不會石頭傳石頭。這時伽利略想到了要做實證實驗，實踐是檢驗真理的唯一標準。

「伽利略將不同重量的球從光滑的斜面上滾下。這種情況類似於重物的垂直下落，只是因為速度小而更容易觀察而已。伽利略的測量指出，不管物體的重量是多少，其速度增加的速率是一樣的……當然，一個鉛垂比一片羽毛下落得更快，那是因為空氣對羽毛的阻力引起的……」以上是霍金（Stephen Hawking）在《時間簡史》（*A Brief History of Time*）中對伽利略的實驗過程的簡單解釋。霍金認為伽利略沒上比薩斜塔做過實驗，但殊途同歸的斜面實驗是百分百做過，他認為伽利略的測量後來成為牛頓力學體系的基礎。

人們寧願相信伽利略是做過比薩斜塔實驗的，知道我們去比薩斜塔，我弟弟開玩笑問那裡讓不讓帶一大一小兩鐵球上去扔一下。我們寧願相信當時教堂方面同意這位年輕人上塔頂做實驗，先他一步提出質疑的義大利數學家故里的鐘樓太直，荷蘭物理學家家鄉的風車太矮，比薩斜塔簡直是專為鐵球實驗而斜！總之伽利略一定是想到拿不同重量的鐵球在同一高空扔下來給大家看看效果的，作為比薩大學的數學主任，他已然是一個專業的學術吹哨人，我們希望他未受訓誡，反而得到了一個帶球登頂斜塔的機會。

西元前 355 年，世界古代史上偉大的哲學家、科學家和教育家之一亞里斯多德在雅典辦學；西元 1589 年，伽利略向學生們講宇宙，並告訴他們，宇宙中沒有任何東西是一成不變的，這與亞里斯多德的學說正好相反。他還告訴學生，所有東西、所有原子、所有星球都在運動。西元 1609 年，伽利略成功地研製了世界上第一架放大倍數為 33 倍的天文望遠鏡。在這架天文望遠鏡的幫助下，他發現月球表面並不像亞里斯多德所說的那樣平滑，而是呈現不規則的凹凸起伏……愛因斯坦曾高度讚揚伽利略的成就以及獲得成就的方法，並指出：「伽利略的發現以及他所應

用的科學的推理方法是人類思想史上最偉大的成就之一，它象徵著物理學的真正開端。」

　　伽利略與亞神相隔 1,900 多年，在挑戰成功之前都在鄙視鏈下端。坐在比薩斜塔之下，遙想 400 多年前的情境，世無敲鐘人，萬古如長夜。

2020 年 2 月 25 日

比薩斜塔

49

比薩斜塔實驗是否真實存在？
——實踐是檢驗真理的唯一標準

　　好不容易到了比薩斜塔，卻聽到一個煞風景的觀點，說沒有直接證據證明伽利略在比薩斜塔上做過扔鐵球的實驗。那個年代沒有照片、沒有影片，最關鍵的一點是說伽利略自己沒怎麼提到過這個實驗。創造了這麼大的里程碑式的事件，怎麼不寫一下日記？或者用古老的方式寫幾封信寄出去？今天開始有些朋友收到 2019 年 11 月 1 日我從南極郵輪上寄出的明信片了，走了快四個月，收到的朋友都很欣喜，文藝復興時期的車馬郵速度，置入 5G 時代，充滿了歷史感，穿越程度如同伽利略發了個社群平臺的文。

　　伽利略做斜坡實驗時的場景是有很多人記錄的，沒有照片麼，人家還畫了油畫。據說霍金在《時間簡史》中的看法是伽利略沒必要上斜塔做實驗，斜坡實驗足夠證明他的觀點，足以顛覆亞里斯多德的理論，為什麼還要費那個勁上斜塔？我現在也懷疑是有人假借霍金之名質疑。1990 年代在溫州謝池商城樓下的一個小書店買到一本《時間簡史》，感覺字字珠璣又艱澀無比，雖有圖有真相但不算很科普，好像沒地方八卦伽利略有沒有上斜塔做實驗，因為疫情，圖書館還沒開門，沒法去比對。光靠網路搜尋，那是真相與謠言齊飛，雌雄莫辨，連斯洛伐克的總理有沒有患新冠肺炎都有不同的說法。不過有個巧合倒是要說一下，伽利略是西元 1642 年 1 月 8 口去世的，而霍金是 1942 年 1 月 8 日出生的，

要說是人類科學史上最驚天動地的接力，隔了整整 300 年，夠壯觀。

　　有好事者說科學史學者基本證實，當初伽利略在反駁亞里斯多德「物體下落速度和其重量成正比」這一觀點時，使用的是「思想實驗」，即透過計算和推演證明結論，沒有上過斜塔扔鐵球。但這恰恰與伽利略的行事作風完全不同，伽利略是實證派的，他能造 33 倍的望遠鏡觀察月亮從而反駁亞神提出的月亮表面是光滑的觀點，為什麼不能和斜塔即比薩大教堂鐘樓的管理員打個招呼上去做個實驗呢？後者要簡單得多，以他當年和父親說要去比薩大教堂當傳教士的經歷看，他對比薩大教堂很熟悉，他小時候攀爬比薩斜塔的難度應該不會高於我攀爬消防塔樓的難度。我看了周邊環境，第一，這裡離比薩大學很近，便於教授學生來看；第二，這周邊沒有塔了。有人說後人只說伽利略上塔實驗沒特指是比薩斜塔，難道伽利略會叫輛遊覽車把比薩大學的師生拉去聖母百花大教堂的鐘樓看鐵球落地？還有，這斜塔的造型確實適合扔鐵球，即使不做科學研究，扔個蘋果也可以致敬牛頓（Isaac Newton）。

　　比薩斜塔始建於西元 1173 年，在伽利略實驗之前的 416 年裡，它只是大教堂的附屬鐘樓；而伽利略實驗之後，大教堂變成比薩斜塔邊上的教堂，斜塔變成可以獨立的景觀。當伽利略和他的助手抱著兩個不同重量的鐵球，走完 293 級臺階，在斜塔頂上探視的時候，時間後撥 429 年，下面就是仰著脖子的我們和一眾用不同的造型透過視覺上的重疊效果與斜塔或拽或拉或推或就的世界人民。

　　斜塔管理員是條漢子，他給了伽利略一個平臺，可能是個斜臺（因為腿傷未癒，我沒能上去看看斜塔頂上的地坪），伽利略和他的助手帶著兩個大小不一的鐵球上了這個臺，幾秒之後，一投成名。鐵球落下，同時著地。

比薩斜塔北側高 55.22 公尺，南側高 54.52 公尺，根據自由落體公式，現在小朋友能夠很快算出鐵球飛行衝向地面的時間。而這個「很快」在 429 年前，是長達 1,900 多年的等待。真理在破曉之前，往往經歷漫長無邊的黑夜，而挑戰者出發的時候，有時候只是需要管理員一個點頭。當不能成為挑戰者的時候，做一個給挑戰者機會的管理員是多麼有意義的事。

比薩斜塔實驗的故事由伽利略的學生維維亞尼（Vincenzo Viviani）記下來，他在寫《伽利略生平的歷史紀錄》（*Historical Account of the Life of Galileo Galilei*）時，提到伽利略當年在有其他教授、哲學家和全體學生在場的情況下，從比薩斜塔的最高層重複做過多次實驗，證明輕重物體同時落地。

當然，如此大規模的考證活動，也可能不是管理員一人點頭能夠搞定的，如果還涉及教堂主教、比薩市長，一併按讚！斯人已去，斜塔常在，有空大家自己去看看，分析一下伽利略有沒有在這裡做過眾所周知的實驗。

2020 年 2 月 26 日

50
初見羅馬

　　2018 年 7 月 31 日，我們乘坐 MU787 於羅馬時間 18 點多抵達羅馬 - 菲烏米奇諾機場，從上海出發，10 個小時飛越傳統的絲綢之路，到達終點站羅馬。

　　羅馬民宿的房東幫我們預約了車子來接機，司機是一個長得有點像托蒂（Francesco Totti）的很義大利的中年人，穿白襯衫淺色西褲，彬彬有禮，幫我們將行李車推到停車場，一路都有小斜坡供 Movinglife（以色列產的電動輪椅）上下，我的疑慮略鬆一點，要是羅馬古城都像機場一樣處處為行動不便人士著想，那羅馬三日就是享受了，否則在這個只適合步行的古城會很受罪的。

　　「托蒂」開一輛七人座休旅車，後面的行李空間也大，我們剛剛好坐滿，19 點 24 分車子離開機場前往公寓，公寓靠近火車站，大約開了 40 分鐘，路過古老得有點過分的羅馬市區，在夕陽中抵達公寓，路邊縱向停滿了車，只有一個僅能停飛雅特或 MINI 的小車位了，但「托蒂」似乎覺得運氣還不錯，高興地輕踏油門讓前輪上了路緣，來了個縱向側停，解決了問題，幾個行人一看人行道被臨時霸占了，也沒有說什麼，非常體諒地繞過車尾走了。

　　我很慶幸沒有採納租車的方案，就這樣緊張的停車局面，開著車在羅馬逛無異於找麻煩啊！車費是 72 歐元，付了「托蒂」80 歐元，他很

高興地走了，可見某網站的境外接機羅馬要價 800 元人民幣是相當貴的。高價的回報就是有一個提前確定的司機，如果是會說中文的司機，可能還要貴一些。

房東的人已經在樓外等候，幫我們拿行李的同時，還適時地告誡我們這裡是傳說中的羅馬火車站附近，一定要看好孩子和財物，一下把戒備狀態提升了兩個級別。在我們哦哦聲中他推開了大樓的大門，這樓猜想也有百年以上的歷史了，大門裡面還有二門，中間放著垃圾分類的大箱，十分拉風的是垃圾箱上方一幅很震撼的古典風格的羅馬全景圖，將七丘之城的濃郁味道展現給大家。

我們來不及細細看就上了四樓，交接工作有點複雜，大約進行了 20 分鐘。羅馬需要支付每人 3.5 歐元的進城費，晚上 8 點以後交接也要另外收 20 歐元。房子是老戶型，有長長的過道，家具是古典歐式的，房東提醒裡面的擺設不能動，還有一架爺爺級別的老鋼琴，孩子們上去玩了玩，說和家裡鋼琴的最大區別是踏板少兩個。

這時，快 9 點了，太陽才落山。我們辛苦了一天，各自睡覺。

2020 年 2 月 27 日

51
羅馬的早晨

　　羅馬就是這樣一個地方，她是許多現代思想的起源或者發軔。2019年 8 月 1 日一早，我 4 點多就醒了，我翻了翻 Kindle，看到在討論軍隊的重要性時，古羅馬歷史學家塔西佗（Tacitus）是這樣說的：「偉大的帝國不是用謙卑來維持的……虛假的和平比真正的戰爭更加危險。」

　　我第一次來到有無數先哲的羅馬，塩野七生寫的《羅馬人的故事》（*RES GESTAE POPULI ROMANI*）看了一多半，對這個城市還是充滿期待的。網路上有熱心的網友畫的羅馬三日步行路線，恰好還是住在火車站附近的，我便截了張圖，當作參考，一家人吃過早飯便出發了。

　　時值三伏，酷暑未消，但羅馬上午的溫度僅在 26 度，非常適合步行。我們先走到火車站，我坐輪椅，後面兩根枴杖放在專配的支架上，遠看像京劇人物背上插的旗子，人行道與馬路相交的地方都有小斜坡，Movinglife 行走無礙。羅馬中央火車站叫做「Stazione Termini」，外古內新，入口門上的巨幅 LED 螢幕一早就開始播廣告，給人很時尚的感覺，有點米蘭的味道，Movinglife 還帶來很多好奇的目光，一路都有注目禮。

　　我們從側面的門出去，就是 Via Cavour，在 Google 地圖上設定了羅馬競技場，路並不遠，空氣也好，走幾步見到一個大教堂在晨輝中熠熠發光，有兩個對稱的羅馬式穹頂，門前的方尖碑告知我們規格不低，只是我之前沒做功課，算是偶遇，說不上來名字。孩子們見廣場上空無

一人，鴿子倒有不少，興奮地跑了起來。教堂在路東南，有點小逆光，我們拍了幾張照，繼續前行。回去查資料方知此為羅馬聖母瑪利亞大教堂，是天主教的四座特級宗座聖殿之一。傳說在西元 4 世紀的盛夏，聖母瑪利亞托夢給教宗利伯略（Liberius PP.），要他在下雪之處建立一座顯示聖母榮耀的教堂，結果第二天早晨此處即 Esquilline 山丘就下雪了，教宗即命人在此建教堂，故教堂又名聖母雪地殿。

　　既是山丘，必有越過。Via Cavour 在聖母雪地殿往西南，開始下坡，Movinglife 的斜坡駐停沒有一點問題，只是人行道有幾處沒有小斜坡，需要抬一下輪椅。我拄著枴杖待家人幫忙之時，見一個十幾歲的小女孩拄著簡易的短雙枴大幅度擺臂前行，猜想是運動中傷了腿，但不改靈動本性，雙枴飛揚，陽光之下朝氣逼人，她媽媽推著輪椅在旁亦步亦趨地跟著。我身旁還有一個老先生推著老太太的輪椅過去，在去往羅馬競技場的路上突然邂逅這一老一少行動不便人士，不禁讓我有些感慨，我的裝備是最好的，還有一群上下協助的家人，很感恩了。

　　身旁還有四個站在平衡車上的年輕人快速走過，古有條條大路通羅馬一說，今日見到種種助步器通競技場了。根據路標在一個路口向南，看到在羅馬所有景點中排名第一的圓形競技場了（俗稱鬥獸場），義大利語叫「Colosseo」，翻譯過來就是「體育場」，然後是一段長長的上坡路，旁邊的人行道不是很好，我只好將 Movinglife 調到最高速的 6 檔，在路邊一排停好的車輛外側像摩托車一樣前行，路過一個天橋，上面很多人在對著競技場拍照，也有順便居高臨下拍我的，我不忘初心砥礪前行，終於到達競技場的北面山坡。

2020 年 2 月 28 日

52

建設吧，公民！——兩千年前的基礎建設狂魔

　　從北面看競技場有四層，因為我之前在山坡上看競技場，所以拍過去是二層以上的位置。西元 80 年建成這樣可以容納 5 萬人的競技場真的是舉世無雙，羅馬人是 1.0 版本的基礎建設狂魔，今天在股市中逆風飆起的新基礎建設板塊也不過就是大羅馬建設的更新版。經過上坡再下坡下到地面，多角度仰望競技場時這種感覺尤為強烈。近 50 公尺高的石柱拱廊，有 80 個出入口，不愧是永恆之城羅馬的偉大象徵。遊客排隊很長，考慮到臺階甚多，輪椅諸多不便，我放棄了進去參觀，圍著競技場走了一圈，拱廊都可以透視的，前前後後看得也差不多。

　　古羅馬人的生活一是競技場看運動，二是大浴場聊社交。國家發展策略是引進先進文化，大力發展基礎設施，明確公民政策，符合條件的外國人甚至外來奴隸也可以成為羅馬公民。歸納起來一句話：這個國家安全富足好玩，歡迎有本事的人加入。競技場就是國家名片，角鬥士每天都上演真人秀。這裡是絲綢之路的終點，東方天蟲吐絲織造的聖品裝點了羅馬人，經過絲路貿易，從長安出發的絲綢到羅馬增值百倍，比黃金還貴，羅馬公民穿上比黃金還貴的絲綢，坐在競技場中眉來眼去，是兩千年前全球最上品的高階生活了。

　　競技場的西南面是君士坦丁凱旋門，約有競技場的一半高，上面集合了羅馬不同時代的雕塑，可以想像君士坦丁大帝（Constantine the

Great）凱旋通過毗鄰競技場的凱旋門是何等威風。看遊行也是羅馬人的生活樂趣之一，坐擁條條大路的終點和絲綢之路的零座標，時常可看萬國團隊的進城式豈不快哉？據說後世拿破崙（Napoleon Bonaparte）到羅馬時，見到這座凱旋門突發奇想，以此為藍本建了巴黎的凱旋門。君士坦丁凱旋門前的石板路已經坑坑窪窪了，石板之間是倔強的小草，路上很多道轍，輪椅是沒法過了，我只好從邊上繞了一圈往古羅馬廢墟方向去了。

廢墟就像是考古現場，讓 Movinglife 自如地進入太不現實，選了幾根還算挺拔的羅馬柱拍幾張照片就算打過卡了。這裡有曾經高聳的蒂奧斯庫雷神廟、農神廟、維納斯女神廟、羅莫洛神廟、凱撒神廟、和平神廟，我是站在哪個神廟前呢？那些孑然兀立的石柱、光禿禿的廟墩基座和斑駁脫榫的石梁，承載了 2,000 年前的繁華景象和熱鬧生活。我隨意駐停處曾是人類活動的中心，傳說中的祭壇就在不遠，祭司點燃祭壇中的聖火，神廟的大門會自動打開，面對神靈的直視，羅馬公民集體歡呼與朝拜，儀式感十足。

從競技場出來，兩個迷彩服的軍人見我開著 Movinglife 靠近，主動將門口禁止通行路障移動了一下，示意讓我過去，我便享受了特別的待遇從中間過去了。從地圖上看，此處最近的景點是「真理之口」，2,000 公尺不到，在 26 度的微風裡還是可以走過去的。於是全家依著 Google 地圖的導航向真理出發。有一段路人行道不行，我只好沿著車輛外側拉到 6 檔行駛，後面有公車跟上來，按了兩聲喇叭，我以為是抗議我占了公車道，正好旁邊有個空檔可以拐回到人行道上，我就拐進去了，公車還在後面按著喇叭，我停下輪椅，看著司機，他大聲用義大利語朝我喊著，我搞不清楚狀況，旁邊一位小店的老兄搶出來對我說「bag、bag」，

我低頭一看，果然不見放在 Movinglife 的踏板上的背包，原來是一路顛簸掉在路上了，公車司機是喊我回去拿呢！還好提醒得及時，這條路也沒什麼行人，包還在路上，不然很難說能撿回來，包裡還有錢包、證件，真是謝謝這位司機還有那位隔空翻譯的老兄，讓我在臨近真理之時，遇到好人好事。

2020 年 2 月 29 日

53
真理之口：讓人民說話

　　台伯河是羅馬的母親河，穿城而過蜿蜒向西注入第勒尼安海，河中央有一個島叫「台伯島」，與黃浦江的復興島很像，都是流經城區唯一的島嶼，形狀也很像，都是船形，只是復興島更大一些。西元前 291 年，羅馬曾發生大瘟疫，羅馬人組織了一個使團到外國去請神來羅馬驅邪。一天，羅馬使團的船載著神像正沿台伯河而上，突然看到一條很大的蛇游向這個小島，於是人們認為這是船上的神顯靈，就決定在島上為阿斯克勒庇俄斯神建立一座廟，並把這個島修築成船形。阿斯克勒庇俄斯（Asclepius）是一位與太陽神阿波羅（Apollo）關係密切的神，他掌管著醫療之術，是醫藥之神。

　　「真理之口」就在台伯島邊上，「真理之口」完全是因為 1953 年奧斯卡獲獎影片《羅馬假期》（*Roman Holiday*）帶來的流量，在羅馬的景點中人氣穩居前三。在《羅馬假期》裡葛雷哥萊・畢克（Gregory Peck）佯裝把手伸進「真理之口」中手掌被咬斷，把奧黛麗・赫本（Audrey Hepburn）嚇得花容失色的黑白鏡頭就在我隨身的 2010 年出品的老 iPad 裡，去羅馬的人誰的 iPad 裡沒有一部《羅馬假期》呢？其實「真理之口」原是一個古羅馬時代的人孔蓋，西元 1632 年在教堂外牆邊發現的，這個人孔蓋都可以看出古羅馬作為「基礎建設狂魔」大而雅的人文內涵。

　　這塊靠在科斯梅丁聖母教堂走廊牆壁上的一塊雕刻著台伯河河神頭像的直徑不到兩公尺的圓盤，猜想每年可以迎來上百萬次的伸手。凡來羅馬旅遊者都會來體驗一下可能被河神咬住手的刺激。因為排隊的人太多，連

說話的時間都沒有，也就沒有說謊
被咬的風險。大家嘻嘻哈哈地做各
種驚恐狀，如同在比薩斜塔做推塔
狀，都是應景的人間姿態，雖都不
能免俗，卻給我這行動不便的人一
個小小的感悟：和正常人一樣去體
驗一個傳說原來也是莫大的幸福。
「真理之口」邊上做了欄杆，外面有
個門，進去有臺階，已經是殿堂級
別，再不是《羅馬假期》中那種江
湖中的景象。我將 Movinglife 開到
欄杆邊，靜候家人們一個挨一個排
隊上去擺 pose 拍照，隔著欄杆幫他

《羅馬假期》中的真理之口

們拍影片，這時候，團隊不夠強大的話，是雙拳難抵四手的，正好我的雙
手空出來，不用去想面對河神說什麼話、伸哪隻手。

　　下一次再去羅馬時要去「讓人民說真話」的「真理之口」伸個手，
然後去對面的山上探訪一下馬爾他騎士團修道院，在義大利的國土上，
透過馬爾他騎士團修道院門口的鑰匙孔，看騎士團修道院庭院裡的林蔭
道的盡頭梵蒂岡聖彼得大教堂的穹頂。那是羅馬著名的景點，在萬眾矚
目的「真理之口」之下，可以順便拜訪的「一孔看三國」。務必還要擺駕
台伯島，瞻仰一下阿斯克勒庇俄斯神廟。

2020 年 3 月 1 日

54
萬神殿與許願池

從「真理之口」到威尼斯廣場只有幾百公尺，這個廣場最有名的是綽號「打字機」的大理石建築 —— 維托里亞諾紀念堂，是 1911 年建成的新古典主義建築。16 根圓柱形成弧形，我看也很像如今的誇張的裱花蛋糕。建築的臺階下有兩處噴泉，左邊的象徵亞得里亞海，右邊的象徵第勒尼安海，都曾經是羅馬帝國的「家海」。中間騎馬的維多·伊曼紐二世（Vittorio Emanuele II），正是他完成了義大利的統一。建築物的上方有兩座巨大的青銅雕像，左邊代表「勞動的勝利」，右邊代表「熱情祖國和勝利」，前面還有無名烈士墓。

看完「打字機」已是正午，陽光猛烈，舉步維艱。我們在威尼斯廣場對面的側街找了一家餐廳，點了些牛排、披薩和沙拉，吃飽喝足，老人累了想先回去，就叫了輛 Uber，讓老大陪他們先回去了。然後我們步行去萬神殿。萬神殿很近，走在古城的小街上，路過一個法拉利專賣店、一個賣冰淇淋的行動餐車，轉到一個有方尖碑的小廣場上，就到了。

萬神殿其實是羅馬最值得看的景點，因為它是現有保存最完整的古羅馬帝國的古蹟，是西元前 27 年至西元前 25 年建的，名為「Pantheon」，「Pan」在古希臘語中意為「全部」，「theon」意為「神」，即「供奉羅馬所有神」的意思。正面是希臘式的石柱和門廊，接著是羅馬式的穹頂，融希臘廟宇和羅馬建築為一體。廟宇內部為圓形，四面無窗，有一個底部厚 6 公尺上部厚 1.5 公尺的穹頂，頂部有一個直徑 9 公尺的圓形天窗。在殿內仰頭，可

以看見白雲從頂上飄過，陽光如柱灑在殿內的某神身上，就像舞臺上的追光燈。360 度依次灑過去，眾神皆有沐，整個殿堂與宇宙息息相關，即使是芸芸眾生，在殿中亦能感受陽光雨露，難怪米開朗基羅稱萬神殿為「天使的設計」。萬神殿是開放式景點，不收門票，只有一級臺階，我拄拐進去走了一圈，在熙熙攘攘中抬頭望去，三點鐘的斜陽像瀑布一樣。

　　想起了三句話：陽光之下，萬物有靈；眾神護衛，做好自己；遇難呈祥，逢凶化吉。

　　2019 年 8 月 3 日，羅馬第三天，走路去許願池。許願池官名叫「特雷維噴泉」，義大利語「特雷維」就是三岔口的意思。去「特雷維噴泉」路過一個古老的菜市場，坑窪的石板路把我輪椅後面的枴杖震下來兩次。我老家溫州的三十六坊原本與這老城的風骨有得一比，可惜的是溫州三十六坊基本上都推倒重建了，而羅馬依然如故。

萬神殿的「追光燈」

眾神皆有沐

聽到水聲，知道噴泉就在眼前了，可真正見到，還是震撼了一下。這種感覺，在平路易行全程中僅出現兩次：一次是從威尼斯火車站出來，面對大運河；還有就是這次在坑窪的石板路上車震出來，猛然看到巴洛克風格的許願池。兩次感覺的相同之處是自己走進了畫中，或者說是神造了個界，把我們置了進去。

許願池噴泉中間立著的是海神涅普頓（Neptune），兩旁則是水神，海神宮的上方站著四位少女，分別代表著四季。噴泉的設計者是沙維（Salvi），噴泉於西元 1762 年才完工，雖是羅馬噴泉中比較年輕的一座，卻是最著名的一座。希臘神話中海神叫波塞頓（Poseidon），羅馬人改為涅普頓。和我們將維尼修斯（Vinícius Jr.）改成「為你寫詩」一樣，可能覺得更有品？義大利人被稱為歐洲的中國人，文化方面不是蓋的，瑪莎拉蒂車標中的三叉戟，就是其所在地義大利波隆那市的市徽，海神涅普頓手中的武器 —— 這是真的。

許願池是力量的象徵。羅馬人有一個美麗的傳說，只要背對噴泉從肩以上拋一枚硬幣到水池裡，就有機會再次拜訪羅馬。許願池也是愛情的象徵，傳說當情侶一起向池中投入硬幣，愛情就會永恆。似乎每個人都可以借力海神強大無比的能量，看著自己投擲在噴泉中的三枚硬幣發著光。要求有得，要喜福會，要愛不離，要人間值得。

祝大家心想事成，許願必達。

2020 年 3 月 3 日

55
七月先生與八月先生

　　羅馬歷史上，有兩個最著名的統治者，凱撒（Gaius Julius Caesar）和屋大維（Gaius Octavius Augustus）：前者是羅馬共和的巔峰，人們將他的名字 Julius 命名為 7 月，即英文中的 7 月（July）；後者是凱撒的養子和甥孫，古羅馬帝國開國皇帝（西元前 27 年－西元 14 年），元首政制創始者，在他去世後，羅馬元老院決定將他也列入「神」的行列，用他的名字奧古斯都（Augustus）來命名 8 月，即英文中的 8 月（August）。

　　我們在 2019 年 7 月最後一天到達羅馬，在 8 月初的前幾天在羅馬遊逛，我的輪椅所到之處，太多這兩位「月分先生」的偉業之果，在諦聽歷史的潮聲之中，也少不了一些思索，亦有很多感悟，人類將以何種政治前行？

　　在去聖天使堡的路上，即將翻越台伯河橋之時，路過奧古斯都的墓地，墓地在古城邊上，圍起來了，周邊在改造，看平面圖和氛圍，周邊可能要弄成上海新天地這樣的亦古亦今的景觀。元首制實際上是披著共和外衣的君主制，奧古斯都是羅馬威權第一人，但歷史風評相當不錯，相比「七月先生」風流瀟灑武功蓋世的人格魅力，「八月先生」更善於運籌和隱忍，處事機智果斷、謹慎穩健，羅馬在他治下向西完成對西班牙的征服，向北推進至多瑙河、萊茵河一線。「八月先生」審時度勢、進退有節，他所採取的一系列順乎形勢的內外政策，開創了相對安定的政治

局面，為帝國初期的繁榮打下基礎。他開創並被後任延續的那一段歷史被稱為「羅馬和平」時期，這一時期，羅馬的經濟、文化、軍事、藝術都達到了前所未有的高峰。

　　早一天我在許願池右側的小坡上駐停，沒法下去扔三個硬幣許三個願，按規則「再來羅馬」必須是其中一願，我在「羅馬新天地」補了一課，等我再來時，會到這裡走走，不，沿著奧古斯都的地盤跑一跑，再跑過台伯河上的橋左拐沿著河邊一直跑到聖天使堡，在橋上看看天使，一直跑到梵蒂岡。

2020 年 3 月 4 日

56
大天使的劍

　　聖天使堡（Castel Sant'Angelo），古羅馬時期在老城的最西端，又稱哈德良陵墓（Mausoleo di Adriano）。西元 2 世紀羅馬皇帝哈德良（Hadrian）設計並親自指揮建造，作為他自己以及其繼承者的安息之地，排場要勝過奧古斯都陵墓。皇帝也是一樣，借了羅馬和平時期的光，手頭寬裕了，難免就奢侈一些。只是天道有評分，「八月先生」以後，羅馬再也沒有「九月先生」。

　　6 世紀，教宗葛利果一世（Gregorius PP. I）在聖天使堡頂豎立持劍的大天使雕像，用以「對抗」當時流行的黑死病，遂有聖天使堡之名。

　　聖天使堡是美國最著名暢銷書作家丹・布朗（Dan Brown）的著名小說《天使與魔鬼》（*Angels & Demons*）中的重要場景。聖天使堡是光明會的祕密集會場所，也是光明之路的終點，天使堡內的地道與梵蒂岡相通，2009 年被拍成電影。聖天使堡可謂歷盡人間社會需求的多項功能：始為陵墓，西哥德人和東哥德人入侵時當要塞用，然後是作為監獄，最後改建成一座華麗的羅馬教宗宮殿（所以地道通梵蒂岡可信度很高）。《羅馬假期》中，記者帶公主來這裡，堡外河邊是跳交誼舞的地方，現為國家博物館。

　　我的輪椅進出聖天使堡不方便，就在門口走一圈。聖天使堡前橫跨台伯河的聖天使橋是羅馬城中最美的橋梁，橋上有 12 尊天使的雕像，

每個天使手上都拿著一樣耶穌受刑的刑具，其中 10 尊天使出自貝尼尼（Bernini）及其弟子之手。為了看聖天使堡的內景，加看了一遍《天使與魔鬼》，萬神殿中的拉斐爾墓，警察口中米開朗基羅設計的聖彼得大教堂和貝尼尼設計的聖彼得廣場，貝尼尼不曾被忘記。

聖天使城堡

　　過了聖天使橋是一條餐廳、紀念品店遍布的小街，在街上一家中國人開的餐廳吃了頓義大利披薩，感覺老闆是溫州人，但沒有展開聊，匆匆啟動輪椅去梵蒂岡了。

2 月 19 日，來自日內瓦消息：歐洲核子研究中心首次測量到反物質中的量子效應……2009 年美國上映的《天使與魔鬼》開頭就是日內瓦核子中心科學家在高度機密的實驗室中首次合成了強大而神祕的能量 ——「反物質」。

《天使與魔鬼》中哈佛大學符號學教授申請了 10 年沒能進入的梵蒂岡檔案室中，有伽利略寫的《真理圖解》孤本，其中有一首詩是用英文書寫的，而在那個年代，英語是不被羅馬教會成員所重視的市井語言，伽利略恰恰利用這一點，給出了指引線索的內容，而又使其能夠瞞過神職人員的眼睛。伽利略雖然是一名科學家，但他也是虔誠的天主教徒，他認為宗教與科學不是敵人，而是盟友。這就是為什麼我要反覆提到伽利略的原因，即使在羅馬，也不可能避開如此偉大的人物，除非你不仔細閱讀羅馬。

2020 年 3 月 5 日

57
驚蟄之梵蒂岡

「宗教的不完美是因為人的不完美。」—— 教宗選舉侯；「教宗是連接神界與現實的人。」—— 教宗侍從。寫到梵蒂岡的時候，正是這個宗教王國驚蟄的夜晚，《天使與魔鬼》中的兩句臺詞亮了。

聖天使堡到梵蒂岡只有一步之遙，抬頭可見米開朗基羅設計的聖彼得大教堂的穹頂。教堂最初是由君士坦丁大帝於西元 326 年至西元 333 年在聖彼得墓地上修建的，稱老聖彼得大教堂。在文藝復興時期，歷時 120 年重建，拉斐爾和米開朗基羅先後擔任過建設總監，大教堂於西元 1626 年建成。大教堂正前的露天廣場就是聞名世界的聖彼得廣場，建於西元 1667 年，主持設計施工的是一位拿坡里人貝尼尼。

暑假是旅遊高峰，大教堂外人山人海，隊伍的尾巴在哪裡都不容易找到，沒有工作人員，只能遠遠看到穿著黃藍相間古典制服的瑞士侍衛。不知道為什麼很多地方還鋪了木板，外圍的遊客就站在木板上排隊，這個局面完全不適合行動不便人士，我在廣場上轉了一圈，就到左邊的大理石柱廊裡面休息。感謝貝尼尼的貼心設計，弧形的柱廊不但將廣場襯托得偉岸莊嚴，又有讓朝聖者休息片刻免於曝晒雨淋之功。廣場上驕陽似火，我便在此冥想一會，幾隻鴿子在柱廊中穿過，亦很有聽經沐慧的情調，像遨遊太空的小飛船。

　　梵蒂岡是世界天主教的中心，聖彼得（Saint Peter）是第一任教宗，教宗也是這個宗教國家的元首，現任教宗方濟各（Pope Francis），1936年出生於阿根廷布宜諾斯艾利斯，是第266任教宗。教宗方濟各父母都是義大利人，父親馬里奧（Mario José Bergoglio）是一名會計師，母親雷希娜（Regina María Sívori）是一名家庭主婦。作為一個真正的阿根廷人，他曾是阿根廷首都聖羅倫素足球俱樂部的球迷。

　　梵蒂岡回來的第二年暑假，在絲路行的第一站西安碑林（見〈二訪碑林〉），看到過一座相當特別的「大秦景教流行中國碑」，了解到西元635年，大秦（即羅馬）派阿羅本（Alopen Abraham）到中國宣教，唐太宗李世民予以大禮，派宰相房玄齡出長安迎接。後在義寧坊出資建寺，幫助翻譯聖經，鼓勵傳教。但不稱教堂，稱「大秦寺」，「寺滿百城，法流十道」，後來大唐方面還送了五幅唐朝皇帝的畫像置於大秦寺中以表政治正確。

　　古今多少事，都付笑談中。

2020 年 3 月 6 日

58
免罪天使

〈萬神殿與許願池〉一篇說過，威尼斯和特雷維噴泉一樣，都是很驚豔的。條條大路通羅馬，河海交融威尼斯。

坐火車從杜林經過米蘭，「況且況且」到了島外的威尼斯站，停車兩、三分鐘，再次啟動時已經上了跨海軌道，直抵薩卡菲索拉島。島上的聖露西亞火車站是亞得里亞海中的「特雷維」（三岔口），鐵軌連大陸，水道接機場，步行可達聖馬可廣場。許願池是蟻族的威尼斯，威尼斯是巨人的許願池，海神涅普頓將三叉戟用出如意金箍棒的功效，既可造潮長長長長長長長長消的巨靈踏水之界，又成全雲朝朝朝朝朝朝朝朝散的蟻民望天之想。

從火車站出來，一排臺階之下是站前廣場，廣場前面一條大河波浪寬，波浪連接的彼岸有一座文藝復興風格的教堂，希臘柱式的立面，高聳的綠色大穹頂，穹頂有雕像，按這大穹頂的規格足以建一個小一號的聖母百花大教堂，但此處穹頂之下沒有鋪陳，教堂占地面積與穹頂的面積相當，看上去穹頂似天外飛來蓋在希臘神廟之上，望之有「頂從何處飛來？」之問。

早有心理準備，威尼斯是沒有車子的城市，水巷千橋，平路易行是不存在的，但眼前一座大橋著實讓我們犯難。斯卡爾茲橋（Ponte Degli Scalzi）如〈清明上河圖〉中的單拱，一跨如虹，橋面是一級一級的臺

階，船到橋頭自然直，人到橋頭憂輪椅。最壯的人拄拐，老幼自顧過橋已是不易，這輪椅雖可摺疊成箱型，但奇重無比，要幾個人抬，還有一堆大小箱子。

這時一位穿著背後印著 Porter 字樣橙色馬甲的印度人拉著一輛有擋板的兩輪車過來了，這個搬運服務太需要了，感謝旅途中的這種相遇，這種平凡職位上的橙馬甲、司機、船夫、搬運工、快遞員和外送小哥，於他們只是一份普通無比的工作，卻常常成為我們需要時不可或缺的擺渡人。那些自己行走如飛的日子，能一手提一個大行李箱的時候真沒怎麼注意到他們，難路好修行，常懷感恩心。

租的公寓是頂層樓中樓，過橋即到，站在房頂的露臺上幾可端詳「飛來頂」上的天使，不敢高聲語，恐驚天上人。擁有別樣穹頂的聖西門小教堂建於 18 世紀中期，頂端圍柱燈臺立有免罪天使的雕像，就是我們威尼斯的初見了。教堂三角浮雕描繪聖西門和聖猶太的故事。這座教堂於西元 1738 年落成，是威尼斯最後一座宗教建築。第一次世界大戰期間，教堂門口的柱子有一根被炸毀。人間的值得與不值得，都在天使的眼裡。

2020 年 3 月 7 日

59
看不見的城市

很多人去真正的威尼斯前都去過假的威尼斯，我也是先去了拉斯維加斯和澳門的威尼斯酒店，還看過大連一個仿威尼斯的房地產建案，而後千辛萬苦，請人幫忙將輪椅搬過赤足橋，住進了小聖西門教堂邊上的公寓。

當我在公寓頂上眺望這個城市時，看到那個無數次在別的地方出現的鐘樓，真是感覺所有過往，皆是序章了。都知道鐘樓本尊就在聖馬可廣場那裡，而天亮之後我會去那裡。

這兩天在看義大利人伊塔羅‧卡爾維諾（Italo Calvino）寫的《看不見的城市》（*Invisible Cities*），作者肆意想像忽必烈與馬可‧波羅在元帝國的宮殿中關於世界城市的對話。從威尼斯回來後第二年也就是去年的暑假我到過元世祖忽必烈出生的地方 —— 張掖的大佛寺，馬可‧波羅到張掖時被大佛寺的精美宏偉和張掖的繁華所吸引，曾居留一年之久，應是忽必烈幫忙辦的「外國人居留手續」吧！

在《看不見的城市》中，當馬可‧波羅說「汗王，我所知的城市都講過了」時，忽必烈說：「還欠一個 —— 威尼斯」。馬可‧波羅說，「我講的每一個城市，都是威尼斯」。忽必烈不為馬可‧波羅思維所動，「你每一個旅遊故事就該由出發點開始，如實地描述威尼斯，整個威尼斯，不該隱瞞你記得的任何事物」。馬可‧波羅投降，「感恩大汗！也許我不願

意講述威尼斯是害怕失去它。也許，講述別的城市的時候，我已經正點點滴滴失去它」。

　　我的家鄉是個 0 號威尼斯，當年郭璞在城內開伏龜、雁池、浣紗、潦波和冰壺五個水潭，各潭與河相通，最後注入甌江。於是，溫州城「山分九斗，水城阡陌」的建築格局從此形成，城中最為休閒的遊覽勝地是雁池。雁池坊昔日門前流水，花柳飾岸，荷花飄香。「小船停槳逐潮還，四五人家住一灣。貪看曉光侵月色，不知雲氣失前山。」 ── 南宋「永嘉四靈」之首徐照詩中所描述的，就是舊時的雁池坊。這樣假舟楫者戶戶臨水的生活場景，始於西元 323 年郭璞建城之時，比威尼斯最早的歷史還要早 130 年，如今我扛車拄拐萬里來訪的威尼斯人的「理想家園」也是我故鄉千年前的景象。

　　北宋知州楊蟠規劃的三十六坊中雁池坊坐落白鹿城之西南隅，即如今南起小高橋，北至蟬街，原乘涼橋一帶。予生也晚，生在雁池畔蟬街，少時每天經乘涼橋走去小高橋小學上學，「雁池」被填沒之時我尚年幼，如今想來不免唏噓。每每念之白鹿水城，與威尼斯總有勾連，只是威尼斯以亞得里亞海為盾，以潟湖大島為本，持藝術與建築之牛耳，面向世界；又得聖徒馬可（Mark the Evangelist）加持，有商人傳統、宗教信仰和總督制下的法制流傳，得以璀璨千年。江南小城，碰上幾屆沒品味的領導者，河道阡陌，填了也就填了，一汪雁池，埋掉也就埋掉了。大道至簡威尼斯，但憑幾百年潮起潮落，看世間處處繁華流動，安寧營生。而白鹿水城南門外無限風光，每經過此立多時的雋永美景，只能留在書畫中了。

威尼斯的朝霞

威尼斯沒有平路

《看不見的城市》中，大汗已經在翻看另一些繪在噩夢和咒詛中嚇人的城市地圖：艾諾克、巴比倫、耶胡蘭、布圖亞、勇敢的新世界。他說：「如果我們最後只能在地獄城上岸，那麼，一切努力都是白費的，而它正好就在那裡，也就是海潮牽扯我們捲進去的、不斷收縮的漩渦。」馬可·波羅說：「活人的地獄不一定會出現；要是真有的話，它就是我們如今每日在其中生活的地獄，它是由於我們結集在一起而形成的。我們有兩種避免受苦的辦法，對於許多人，第一種比較容易，接受地獄並且成為它的一部分，這樣就不必看見它。第二種有些風險，而且必須時刻警惕提防：在地獄裡找出非地獄的人和物，學習認識他們，讓他們持續下去，給他們空間。」

2020 年 3 月 8 日

60
當你穿過暴風雨，就不再是原來那個人

　　威尼斯之所以富甲一方，成為歐洲最強大的海上帝國，正是源於它控制了阿拉伯商人運到歐洲的香料。後來阿拉伯人威脅要中斷香料供應，於是威尼斯發動了人類歷史上最為野蠻、也是最堂而皇之的掠奪戰爭—— 西元 1204 年的第四次十字軍東征。「9·11」事件爆發後小布希發動反恐戰，一時不慎，引用了十字軍東征一說，輿論對美國不利，後再也不提這個說法，好在也沒人深究，也就矇混過去了，倒是有人批評美國發動石油戰爭與香料戰爭一樣可恥。

　　十字軍進行東征時曾在聖馬可廣場集結，位於教堂右側的珍寶館收藏、陳列有西元 1204 年十字軍東征從君士坦丁堡帶回來的戰利品。從西元 1075 年起，所有從海外返回威尼斯的船隻都必須繳交一件珍貴的禮物，用來裝飾「聖馬可之家」。威尼斯人把聖馬可事蹟做成了不同主題的鑲嵌畫，裝飾在了教堂五個拱門的上方，軍事的、財政的、宗教的看點都在這一處，鐘樓、飛獅和教堂上方十二星座的刻盤，以及廣場中間賣面具的小攤和周邊賣墨魚麵的餐廳構成我們此行的聖馬可印象。這個被拿破崙稱為歐洲最美客廳的地方，也曾是征戰和屠殺開始的地方。

　　正如香料戰爭在人類歷史上留下的刀光劍影、欺詐與謊言，石油戰爭一樣也不缺這些。「石油有機說」被精心編造，幾乎為世人所接受，我也曾深信不疑，直到有一次聽到「石油無機說」，即「石油生成於地幔之

中，取之不盡用之不竭，地球晃一晃就生成」的觀點才猛然一驚。這一理論被傳統石油地質學駁斥為無稽之談，但石油卻似乎的確越來越多。「石油無機說」指出一旦摘下西方「石油有機說」的假面具，石油的價格就會像當初的香料一樣，難以繼續維持高價位。而戴著面具的石油商一直在廣場上狂歡，直到今天暴跌到比水便宜許多。

聖馬可廣場

威尼斯派出軍艦，從法國招募僱傭軍，從聖馬可廣場出發去攻占君士坦丁堡，自然是披著宗教外衣的打砸搶。但技術層次和精神層面高一些的西方人透過和東方的接觸，從穆斯林和猶太人的醫學中學到了包括外科手術在內的新醫術，從而推動了西歐醫學的發展。戰爭也促使人們去研究地理、繪製地圖，豐富了地理知識，並激發了歐洲人去亞洲探險、旅遊的熱情，以致出現了後來流行於歐洲的《馬可‧波羅遊記》和開闢新航路的活動，直到大航海時代和文藝復興時代的來臨。

這世界不會崩，太陽底下沒有新鮮事。那位說「今天不想跑，所以才去跑」的作家，和說「當你穿過了暴風雨，你就不再是原來那個人」的是同一個人。

2020 年 3 月 10 日

61

威尼斯：一座孤島

　　威尼斯最著名的一次封城是西元 1374 年黑死病蔓延之時，威尼斯共和國命令所有即將靠岸的船隻拴在岸邊，船員連同貨物一起要在海上滯留 40 天，以避免瘟疫的傳入。「40」的義大利語是 quaranta，英語中的「隔離」（quarantine）即由此演變而來，威尼斯變成一座孤島。

　　威尼斯上一次的封城是我們到達威尼斯的三個月前，威尼斯當地政府為防止遊客大量湧入當地，決定安裝封城閘門限制遊客，在 Ponte di Calatrava 和 Lista di Spagna 安裝了兩處封城閘門。這兩處閘門均由當地警方決定時間段開啟，而當地居民進出則需要刷卡，從而導致了來威尼斯旅遊的遊客直接被拒絕在外。兩年前因為遊客太多，威尼斯又變成一座孤島。

　　威尼斯時常發生水災，當時聖馬可教堂浸水 5 至 10 公分不等，整座拜占庭建築就像長在海中一樣。每年有許多次暴雨洪水，船夫都是吹哨人，或者是發哨子的人，威尼斯人最懂水能載舟亦能覆舟，這些年威尼斯下沉了 30 公分，據說 80 年後威尼斯會被淹沒，浮沉有時，盡人事、聽天命。因為天氣不好，威尼斯也會再次進入孤島模式。

　　好在我們去的時候，天公作美，人也不算太多，威尼斯剛剛從孤島模式切換成自由的水城模式，聖馬可廣場的河埠頭橫七豎八地停泊著供遊客揚手搭乘的非敞口船。因為上次去威尼斯時人多，我們沒有坐貢多

拉，從聖馬可廣場回小聖西門公寓，坐的是水上計程車，也叫 TAXI。
從亞得里亞海轉回大運河，在水上看各家各戶的碼頭和水門，經過一座
座著名的橋，夏日午後的陽光照在臉上，像經過全面啟動中的斗城，從
望江門進古城，萬歲里、百里坊、瓦市巷、墨池坊、招賢巷、祭酒坊、
五馬街、四顧橋、蟬街、乘涼橋、雁池坊、小高橋，彷彿前生相識今生
再見。

2020 年 3 月 11 日

62
馬可·波羅遊記

　　2018 年 8 月 7 日，我們離開威尼斯飛波多，從小聖西門公寓去馬可·波羅機場最好的方法是坐船，小碼頭就在小聖西門教堂旁邊，小艇能坐 10 人，我們 7 個人上去，加上幾個大箱，一部輪椅，也還寬敞。威尼斯早晨的陽光還有絲絲清涼，小艇往大海方向駛去時帶動的微風讓人激動，就這樣從河裡開到海裡嗎？

　　當小艇衝出大運河河灣進入亞得里亞海海域之時，我不由地低呼一聲，水的顏色只是有些輕微的變化，但波浪和風瞬間加了量，歷經千年的水上城市馬可·波羅的故鄉已經在我身後越行越遠。西元 1271 年，馬可·波羅 17 歲時跟隨父親和叔叔前往中國，他們就是從威尼斯進入地中海，然後橫渡黑海，在中東上岸，從巴格達到霍爾木茲，沒搭上去往中國的船，改走陸路，越過波斯沙漠、翻過蔥嶺（成吉思汗見丘處機的地方見〈喀納斯〉），經喀什、和田，穿過塔克拉瑪干沙漠，從敦煌、玉門關、石關峽（見〈嘉峪關〉）穿過河西走廊，西元 1275 年夏天到達元上都。馬可·波羅的父親向忽必烈呈上了羅馬教宗的信，並介紹了馬可·波羅，忽必烈賞識年輕聰明的馬可·波羅，留他們在元朝任職。《看不見的城市》中忽必烈和馬可·波羅關於城市的對話就是據史實衍生出來的。馬可·波羅在中國供職 17 年，西元 1295 年回到威尼斯，西元 1298 年在與熱那亞的戰爭中被俘，在獄中口述東方經歷由獄友作家寫成《馬可·波

羅遊記》，遊記很快成為網紅。「東方」是馬可‧波羅帶的最大的貨，大航海時代的探險家人手一本帶貨王口述的《馬可‧波羅遊記》。

　　西方不斷有人質疑馬可‧波羅是否真的到過中國，甚至有人到威尼斯採訪一些老人，八百多年前的事實也很難找到直接的證據，但馬可‧波羅機場在那裡，代表了政府和民間的態度，證明馬可‧波羅不是一個假的傳說。去年的五月假期，我到揚州遊玩，揚州有馬可‧波羅紀念館，據介紹，馬可‧波羅曾經在揚州為官三年，為當地的宣傳、文化等方面做過不少貢獻。

2020 年 3 月 12 日

63

朗朗乾坤，杜羅河上的空鉤釣月

　　波多是葡萄牙北部的中心城市，是人類第一次環球航行的操盤手麥哲倫的出生地。雖不像里斯本那麼有名，但好料也是非常多的，常常收穫意外的驚喜。西元 1480 年斐迪南‧麥哲倫出生於波多，40 歲時麥哲倫率團隊到達南美洲拉布拉他河口，而後找到了一條通往「南海」的峽道，即後人所稱的麥哲倫海峽。西元 1519 年─ 1522 年，麥哲倫船隊穿越大西洋、太平洋和印度洋，返回歐洲，完成了環球航行。麥哲倫的船隊航行到南美洲大陸最南端時，發現了一個島嶼，命名為火地島。當時的人們以為，火地島就是「未知的南方大陸」的邊緣。去年 10 月 22 日我曾在麥哲倫發現的「未知的南方大陸」邊緣的烏蘇懷亞淺睡一晚，第二天從那裡登船去南極（見〈碧浪清波：穿越最凶的海峽去看最大的荒原〉）。

　　13 世紀末，馬可‧波羅的遊記引起西方到東方尋找黃金的熱潮，然而鄂圖曼帝國控制了東西方陸上的交通要道，對東西方貿易肆意盤剝，絲綢之路幾近停擺。西元 1249 年，葡萄牙阿方索三世（Afonso III）將摩爾人（阿拉伯人）趕出葡萄牙，葡萄牙完成了統一，當時北方的經濟中心波多的商業和手工業已經相當發達。13 世紀末葡萄牙語取代拉丁語，正式成為國家的書面語言，經過兩百年左右的勵精圖治，15 世紀初，葡萄牙進入全盛時期，拉開了葡萄牙探險家航海時代的序幕。前些年，IWC 出了一款經典的大航海時代紀念腕錶，以「葡萄牙」命名，賣到現在銷勢不衰。

波多杜羅河釣月

波多杜羅河畔

波多日落

波多鐵橋

杜羅河入海口 —— 波多

　　杜羅河在波多穿城而過，注入大西洋。整個城市沿杜羅河峽谷而建，山水相逢，十分魔幻。河上有三座鐵橋，跨在中心城區，一路向西即刻入海，和黃浦江流經上海中心城區要走很遠並且先入長江再歸大海不同，杜羅河是高呼著大海的名字飛奔而去擁抱大海的，大西洋就在她可以看得到的地方，以不息之川流投無垠之怒海，你自然可以想像這個城市的孩子麥哲倫是如何有了大航海之心的。

　　杜羅河西奔入海，所以最好的時光是黃昏，當黃昏走過河上的鐵路橋，忽然發現自己也被塗上了一抹金色，走到河灣回望，鐵橋之上一個個小金人，像行走的奧斯卡獎盃。這座鐵橋叫瑪麗亞·皮亞橋，高出水面 60 公尺，修建於西元 1877 年，設計者是 45 歲的艾菲爾（Alexandre Gustave Eiffel），設計了此橋十年之後，他設計了巴黎的艾菲爾鐵塔。獎盃們在橋上舉目遠眺，杜羅河盡頭的一抹夕陽，將波多變成鍍金的城。

　　今晨美股再現行為藝術，開始玩向上熔斷了，鍍金的華爾街啊，讓我想起了杜羅河上的空鉤釣月。

2020 年 3 月 14 日

64
波多「黑店」——巨龍腳底下的成長

　　地緣關係加上惺惺相惜和互補協同，使得皇家馬德里與波多兩家俱樂部一直保持友好的關係。波多在歐洲足壇有「黑店」之稱，由於語言的優勢，葡萄牙足球，尤其是波多俱樂部，成了巴西、南美乃至拉美球員到歐洲的第一個目的地。近 30 年，波多的模式就是低價吸納天才球員培養成才高價賣出，從出色的俱樂部接收尚且能飯能戰的廉頗球員，維持戰力，還用他們以老帶新。

　　皇馬功勳門將卡西亞斯（Casillas）2015 年轉會波多，一直打到上月在波多退役。2016 年歐洲盃期間我在里斯本聽辛特拉足球俱樂部主席詹亮先生（也是永傑同學的同學）說起皇馬沒有收轉會費還補貼卡西薪資，對波多俱樂部談生意的本事之景仰簡直如滔滔江水，當然也明瞭皇馬並非卸磨殺驢沒有人情味的俱樂部，不然遇事也不可能如此周全。

　　波多給了「昨天所有的榮譽已變成遙遠的回憶，勤勤苦苦已度過半生」的廉頗們「看成敗人生豪邁，只不過是從頭再來」的機會，接著從皇馬過來的還有 C 羅當年的夥伴且同為 2016 年歐冠歐洲盃雙料得主的佩佩。所以皇馬元老隊喜歡找波多隊打慈善賽不是沒有道理的，心若在夢就在，天地之間還有真愛。

　　多說幾句「黑店」的事，去年席丹重掌皇馬後，第一個從波多「黑店」引進的是他眼中加強版的馬塞洛（Marcelo）──巴西球員米利唐（Militão），引進時間是 2019 年 3 月 14 日，上一個白色情人節。1998 年出生的米利唐出道於巴西聖保羅，2017 年 8 月加盟波多，轉會費為 400 萬歐元（一說為 700 萬歐元）。波多不愧為著名的歐洲「黑店」，經過波多轉手後，米利唐的身價一年半翻了 10 倍多，5,000 萬歐元賣給皇馬。

C 羅歐洲盃奪冠慶祝

　　值得一提的是，在巴西和聖保羅俱樂部瑜亮之爭的佛朗明哥似乎在策略上亦有成為「南美洲黑店」之意。承蒙巴中經貿促進會祕書長的安排，我在里約馬拉卡納足球場看巴甲比賽享受了貴賓待遇，陪同的俱樂部執行董事對我說：「我們的好球員很多，中超你可以推薦啊（見〈冠軍的殿堂〉）！」他們應該也能夠培養加強版的馬塞羅吧！巴西回來不久，佛朗明哥時隔 38 年奪得南美自由盃冠軍，佛朗明哥主教練喬治・傑蘇斯（Jorge Jesus）是葡萄牙人，回到 2018 年夏天的葡萄牙，再過一週我在里斯本看葡超時他是葡萄牙體育的教練，納尼（Nani）是隊長，傑蘇斯接手佛朗明哥不到半年，連奪巴甲冠軍和南美自由盃。波多和葡萄牙體育這些俱樂部承接了南美足球人才的溢位，從而參與造就了歐洲足球最輝煌的五大聯賽。

　　波多俱樂部的標誌是一個魔幻的巨龍，巨龍獲得過兩次歐冠，1987 年決賽擊敗拜仁奪冠，2004 年成就人氣最旺的教練狂人穆里尼奧（Mourinho）擊敗同屬黑馬的摩納哥奪冠，兩次都是一黑到底，震驚全世界。波多闖入歐冠 16 強的次數很多，歐冠賽場成了波多歷練陣容鍛造新人的最強熔爐，也是歐洲最大「黑店」的底氣所在，來自自己梯隊的天才和抄底撿漏來的天才在巨龍腳下成長，最終成就更多人的人生豪邁，然後波多「黑店」從頭再來。今天是消費者日，但波多「黑店」不僅找不出毛病，更讓人嘆服。

波多巨龍球場

　　2016 年夏天葡萄牙在巴黎奪得歐洲盃冠軍，90 分鐘的比賽一路平局，三場小組賽全平，三場淘汰賽平局，一次點球決勝，兩場加時獲勝，唯一一次常規時間的勝利是 2：0 贏了威爾斯，在世人懷疑的目光中登頂歐洲。兩年後葡萄牙在世界盃八分之一決賽被烏拉圭淘汰出局，當全世界將葡萄牙的崛起等同 1992 年歐洲盃曇花一現的丹麥神話時，去年

C 羅領銜的葡萄牙隊奪得首屆歐洲國家聯賽的冠軍，其本人也在不斷的質疑中完成千場職業賽事和義甲 12 連殺的壯舉。

　　波多巨龍球場就是去年歐洲國家聯賽決賽舉辦地，2019 年 6 月 5 日，C 羅在巨龍球場為葡萄牙國家隊打進第 86 個進球，時光倒流 15 年，2004 年 6 月 12 日他在巨龍球場的歐洲盃比賽中完成他在葡萄牙隊的第一個進球，15 年巨龍腳下 C 羅成長，到今時已經為國托盤 99 次，破阿里・戴伊（Ali Daei）的全球個人國家隊進球紀錄指日可待。

波多巨龍球場

走進波多俱樂部

　　巨龍球場坐落在波多市中心，體育場的頂部是半透明的，是由 280 噸金屬來支撐木材建成的。球場專為舉辦 2004 年歐洲盃而修建的，由波多足球俱樂部主管。2003 年落成，在球場舉辦的第一場比賽中如日中天的波多隊贏了巴薩。2004 年歐洲盃揭幕戰在此舉行，葡萄牙 1：2 被希臘擊敗，但 C 羅打進了人生國家隊首球，2004 年葡萄牙最終闖進歐洲盃決賽，竟然再次憾負希臘痛失冠軍。C 羅的國家隊生涯就在這種悲喜輪換中不斷向前，經歷葡萄牙體育、曼聯、皇馬、尤文四個俱樂部，波浪式前進、螺旋式上升，直到成為歐冠之王，歐洲盃和歐國聯的雙冠王。

2020 年 3 月 15 日

65

這是在一所魔法學校裡嗎？麻瓜世界十分糾結

　　巨龍球場名稱的由來和杜羅河有關：由於周邊有非常富饒的礦產，杜羅河被稱為「黃金之河」。在葡萄牙有一個古老的傳說，有一條巨龍想要霸占杜羅河兩岸的礦藏，牠時常噴吐烈焰，所有人都對牠無能為力。但是，聰明勤勞的波多人最終用杜羅河的河水澆滅了巨龍的火焰，被降服的巨龍成了波多人的僕人和保護者，還幫助波多人擊退了很多次敵人的侵略。從此很多波多人也說自己是龍的傳人，並用「巨龍」為他們的體育場命名。

　　在平路易行考察的五個俱樂部中，波多是最驚豔的，論歐冠獎盃數，他們不如皇馬和尤文，與本菲卡並列，但球隊的博物館做得太用心了，歷史感最強、藝術性尤佳，還有一些魔幻色彩。如果你看出一些哈利波特的元素，一點都不用驚訝，J.K. 羅琳（J. K. Rowling）在這城市待得夠久，她當時的男友是個記者，波多俱樂部博物館有一個傳媒發展史的篇章，這裡是必到之處，想必是看過老巨龍球場之後創作了魁地奇。J.K. 羅琳 1990 年代在波多大學教書，波多大學的校服包括過膝的黑袍、白襯衫、深色的褲子或裙子，還有黑皮鞋，學生穿戴整齊，就是哈利波特裡面魔法師的樣子。

　　波多有個 Livraria Lello 書店，有「世界最美書店」的盛名，門面是哥德式的，門口遊客成百上千。我因為有輪椅護體，免了排隊，但門票

也是要買的，書店買門票，我也是第一遭。我進去轉了轉，買了本葡萄牙人寫的詩集（用門票可以抵扣部分書資），文豪們的麗辭雅句暫且不說，到這個書店主要是拍照。書店面積不大，有上下兩層，中央精美的木旋梯和樓上五彩玻璃的天窗是亮點，旋梯上木雕縱橫交錯，旋梯本身體態優美，感覺隨時能夠扭動，如有生命一般。J.K. 羅琳在二樓咖啡館寫下《哈利波特：神秘的魔法石》（*Harry Potter and the Philosopher's Stone*）第一章，《哈利波特》中哈利、榮恩和妙麗去買書的麗痕書店，應該就是出自這裡的靈感，霍格華茲魔法學校會動的樓梯也可以溯源到此。

萊羅書店

　　2016 年夏天這裡還舉行過《哈利波特》新書的發表會，J.K. 羅琳成名之後，順帶也把書店帶紅了，以前書店也很美，只是不容易被世界發現，而現在的情況是你不容易避開她，你到波多老城轉轉，最紅的就是這裡。

　　願魔法保衛這座城市，巨龍護佑牠的主人。

2020 年 3 月 17 日

66
瓷磚之上，緣分早已注定

在杜羅河邊住了一週，開著 Movinglife 沿河走到波多老城是每天的基本行程。老城就在艾菲爾鐵橋旁邊，從鐵橋邊一條長長的坡道下去，再右拐沿坡上去，就進入老城的中心了。一路上都有人在唱歌跳舞，這個城市不缺文藝；海邊靜靜地泊著載波多紅酒桶的船，這裡也不缺美酒。找了家在城堡門裡的餐廳，吃飯的時候一抬頭，可以看見城牆上的遊客，遊客也看著城下用餐的我們。

Movinglife 不愧是以色列人的發明，其上坡時可以隨時駐停，鬆了動力就牢牢抓地，沒有煞車的說法，非常容易操作，也很安全，設計不到位或者品質不過關的話，真沒法挑戰波多老城，老城依山而建，路路有坡，好人逛街也不容易，更何況輪椅枴杖俠。波多老城的官方稱呼是「波多歷史中心」，1996 年被列為世界文化遺產。

聖本篤火車站（Estacao San Bento）建於 1916 年，是葡萄牙最有名的火車站之一，建在高高的山坡上，離牧師塔和萊羅書店不遠。火車站是一座像外灘的銀行大樓一樣的建築，穿過兩萬幅青花瓷畫裝飾的大廳就可以上車了，沒有檢票口一說，也沒看到晃動的電子螢幕，除了火車是新時代的，其他的都很老派。這裡的瓷磚畫絕對是一大亮點，天青色等煙雨，它也在等你，色白花青，釉色溫潤，典雅中有豪放。2016 年夏天，我去位於里斯本的葡萄牙國家瓷磚博物館時已經被葡國的瓷磚文化打動，在葡萄牙行走，時常會有各色瓷磚映入你的眼簾，這個國家在瓷磚運用上可謂獨步

天下。如果說中國是陶瓷的故鄉，那瓷的傳人葡萄牙對瓷的運用絕對不亞於亞洲同學日本，山川異域青花同瓷，一點都不誇張。

葡萄牙的瓷磚是中世紀的穆斯林帶進來的，葡萄牙語瓷磚「azulejo」是從阿拉伯語演變而來。西元 716 年，穆斯林軍隊入侵伊比利半島，直接將西班牙和葡萄牙併入阿拉伯帝國的版圖，而後數十年，北非的摩爾人（阿拉伯人的分支）大舉移民伊比利半島，人數甚至超過了近東來的阿拉伯人。阿拉伯人統治了葡萄牙 700 多年，直到阿方索·恩里克斯（Dom Afonso Henriques）西元 1139 年擊敗摩爾軍隊，西元 1143 年，葡萄牙才正式誕生。

128 年後的中國，忽必烈建立元朝。元朝最有名的藝術品就是元青花，最有價值的發明應用是指南針在海運中的使用，元朝政府首次將海運闢為國家的漕運航路，就是指南針的應用使然。阿拉伯人最擅長引進之術，雖然被阿方索·恩里克斯以及他的後代趕出了伊比利半島，但他們對歐洲的發展做出了不可磨滅的重大貢獻，除了瓷磚，後來還將指南針和火藥都引進了歐洲，在技術上帶動了大航海時代。

聖本篤火車站的瓷磚畫展現了西元 1140 年的 Valdevez 戰役，12 世紀時 Egas Moniz 騎士和阿方索·恩里克斯的會議，以及西元 1387 年葡萄牙國王約翰一世（João I）抵達波多的盛況。約翰一世娶了英國 Lancaster 第一公爵的女兒菲莉琶（Philippa of Lancaster），促成了葡萄牙和英國之間的長期軍事聯盟，這個聯盟是世界上最古老的軍事聯盟，即使英國脫歐，英葡聯盟仍然有效，英葡人民友好往來，相互在對方國家定居，J.K. 羅琳在 1990 年代初從英國到葡萄牙工作並定居，其實在瓷磚之上緣分早已注定。

波多主要的歷史事件都在這些精美的瓷磚畫面上一一呈現出來，瓷磚上的人物逼真而傳神，服飾裝扮聰靈生動、眼神姿態栩栩如生。

2020 年 3 月 18 日

67
海權，只有大海知道

　　里斯本最具國家榮耀的地方是發現者紀念碑，紀念碑是在航海家恩里克王子（Infante D. Henrique）逝世 500 週年之際建的，為紀念恩里克王子並表彰他的功勛，葡萄牙政府於 1960 年在特茹河北岸建起了這座「獻給恩里克和發現海上之路的英雄們」的紀念碑。這座龐大的白色紀念碑就建在貝倫區的港口，在達伽馬們當年出發的地方，向全球最早的海上霸權司令部致敬。紀念碑高 52 公尺，正面造型是一把出鞘的劍，頂天立地；側面的造型如同一艘葡萄牙傳統的卡拉維爾帆船。大航海時代的總設計師恩里克王子站在船頭，帶領兩邊各 16 位在地理大發現中最具影響力的葡萄牙人，有航海家、導航員和傳教士，發現好望角的迪亞士（Bartolomeu Dias）、繞過好望角達到印度的達伽馬（Vasco da Gama）和開闢環球航線的麥哲倫都在其中。就是這三個葡萄牙人和一個義大利人哥倫布組成了大海航時代功勛版的 F4。

　　我上過紀念碑的頂部，夏日的微風中遠眺特茹河的出海口，河對面山上有耶穌張開雙臂的聖像，另一邊過了馬路是傑羅尼莫斯修道院，這個修道院的建設資金來自當年新航路開闢後香料貿易繳納稅款，按稅款的 5% 提取建設基金。西元 1498 年，瓦斯科‧達伽馬繞過好望角，抵達印度的科澤科德，成為歷史上第一位從歐洲航海到印度的人，從此葡萄牙開始和印度的香料貿易。香料貿易頭號功臣達伽馬的墓地就在修道

院內。修道院附近有世界上最早的蛋塔店，擠滿了東方來的打卡吮指之人。在將近 20 層樓的高度俯瞰地面，可以看到地上的大理石世界地圖上站了許多人，地圖上標記著大航海時代葡萄牙的豐功偉業，當時葡萄牙殖民的勢力範圍差不多就是 1.0 版本的日不落帝國。

我下去找到了澳門的標記，寫著「MACAU 1514」，西元 1514 年應該是葡萄牙人首次登陸澳門的時間，葡萄牙人從明朝廣東地方政府獲得澳門居住權是西元 1557 年，最終殖民合法化是西元 1887 年的《中葡里斯本草約》、《和好通商條約》，葡萄牙在歸還澳門的過程中表現得非常友好和配合，澳門至今仍發揮葡語地區與中國交流的橋梁作用。

看過幾處「世界盡頭」，最早去三亞的天涯海角，繁花似錦；最近去的烏蘇懷亞，雪山白頭；而那一年去的羅卡角，風雨交加。

羅卡角，位於北緯 38° 47'，西經 9° 30'，那裡有一塊石碑，葡萄牙國寶級的詩人賈梅士（Luís Vaz de Camões）在此吟誦「陸止於此，海始於斯」，在沒有發現美洲之前，這裡是名副其實的「世界盡頭」。我們從歐亞大陸最東端的上海，到達最西端的羅卡角，適逢一陣疾風驟雨，點點在心頭。深色的大西洋邊亂石穿空，驚濤拍岸，捲起千堆雪，「江山如瓷，吹彈得破」的感覺油然而生。

葡萄牙的人居歷史可以追溯到西元前 6000 年，3,000 年前北方的凱爾特人融入，然後是希臘人和迦太基人融入，西元前 1 世紀，此地被一路向西進攻的羅馬人征服。在里斯本至今還有古羅馬皇帝奧古斯都（屋大維）修建的羅馬劇院遺址，特茹河北岸屹立著羅馬人在 2,000 多年前所建的聖若熱古堡，羅馬柱在後代建築中也被廣泛使用。羅馬在這裡統治了近 500 年的時間，羅馬是最早的歐共體，亞平寧半島上的風風雨雨很快就能吹到這裡。羅馬人使用的拉丁語經過簡化，逐漸替代了原來的方

言，成為當地人的日常用語，並在此基礎上形成了葡萄牙語。羅馬法隨著羅馬人的統治傳到伊比利半島，成為今天葡萄牙和巴西法律的基礎。西元前 29 年，奧古斯都大帝正式征服了伊比利，並將其分為三個省，終於鞭及歐洲盡頭，將最西端的羅卡角收入羅馬版圖。

2020 年 3 月 22 日

68
葡萄牙復興之路上的獨裁者，強光有些刺眼

　　論及大航海時代，葡萄牙的四大天王已經全在發現者紀念碑上，恩里克王子、迪亞士、達伽馬、麥哲倫是一大批傑出的航海家代表。從 15 世紀初直至 16 世紀，葡萄牙帝國在亞非拉奪取和占領的殖民地是本國面積的 110 多倍。在長達 500 年的殖民活動中，大量的財富流向里斯本，葡萄牙在這一時期達到全盛。

　　從紀念碑可以步行到貝倫塔，這個塔建於曼紐一世（Manuel I）時期，整個塔身全部用大理石打造，西元 1500 年初建時是扼守里斯本門戶的要塞，後作為地理大發現的起點，19 世紀被用作海關、電報站、燈塔，甚至作為監獄使用，現在是博物館。貝倫塔在 1983 年被列入《世界遺產名錄》，是里斯本的地標之一。我第一次見到貝倫塔時，坐在行駛的車上，看見 500 多歲的貝倫塔映襯著塔外草坪上一群十幾歲的踢球的孩子。貝倫塔見證過無數少年的出發，「那時的我們，就像今天的你們」。

　　葡萄牙足球每一次向巔峰衝擊之時，媒體都會搬出大航海時代，有時候還會呼叫一下貝倫塔作為背景，從尤西比奧、黃金一代直到 2016 年 C 羅領銜的綠茵軍團成為歐洲冠軍，大航海時代都影影綽綽在那裡。世事如棋局局新，屬於葡萄牙的全盛時代已經過去了 500 多年，如今葡萄牙只是歐盟 27 國之一，要說全面復興全盛時代幾無可能，滄海桑田令人感慨。但是在某些局部，一些星火般的璀璨，仍可以讓人們想起她的花

樣年華。1998年里斯本舉辦了世博會，2016年葡萄牙人在巴黎奪得歐洲盃，我在里斯本足球公園參加過葡萄牙人慶祝奪冠的盛典，500多歲的貝倫塔在電子螢幕上一閃而過。

俄羅斯修憲讓普丁（Putin）可能連任到84歲，普丁48歲執政，如做到84歲，將創下執政36年的紀錄。不過太陽底下沒有新鮮事，在普丁之前，葡萄牙人安東尼奧·德·奧利維拉·薩拉查（António de Oliveira Salazar）曾經統治葡萄牙36年，他也在總理、總統、總理間不斷轉換角色，從上任時即宣布國民聯盟為葡萄牙唯一的合法政黨，實行以他為首的一黨專政開始，家長制被作為理想價值觀大肆宣傳，上帝、祖國、家庭都被用來作為政權號召民眾的工具，透過祕密警察實現對全國的嚴密監控和修建大型公共基礎設施帶動經濟，透過大型公共工程的包裝，直至為葡萄牙塑造出一個令民眾滿意的貌似強大的政府。薩拉查於1970年去世，他所建立的長達幾十年的獨裁統治在四年後的「康乃馨革命」中崩潰。

有意思的是，2007年葡萄牙廣播電視公司的一個節目發起的兩個活動中，評選葡萄牙歷史上「最偉大的人」和「最糟糕的人」，薩拉查在兩個截然相反的投票中全部高居榜首。引用一位高中生的話說：「很多時候問題並非在於過度關注黑暗，而恰恰在於我們過度熱愛光明了 —— 乃至讓這種強光損害了我們的視力。」對於以一個復興為名義的統治者，不同角度的視角會得出完全不同的結果。

2020 年 3 月 21 日

69
春光仍現，見怪不怪

　　陽光是大自然對里斯本的恩賜，里斯本是地中海式氣候，受大西洋暖流影響，氣候良好，冬不結冰，夏不炎熱。1月、2月平均氣溫為8℃，7、8月平均氣溫為26℃。全年大部分時間風和日麗，溫暖如春，舒適宜人。春季更是陽光充沛，只有少量時間降雨，氣溫大約是10℃至27℃。剛剛過去了溫和多雨的冬天，在炎熱乾燥的夏天到來之前，怎捨得放棄明媚的春光呢？歐亞大陸這一頭中國長三角的老師在油菜花田直播，另一頭的里斯本顯然也沒有投降。飄風不終朝，驟雨不終日。孰為此者，天地。天地尚不能久，何況於人乎？

　　羅卡角邊上是辛特拉山，山谷中遍布皇家宮殿與貴族莊園，北京西郊有三山五園，聖彼得堡有夏宮，概念差不多。蒙塞拉特莊園1995年被列入世界文化遺產，莊園很大，要走很久，主建築是奇特的摩爾風格，有點像祈年殿和清真寺的合體。莊園是英國人建的，18世紀的歐洲流行過一種詭異的園林風格，據說源頭還是中國的嶺南園林，新、奇、巧、怪，當時的中國只有廣州的十三行與外國做生意，英國人做完貿易在嶺南遊逛，把偏門當作正道，學去在辛特拉發揚光大也可以理解。

　　所以就有了這麼一座建於19世紀神祕的莊園，莊園裡隱約能看到海，陽光好得睜不開眼，這裡離里斯本20多公里，不知道算不算「短途出遊，享受戶外時光」的範圍？這個景點是我們去辛特拉王宮買25歐

元的聯票時包進來的，也算是意外的收穫，後來查中國國內出版的旅遊指南推薦指數和觀光指數都只有三顆星，顯然是被低估了。聯票還包括貝納宮，王宮輝煌，但襯王權冷酷；城堡浪漫，卻帶幾分蕭殺；莊園輕鬆，然最像家。

只是這個英國人打造的家太有個性。莊園具有「詭譎園林風」，有一人高的蘆薈、成林的獨木、造型很魔幻的樹，腳下綠苔、頭上藤蘿，耳畔還有水聲，要不是我們一行八人浩浩蕩蕩且時不時被陽光灑滿一身，習慣了小橋流水、舞榭歌臺、雋永退思的江南園林，猛一看會覺得這是誰在搞怪啊！據說這個莊園深受英國藝術愛好者、小說家和怪人貝克福德（William Beckford）的喜愛，貝克福德以寫哥德式小說《瓦提克》（Vathek，西元 1786 年）出名，小說中的魔幻場景一定在辛特拉找到共鳴了。英國詩人拜倫（George Gordon Byron）還在此短住過，在詩中盛讚其為「輝煌的伊甸園」。英葡擁有世界上最古老的軍事聯盟，關係親近，從這個莊園也能看出端倪。

2020 年 3 月 23 日

70

上帝之鞭與基督教之盾：整個歐洲像經歷了一場噩夢

　　絲路行寫了 22 篇，平路易行寫了 44 篇，兩行路交叉過數次，如果說馬可‧波羅是一個貫穿東西的人物，那麼匈奴則是無問西東的群體。在漫長的歷史歲月裡，歐亞兩個板塊大多數時間是平行的世界，最經典的時光是西方有羅馬，東方有漢，而匈奴和兩邊都打團體賽。

　　〈去病〉寫到的霍去病，西元前 140 年出生，17 歲奇襲匈奴，封「冠軍侯」，19 歲指揮兩次河西之戰，殲滅和招降河西匈奴近 19 萬人，把匈奴徹底趕出河西走廊，後漠北之戰又消滅匈奴左部主力 7 萬餘人。匈奴連失祁連山、焉支山，分裂為南北二部，南匈奴融入大漢，北匈奴被逼西進，擊敗東、西哥德人之後多次攻入東羅馬。西元 434 年，匈奴在其國王阿提拉（Attila）率領下第一次劫掠西羅馬，西元 452 年，再度逼近羅馬，西羅馬看看實在打不過，就派教宗良一世（Leo PP. I）去和匈奴講和，恰逢匈奴軍隊內部發生瘟疫，終於羅馬得以保全。良一世去世 1,000 年後，教宗儒略二世（Iulius PP. II）命拉斐爾負責在梵蒂岡教宗宮的牆上畫一組〈教廷創始及鞏固〉的壁畫，其中第四幅是〈偉大的良一世會面阿提拉〉。西元 453 年，阿提拉去世，匈奴帝國隨之瓦解。但匈奴因為驅逐了包括日耳曼民族在內的各民族而引起各民族的大遷徙，而被稱為「上帝之鞭」，鞭鋒所及，斯維比人、阿蘭人被迫遷往伊比利半島，也就是現今的葡萄牙和加利西亞地區。斯維比人定居葡萄牙後不久，被

西哥德人征服,西哥德人成為葡萄牙的統治者。相容了斯維比人、阿蘭人、西哥德人和伊比利先民的西哥德王國成為第一個得到羅馬帝國承認的「蠻族」王國,也是葡萄牙在後羅馬時期埋下的歷史伏筆。

布達佩斯

　　2014 年,因為工作關係,我去了好幾次匈牙利,在布達佩斯英雄廣場留下了和橫刀躍馬的阿提拉雕像的合影,去了布達佩斯大教堂,對匈牙利的歷史有了全面的了解。西元 1000 年,史蒂芬一世(Stephen I of Hungary)正式皈依基督教,並被教宗加冕為第一位匈牙利國王,原本流

散於草原上的游牧民族正式成為基督教世界的一分子，成了歐洲抵擋蒙古和伊斯蘭的中堅力量，被後世稱為「基督教之盾」。

在離布達佩斯不到 17 公里的農場裡，拍到一群奔跑的野鹿，天蒼蒼，野茫茫，恍若回到那個沒有工業文明痕跡的時代，站在古原之上，匈奴人厲兵秣馬的情境自動接通。幾次去布達佩斯，我特地換了不同的航線，分別在德國、波蘭、荷蘭、卡達轉機，在航線圖上不同角度看著當年匈奴的進擊之旅。有時候我不禁問自己：如果沒有霍去病，是否就沒有「上帝之鞭」？沒有霍去病，還會有 500 年後阿提拉嗎？沒有阿提拉，葡萄牙甚至都不是現在的樣子。霍去病只活了 24 歲，突然就走了；阿提拉活了 47 歲，在他去世前 3 年，匈奴帝國版圖到了極盛的地步：東起鹹海，西至大西洋，南起多瑙河，北至波羅的海。而他死後，這個帝國迅速消失，整個歐洲像經歷了一場夢。

2020 年 3 月 24 日

71
明天的我們與今日大不相同，有信仰的人為明天戰鬥

確實，歐洲像經歷了一場夢。

如果說讓我寫這兩年兩條最短之路的遊記，我想有兩條很有儀式感的朝聖之路可以和大家分享。里斯本和里約熱內盧各有一尊基督像，很多人猜測曾經的宗主國葡萄牙的基督像為正宗，里約的為追隨。實際情況相反，里約的基督像落成於 1931 年，高 38 公尺，雙手張開達 28 公尺；里斯本基督像建於 1959 年，高 28 公尺，下方有一個 82 公尺高的門形底座。兩個基督像的造型都是基督張開雙臂的造型，遠遠望去像一個十字架，里約的基督像在山上海邊，里斯本的基督像在海邊山上。

去年，我上里約的科科瓦多山看基督像，從山下乘坐老火車上山，這條鐵路是以前為把建雕像所需的大塊石料運到山頂建的，石料經此軌道上山，變成了聖像。我穿過雨後森林中的綠洞透迤而上，雖然還是凡夫俗子，但精神也抖擻了許多（見〈里約熱內盧的心中槍林，上帝之城雲海裡的基督〉）。再早的時候，在里斯本碼頭，坐擺渡船到對岸，換乘巴士上一座小山，走到基督像下，可以回望發現者紀念碑和聖若熱城堡，這種眺望可以將過去的自己置身其中，當我在發現者紀念碑上對著特茹河南岸的聖像揮手的時候，也是向明天登上那裡的自己致敬。

《人類大歷史》（*Sapiens*）的作者尤瓦爾·哈拉瑞（Yuval Noah Harari），上週末在《金融時報》發表了一篇長文，他說：「是的，風暴將

過去，人類將繼續存在，我們大多數人仍將活著，但將生活在另一個世界中。」沒錯，明天的我們與今日大不相同。「當跑的路我已經跑盡了；所信的道我已經守住了。」——有信仰的人永遠會為明天戰鬥。

2020 年 3 月 25 日

72

國若城堡，處於一片驚悸的防禦之中

今年 1 月 11 日，聯合國祕書長安東尼歐·古特瑞斯（António Guterres）在他的家鄉里斯本舉行的「歐洲綠色之都 2020 開幕式」上發表演講。在獲得「2020 年歐洲綠色之都」獎後，里斯本正式啟動了由歐盟資助的可持續未來計畫。安東尼歐·古特瑞斯在推特上寫道：「祝賀里斯本成為歐洲 2020 年的綠色之都。我為我的家鄉成為一個更可持續、更包容、更綠色的經濟而進行的轉型感到非常自豪。」

很想念在歐洲綠色之都「易行」的日子，里斯本聖若熱城堡是全城的制高點，也是老城各路散步者最終可以彙集的高處，住頂層公寓的好處是除了能看海一樣的特茹河之外，回頭就能看到城堡。里斯本和溫州一樣，也是七丘之城，不過沒溫州那麼多風水講究，七座小山還能連成北斗狀，他們的丘比較難以識別，整個城市有很多斜坡，可能我就住在其中一個丘上。我第一次去里斯本就在城中一個很豪華的五星級酒店請櫃檯工作人員幫我在地圖上標注一下「七丘」，結果把他難倒了，他比較確定的是聖若熱城堡下的這個「大丘」，當然這個我也看得出來，其他的丘我看不出來，他也看不出來。

路過位於 Santa Justa 街上的聖朱斯塔電梯（Elevador de Santa Justa or do Carmo），很多人在排隊要乘坐這部 100 多年前的蒸汽時代就開始運行的電梯到位於半山的 Carmo 廣場去，那裡可以輕鬆走到聖若熱城堡。但

是完全步行也是很有趣味的，路上可以看到很多夢幻般的小旗，陽光在老房子的縫隙中灑下來，那種夏日午後的恍惚讓人著迷。許多遊客坐在各自認為最美或承托他們乏力時休息的身軀的臺階上拍照，每走完一批臺階，就會上到一條小街上，街上都是紀念品店和咖啡館或者酒吧、餐廳，如此幾番，就到了聖若熱城堡。

　　從聖迪尼斯時期到曼紐時期，城堡一直被作為王府，它先後被羅馬人、西哥德人、摩爾人和基督教徒占據，多次被當作葡萄牙的軍事、政府和行政機關中心，現在這裡還有城牆、炮臺、花園、池塘、天鵝或孔雀，還有很不錯的餐廳，是遊客散步，俯瞰里斯本古城和特茹河兩岸風光，撫今追昔的好地方。1940 年，薩拉查下令拆毀曼紐以後的一切建築。我們今天看到的城堡大部分是薩拉查時期建造的，城樓和城牆是用原城堡留下的石料修建的，原城堡還保留了一部分特別古老的城牆，那是西哥德人建造的。當年歐洲各民族被阿提拉的匈奴大軍擠壓到大西洋邊，在上一次上帝揚鞭之時，這裡曾經也處於一片驚悸的防禦之中。

2020 年 3 月 26 日

73

憑實力做過的厲害事，總有人憑運氣幫你記得

2018 年 8 月 17 日，坐輪椅到訪葡萄牙體育（之前叫里斯本競技）俱樂部，相比於本菲卡紅的霸氣，里斯本綠顯得十分清涼。

這家俱樂部是以足球為主的綜合性體育俱樂部，有拳擊金腰帶得主，也有奧運田徑獎牌得主，甚至還有乒乓球冠軍 Chen Shi Chao（陳仕超）。足球方面，他們沒有得過歐冠，但是在近 20 年培養出兩位世界足球先生，相當引以為豪，入門處即有菲戈（Figo）和 C 羅的大幅海報。21 世紀初的 C 羅成為俱樂部歷史上唯一一位在同一賽季同時參加 5 個不同級別賽事的球員，這一紀錄似乎預見了葡萄牙新球王的誕生。

因為輪椅枴杖加持，俱樂部安排了一位華人年輕人專門帶我及家人參觀俱樂部，年輕人是位「八年級」的香港人，在香港大學讀商科，喜歡足球，上網查發現葡萄牙體育有招實習生，就報名了，和他同批來實習的還有一位澳門女孩，各自在網路上報的名，之前並不認識，大家相會在葡京。

年輕人普通話說得可以，五大聯賽熟稔的，中超基本不看，對中國很陌生，我們邊走邊聊。聊到晚上的葡超聯賽，他說納尼 7 月回來了，現在是葡萄牙體育的隊長，那我說馬上買票，並請他一起看，順便可以一起聊聊球。為了聯絡方便，他還特地下載了微信，我們加了好友。

在葡萄牙體育的榮譽殿堂中看到北京隊的隊旗就像看到葡萄牙乒乓球運動員陳仕超的照片一樣，非常親切。低調的人生不算什麼，在歲月的長河中那些憑實力做過的厲害事，總有人憑運氣幫你記得。

陳仕超，廣州人，作為 1970 年代中國有名的乒乓球運動員，曾在國家隊與現任中國足協主席蔡振華並肩作戰。後來，陳仕超出國打球，在葡萄牙的召喚下，陳仕超最終決定留在里斯本生活，為當年的里斯本競技隊奪得不少榮譽，退役後當教練，在 1989 年－ 1990 年到 1994 年－ 1995 年賽季率隊奪得過 6 次國際比賽冠軍、5 次葡萄牙盃冠軍，後來還奪得 2014 年乒乓球歐冠冠軍。

陳仕超的夫人是入選過中國體操隊的鐘妍碧，兩個兒子陳佳裕和陳佳宏在里斯本出生。大兒子陳佳裕在 2016 年成為生於海外且改籍成功的華裔足球運動員，現效力葡萄牙科瓦彼達迪足球俱樂部；小兒子陳佳宏子承父業打乒乓球，在 2013 年葡萄牙全國青年錦標賽獲得亞軍，2014 年的南京青奧會，在男子單打比賽中闖入了 8 分之 1 決賽，2017 年陳佳宏在奧地利贏了中國全運會冠軍周雨。

2015 年陳佳宏還獲得葡萄牙總統頒發的恩里克王子勳章。恩里克王子榮譽勳章，用葡萄牙歷史上著名的恩里克王子（亨利王子）（見〈海權，只有大海知道〉）命名，是葡萄牙國家評審體系中最有聲望的獎項之一，專門獎勵對葡萄牙做出貢獻的本國和外國體育文化領域的人士。

2020 年 3 月 27 日

74

納尼：僚機的花樣年華

在 2016 年的歐洲盃上，葡萄牙球員納尼進了三個球，是葡萄牙奪得歐洲盃的大功臣和 C 羅的親密戰友。這一屆歐洲盃波詭雲譎，夸雷斯馬（Quaresma）（1983 年）、C 羅（1985 年）、納尼（1986 年）交相輝映氣象萬千，最終齊登絕頂。這三人是少年時的朋友，2016 年歐洲盃最終成了他們闊別 N 年又一春，歸來仍是少年的聚會。

納尼和 C 羅都出自里斯本青訓，同時效力過曼聯和葡萄牙國家隊。納尼前天還在對媒體說：「克里斯蒂亞諾·羅納度，他腳下很快，花招很多，都是在青年隊的時候我教給他的。」—— 相信這不是吹牛，一來 C 羅本來就好博採眾長，二來納尼身體特質特別好，創新動作確實多。納尼在曼聯每次進球後都會做出一連串的空翻動作慶祝，英國媒體將其稱為「死亡之舞」，這個動作相信全葡萄牙隊沒人敢學。

C 羅目前在葡萄牙的 164 場國家隊比賽中打進了 99 粒進球，本來應該是 100 個，納尼在 2010 年對西班牙的比賽中在越位位置立功心切頂頭冒進，將 C 羅射門馬上過線（有說已經過線）的可能成為當年最精彩的進球補了一下而被判進球越位，成了一個幫倒忙的公案。不過朋友之間這些都是一笑而過的事，2016 年歐洲盃比賽，納尼充當了 C 羅的僚機，結果 C 羅 3 球 3 助攻，納尼 3 球 1 助攻，C 羅將因助攻數多而獲得的歐洲盃銀靴送給了納尼。當天，我在里斯本足球公園參加奪冠慶典，看到他倆在臺上和教練桑托斯（Santos）在嘀咕，不知道是不是扯這事？

里斯本

里斯本球場與香港實習生

歐洲盃奪冠遊行

葡萄牙體育主場看球

　　所以我一聽說納尼回葡萄牙體育立刻要去看比賽，2018 年世界盃納尼沒有入選國家隊，葡超聯賽應該也是看一場少一場，果不其然，在里斯本看完納尼的比賽不到半年，他轉會去了美職聯奧蘭多城隊，簽約三年，準備住貳代公寓養老了，這是後話。

　　話說 2018 年 8 月 18 日晚，我到了里斯本何塞·阿爾瓦德拉球場，和香港年輕人約好在某個門見面，我們從一個工作人員走的門進去，票也是需要驗的，包括工作人員的票，位置不錯，出入方便，連工作人員扮演的吉祥物——一隻行走的獅子的臉都看得很清楚。坐定不久，球員

227

入場，納尼是隊長，還是穿 17 號，這也是他當年在國家隊的號碼。教練席在我位子的下方，2019 年率佛朗明哥隊奪得自由盃的喬治·傑蘇斯先生當時坐在那裡（2019 年 10 月 20 日在馬拉卡納球場里約熱內盧同城德比中我又遇到他，見〈冠軍的殿堂〉），排程有方，他遣上的 77 號吉爾森·馬丁斯（Gelson Martins）活躍靈動，和前輩納尼一樣，也是維德角出生，擁有維德角和葡萄牙雙重國籍，像更年輕的納尼。納尼進的第二個球，就是馬丁斯右路助攻，納尼頭球破門得手。一個多月前，馬丁斯參加了俄羅斯世界盃，大有後浪推前浪，前浪倒沙灘的勢頭。

這場比賽的對手是塞圖巴爾，客隊屬於葡超中游球隊，但發起狠來和本菲卡也能打平。納尼本場比賽發揮甚佳，第一個進球是接隊友邊線傳球，倒腳之後個人突進，轉身在禁區左側一個對方兩人夾擊中很彆扭的位置完成射門，身體的柔韌性秒殺全場。第二個球是頭球搶點，中間還有一次爆射擊中門柱，作為第二次歸來葡萄牙體育的新隊長，這場梅開二度的比賽亦有幾分昔日重來的味道。

在里斯本看歐洲盃決賽

　　這場比賽最終以葡萄牙體育 2：1 塞圖巴爾收場，應該是教練喬治·傑蘇斯十分滿意的比賽，對備戰下週里斯本德比想必很有價值。此戰一週後我已經回到上海，葡萄牙體育客戰本菲卡，第 64 分鐘，依然是納尼首開紀錄，在勝券在握的情境下，在第 86 分鐘被替補上場的本菲卡小將若奧·菲利克斯（João Félix）絕平，當時菲利克斯在葡超聯賽的出場時間總和還不到 20 分鐘，同時這個 1999 年 11 月出生的孩子也創下了里斯本德比最年輕進球者的紀錄。

　　為什麼我這麼看好 2021 年歐洲盃葡萄牙衛冕呢？看一看納尼的 2018 年就知道這些年輕小將的成長。歐洲盃整整延後了一年，對於年輕人來說，正好是更成熟的一年，而歲月在 C 羅的身上沒有那麼明顯的痕跡，納尼退出了，但新的僚機群在生成之中。

2020 年 3 月 28 日

75

007 的誕生 ─ 從卡薩布蘭加到卡斯凱什

　　007 是英國的象徵之一，就像《007：生死交戰》（*No Time to Die*）預告片中說的一樣，是這個國家重要的資產。2012 年倫敦奧運會開幕式中，英國女王與 007 共同演出了一部「微電影」，女王還帶上她的兩隻愛犬一起出鏡。但從某種意義上說，007 和哈利波特並無分別，都是英國人的創作，前者是麻瓜世界的英雄，後者是魔法世界的鉅子。哈利波特小說誕生在波多，而 007 始創於里斯本，確切地說是里斯本大區的卡斯凱什市（Casicais）。

　　卡斯凱什市位於葡萄牙首都里斯本市以西 30 公里，從里斯本坐火車可達，從羅卡角回來也正好可以路過，旅遊業發達，是葡萄牙著名的海濱旅遊勝地。龐德（James Bond）系列小說的作者伊恩·佛萊明（Ian Fleming）在「二戰」期間是英國著名的特務，卡斯凱什是他工作的主要地點。佛萊明的多部 007 小說包括開篇之作《皇家賭場》（*Casino Royale*）就在卡斯凱什的「太陽酒店」裡完成。

　　卡斯凱什曾是一個漁村，後世有 007 小鎮之名。「二戰」期間的葡萄牙是為數不多的幾個歐洲中立國之一，偏安一隅的卡斯凱什便成為各國特務竊取情報的集散地，當時的卡斯凱什被稱為「間諜中心」，是名副其實的「諜都」，此處諜影重重、撲朔迷離，在燈紅酒綠中隱藏著刀光劍影。奧斯卡著名電影《北非諜影》（*Casablanca*）中，銳克（Rick Blaine）

對伊莉莎（Ilsa Lund）的深情讓他選擇犧牲自己的幸福成全戀人，在卡薩布蘭加的機場，銳克擊斃了阻止維克多（Victor Laszlo）和伊莉莎離開的德國少校，目送著自己最愛的女人奔向自由。那架飛機的目的地就是里斯本，英格麗·褒曼（Ingrid Bergman）主演的伊莉莎顯然將隨夫前往卡斯凱什。

　　卡斯凱什的核心區步行可以走遍，從火車站走過去即可，正好是用餐時間，路過一個廣場，邊上有許多餐廳，鱈魚加點橄欖油，餐後再吃個冰淇淋，非常愜意。里斯本的氛圍和其他大城市比，已經夠放鬆了，但到了卡斯凱什，還得再減兩檔，更慢生活一些。鎮上還有馬車，和貌似健身教學網站上跑下來的跑步者，笑評「應該不是特務，不然這麼招搖很危險」。廣場上可以看到遠處的城堡和近處的沙灘，沙灘對著大西洋，拾步就到，與酒店的私家沙灘不同，此處人氣很旺，路過戲水的人多，有一些很上鏡的怪石。

　　從沙灘邊上上去就是古鎮的小街，穿過小街走到大路上，有摩托車在古堡邊上飆過。古堡建於 16 世紀，是當時的國王費利佩一世（Felipe I）為保護卡斯凱什而建造的，是保衛里斯本的堡壘之一，可以進去參觀。卡斯凱什還有一個海洋博物館，雖以海洋之名，展品也是有偏重的，有各式船的模型，畢竟 007 是英國人的創作，而大航海時代，才屬於葡萄牙人自己。

2020 年 3 月 29 日

76
比葡萄牙 F4 更早的大航海家

葡萄牙殖民帝國的年表是從西元 1415 年到 1999 年。從西元 1415 年約翰一世和恩里克王子親自率領軍隊征服非洲西北角的休達開始，到 1999 年 12 月 20 日退出澳門為止，長達 584 年。

殖民步伐和大航海發現同步，基本上是船走到哪裡殖民就到哪裡，和鄭和七次下西洋沿途送景德鎮瓷器的作風完全不同。鄭和下西洋始於西元 1405 年，終於西元 1433 年，歷經 30 多個亞非國家和地區，最遠到達非洲東海岸和紅海沿岸，是當時世界航海史上空前的壯舉，非洲東海岸距離好望角只有一步之遙，繞過去可以反向到里斯本了。西元 1405 年鄭和第一次下西洋時，從太倉劉家港出發，62 艘海船（稱為「寶船」）首尾相連長達 10 里，隨行水手、士兵 27,800 人，規模遠遠超過葡萄牙大航海時代的船隊而且武力強大，但中國船隊從不侵略更不殖民，每到一地，先向當地的國王、酋長宣讀明朝皇帝的詔書，然後送禮。天朝大國的譜一擺好，面子上當然沒話說了，各地小邦得了實惠，雖然也有回禮，但似乎送多回少。送去絲綢、瓷器、鐵器和金屬貨幣，交換些香料、珠寶和珍奇異獸回來。七次下西洋，應該花了不少錢，永樂盛世自然承受得了這些費用，後來財政吃緊，也就不再下西洋了，像做了一場航海的夢。

　　葡萄牙航海家迪亞士發現好望角歸來，再次出發發現巴西後返回時四艘船被海浪淹沒，自己也犧牲了；達伽馬船隊第一次到達印度途中飽受壞死病的折磨，回來的船員不到出發時一半；而麥哲倫本人死於首次成功的環球旅行的途中。與以上情況相比，最早出發的鄭和先生華服威儀，艦隊從容不迫，補給充分，幾乎都是歌舞昇平，三保太監似乎掌握了航海的黑科技，每次都是高高興興上班，開開心心回家，連抗疫都是第一名。鄭和船隊雖然花了些錢，但成果也是卓著的，在其到達的 30 多個國家和地區中，大多數向明朝派遣了使團，甚至還有國王親自來的。西元 1417 年，蘇祿國三王率眷屬及侍從 340 人造訪中國，回程途徑德州時，權力最大的領導核心東王意外病逝，直接就安葬在德州了，他的部分家眷就住了下來，至今還有後代在德州北部生活。

　　2005 年我從北京自駕回威海，特地在德州住了一晚，第二天一早去蘇祿王墓看了看，這是一個非常冷門的景點，沒有配套的停車場，神道也當行車之用，車子可以直接開到神道盡頭。蘇祿王墓仿明制，但神道、御碑亭比之明朝皇帝陵墓配置都小了兩個號。鑑於蘇祿王國是伊斯蘭教國家，還貼心地配建了清真寺，沒有看過當年蘇祿王遞給明成祖的〈金縷表文〉，應該有稱臣之意吧！

　　鄭和是雲南昆明晉寧人，2010 年我到昆明考察專案，特地去了晉寧鄭和公園，公園建在山上，有很高的臺階，園內有「鄭和紀念館」和「鄭和父親馬哈只墓」。鄭和是回族人，祖父和父親都是穆斯林，曾到達麥加朝聖，被人們尊稱為「哈只」（阿拉伯語意為虔誠而有教養的人）。「鄭和故里專案計畫書」提到要建一個「1421 環球航海廣場」，是因為英國退休海軍軍官加文・孟席斯（Gavin Menzies）出了本書《1421：中國發現世界》（*1421: the year China discovered the world*），他認為中國人最

早繪製了世界海圖，鄭和船隊最先到達美洲大陸，鄭和是世界環球航行第一人。孟席斯先生 1937 年生於中國，後加入英國皇家海軍，1968 年擔任「鰩鯨」號潛艇艇長，被授予海軍中校，執行全球航行訪問任務。在皇家海軍的服役期間，他曾率艦沿著世界上偉大的航海家哥倫布、迪亞士、卡布拉爾（Cabral）和達伽馬的航線行遍世界。退伍之後，他曾多次走訪中國與亞洲各國，專注於中國明代鄭和航海的調查與研究，他的主要證據是航海圖，並運用了考古學和人類學等新的研究視角和方法參考。他前後研究了 14 年，足跡遍及 120 個國家，拜訪了 900 多家圖書館、博物館和檔案館，按照他的論證，鄭和艦隊確實反向繞過好望角到達過里斯本。孟席斯先生現住在倫敦北部，祝願他一切安好。

2020 年 3 月 30 日

77

發現巴西：世事一場大夢，史海幾番浮沉

　　葡萄牙是每一次航海都滿載而歸，每一次靠岸都是殖民的前奏，每一次先予必是後取或者直接就取，都是實打實毫不客氣地收割，如此反覆，收割了多年的韭菜之後，就順理成章地成了世界第一大國，從巴西、印度源源不斷地運回黃金、香料，從非洲運回奴隸，這些一本萬利的事，竟然樂此不疲地做了幾百年。

　　上篇說到 F4 之外的航海家卡布拉爾，西元 1500 年率領 13 艘艦船和 1,200 名船員，沿著達伽馬開闢的印度航線前往印度。不料，他們在繞過好望角的時候，為避開殺人的海浪，企圖兜遠一點，正好遇上強烈的東南海風，竟然飄到了南美。在中國航海史上也發生過類似的事，唐朝鑑真第五次東渡日本時，被風吹到海南島。大難不死，必有後福，鑑真第六次終於東渡成功，西元 754 年 3 月 2 日在盛大隆重的歡迎下進入日本首都奈良，山川異域風月同天的故事得以圓滿。而卡布拉爾的結果是發現了歐洲人從來不知道的巴西，葡萄牙最終擁有了一個可以收割幾百年的寶庫。

　　卡布拉爾在巴西東海岸的塞古魯港豎起了有葡萄牙王室徽章的十字架，回去覆命，王室立即派了一支部隊，以確保葡萄牙對巴西的占領。此後大量葡萄牙人移民巴西，在巴西出口巴西木、種植菸草和甘蔗，攫取了大量的財富。

　　西元 1578 年，葡萄牙因國王塞巴斯蒂安（Sebastião）發動「三王之戰」企圖占領摩洛哥後失敗，元氣大傷，塞巴斯蒂安在戰爭中溺死於馬哈贊河（民間傳說他只是失蹤）。由於沒有合適的王位繼承人，西元 1580 年 6 月，葡萄牙被西班牙乘亂占領，殖民大國被鄰居抄了後院，這亡國奴一當就是 60 年。西元 1640 年西班牙加泰隆尼亞地區發生叛亂，葡萄牙人亦趁亂豎立塞巴斯蒂安必將回來的信念發動獨立戰爭，獲得勝利。17 世紀末到 18 世紀，巴西黃金的發現給了剛剛從西班牙的統治下獨立出來的葡萄牙復興的機會，貝德羅二世（Pedro II）立即宣布黃金國有，黃金的開採帶動畜牧業、捕鯨業、菸草種植業、製糖業的發展。迎面撞上黃金時代的葡萄牙王室甚至都有將首都遷往里約的想法，每年巴西開採的黃金占了世界黃金產量的一半，葡萄牙踏上國運昌盛之路。

　　葡萄牙每年從巴西掠走 17,000 公斤黃金，這使葡萄牙王室一夜暴富，也使里斯本成為歐洲各地商人和投機家冒險的樂園。里斯本港口通常有 400 艘至 500 艘貨船停泊在那裡，很多船由於找不到泊位不得不駛向桑托斯港，由此可見里斯本當時港口貿易之興盛。在航海時代的全盛時期，葡萄牙不僅在亞洲、非洲、美洲擁有大量的殖民地，而且在經濟、政治和文化發展上也遠遠超過歐洲其他國家，成為首個海上強國。

　　巴西黃金資源枯竭以後，又發現了鑽石，王室的奢華富裕又延續了很多年，里斯本布滿巴洛克風格的富麗堂皇的建築。馬夫拉宮殿群和科英布拉大學圖書館成為這一時期優秀建築的代表。若翰五世（João V Rei de Portugal e Algarves）建了規模龐大的羅馬高架引水渠把山泉引進里斯本，為自己贏得了「心胸寬廣者」的稱號。里斯本繼續以其世界性的航海貿易、殷實的財富和虔誠的宗教信仰著稱於世，成為與倫敦和阿姆斯特丹齊名的大都市，也是當時歐洲最大的城市之一。

　　至西元 1755 年，里斯本已有 40 所大教堂、90 所修道院、121 所教會和 150 個宗教場所。高聳的聖保羅大教堂、聖尼古拉斯大教堂、傑羅尼莫斯教堂等夾雜在大廈中間，這一場景是里斯本作為宗教城市的真實寫照，但上帝還是安排收走了一切。西元 1755 年 11 月 1 日萬聖節，一場突如其來的大地震和海嘯降臨里斯本。地震有感半徑達 200 公里，導致的海嘯浪高 30 公尺，英、德、法三國海岸帶均受其害，巨大海浪甚至到達北美洲東岸。破壞里斯本房屋 1.5 萬所，占全市房屋的 4 分之 3。這是人類史上破壞性最大和死傷人數最多的地震之一，死亡人數高達 6 萬至 10 萬人。

　　雖然現在走在里斯本城中，依然能感受到大航海時代葡萄牙的輝煌與榮耀，但已很難找到擁有 260 年以上歷史的完整的建築，可謂世事一場大夢，史海幾番浮沉。

2020 年 3 月 31 日

78
災後重建，讓一切美好回來

　　「七丘之城」里斯本的兩個丘是很容易辨別的，除了聖若熱城堡之外，愛德華七世公園（以到訪葡萄牙的英王命名）也在一個高坡上。公園頂上有一面很大的葡萄牙國旗迎風招展，公園盡頭是里斯本重要的環形廣場龐巴爾侯爵廣場，廣場中央一組群雕托起一根巨大的圓柱，頂部是龐巴爾侯爵（Marquês de Pombal）的銅像，一隻獅子在他的身邊，侯爵面向龐巴爾下城，長1.2公里寬90公尺的自由大道一直延伸到光復廣場（為了紀念西元1640年葡萄牙擺脫西班牙60年的殖民統治而建），然後到海邊。

　　龐巴爾侯爵在西元1750年至西元1777年任葡萄牙首相，西元1755年地震發生之後，里斯本處於一片驚慌之中，許多人只是混在這個歐洲大都會蹭口飯吃，沒承想見證了歷史。因為地震造成的損失太大，連國王也不知如何應對。葡萄牙沒有「多難興邦」的典故可以說，教會認為是上天給所有民眾的懲罰，因眾業使然，故人心惶惶。有著「改革者」稱號的若瑟一世（José I）其實沒太多主意，他看著滿目瘡痍的城市，一度想要遷都。直到侯爵將複雜問題簡單化，歸納出兩條重建真言：「妥善安葬死者，保全並安置生者。」若瑟一世得以從一團亂麻中理出頭緒，放心將災後重建工作交給首相龐巴爾侯爵處理。

　　災後社會動盪不安，各個階層都有不同的應對方式。舉家遷出的富

人有之，趁火打劫的惡人有之，工商業者為復產憂心，教會和貴族們為安置工作四處奔走……侯爵首先派人滅掉城中的大火，下令搶救傷員，將地震中的死者全部搬運到幾艘大船上進行水葬，並派人清理城內的廢墟並消毒，以防爆發瘟疫。實施半軍管，軍隊駐紮在城郊維持秩序，防止老百姓四處奔逃；為了震懾不法分子，侯爵在市中心立起幾個絞刑架，幾十個搶劫犯被處決，隨即控制了混亂的局面。

　　侯爵就像當年彼得大帝（Peter the Great）建設聖彼得堡一樣，拿出新建一個首都的姿態，一個嶄新的城市從王宮、政府辦公大樓、商業中心、居民大樓乃至公共廁所、排水管道均詳細地描繪在新里斯本的宏偉藍圖之上。他在原王宮的地址上修建了貿易廣場，把有知遇之恩的若瑟一世騎馬雕像放在廣場中央。廣場北面建了奧古斯都凱旋門，頂部中央是「榮耀之神」，手持兩頂冠冕，分別為兩側的「美德」和「勇敢」加冕。頂部雕像的下方是葡萄牙王室的徽章，徽章兩側，從左至右分別站著抵抗羅馬擴張的領袖維里亞托（Viriato）、航海家達伽馬、主持災後重建的首相龐巴爾侯爵和葡萄牙的獨立英雄佩雷拉（Pereira）。左右兩旁還斜臥著特茹河河神和杜羅河河神。我多次來到這裡，一次是從這裡步行到世博區的海洋館；一次是歐洲盃的時候這裡是一個露天的觀賽場地；還有夜色闌珊之中從行人徒步區走出來，不經意就凱旋了。這個凱旋門是寓意好又很親民的，在門對面的特茹河上，大型的遊輪也可以靠岸。

　　龐巴爾侯爵主持災後重建時派人對各地的地震情況展開調查並作了詳盡的紀錄，他掌握了一手的資料，做了妥當的分析和推理，被視為現代地震學的先驅，許多啟蒙運動的思想家如盧梭（Rousseau）、康德（Immanuel Kant）、伏爾泰（Voltaire）等，都對這場地震十分關心，推動了現代地震學的誕生和自然科學的發展。

　　此役勝，照汗青。龐巴爾侯爵的雕像不但上了凱旋門，而且單獨站在了愛德華七世公園前的環形廣場，在他站立的圓柱下面，是一組群雕，有人掙扎著從廢墟中爬出，一邊的男子拉著載重的馬車前行，另一邊的女子拉著兩頭復耕的牛，還有一位女神舉著什麼立於船頭，顯然是重建生活的場景，侯爵身旁的獅子順從地站著，這是國王賦予他的權力象徵。龐巴爾讓里斯本從廢墟上站了起來，城中新開了很多的商舖，把老王宮變成了貿易廣場，一個貴族的城市變成了資產階級自由化的城市。當君主信任他的時候，他幾乎成了獨裁者，甚至可以為推行改革措施實施恐怖政治；而當若瑟一世去世之後，他立即失去了權力。一切都塵埃落定之後，最欣慰的還是站在凱旋門上的自己，與賢者同立，以河神為鄰，看日昇月落，聽海潮之聲，在他頭頂左上方「榮耀之神」為災後重建中表現出的「美德」和「勇敢」加冕，「重建這一切」是他一生中最耀眼的回憶。

2020 年 4 月 1 日

79
葡國魂：憤青、詩人、國父

　　十年前的秋天，我帶父母遊歷澳門，正巧那天是澳門特別行政區政府總部開放日，就進澳門民政總署大樓參觀了一番，瓷磚和綠色點綴的老大樓裡面有個小花園，花園裡有葡萄牙國父賈梅士的雕塑，在和他合影時，粗心的我並沒有發現他只有一隻眼睛。

　　很快三年時間過去了，在里斯本開滿了藍花楹的五月，我第一次去葡萄牙，當穿過著名的羅西烏廣場時，發現了一個小廣場，老朋友賈梅士站在那裡，整座城市被源自南美洲的藍紫輕霧環繞，像一首詩，填滿了越洋而來的浪漫。

　　這一次知道了賈梅士是個詩人，那一年去羅卡角，看到他寫的詩被銘刻在石頭上：「陸止於此，海始於斯。」哦，原來他還被譽為葡萄牙詩魂。那麼問題來了，賈梅士既不是開國元勳，也不是政治革命領導人，他憑什麼成為葡萄牙國父？難道僅僅是因為文學成就？

　　賈梅士的墓在葡萄牙最具傳奇色彩的傑羅尼莫斯修道院（見〈海權，只有大海知道〉）內，西元 1755 年里斯本大地震發生在週末上午所有天主教徒作彌撒的時間，當時葡萄牙王室的全體成員也在這裡從事宗教活動，傑羅尼莫斯修道院在地震中安然無恙，保全了在那裡的諸多教徒的生命，若瑟一世才有命任命龐巴爾侯爵主持災後重建。

　　在傑羅尼莫斯修道院內，賈梅士的石棺就在達伽馬石棺的對面，達

伽馬因為大航海的貢獻成為民族英雄，而賈梅士真的就是因為文學成就成為葡萄牙的國父，他是達伽馬的粉絲，但他比達伽馬更享尊榮。

他最著名的詩作《盧濟塔尼亞人之歌》（Os Lusíadas）被看作是現代的一部人文主義的史詩，是一部兼具寫實和浪漫主義手法的作品，像《荷馬史詩》描寫特洛伊戰爭一樣，詩中主要描寫了達伽馬遠航印度的事蹟，歌頌了盧濟塔尼亞人（葡萄牙人）不懼艱險的精神，寫到眾神對人間生活的介入，追溯盧濟塔尼亞的歷史，描繪沿途的風光，記錄場面恢宏的戰役，賈梅士因此已經成為和莎士比亞（William Shakespeare）、但丁（Dante Alighieri）比肩的人物。《盧濟塔尼亞人之歌》的名字來自於傳說中的英雄路索斯（Lusus），據說他隨奧德修斯（Odysseus）到達今天的葡萄牙並將這個地方命名為盧濟塔尼亞，它將神話與基督教相連到了一起，對戰爭和帝國表達出了矛盾的情感和對家鄉的熱愛、對探險的嚮往，是葡萄牙文藝復興時期最傑出的作品。

《盧濟塔尼亞人之歌》中文譯作《葡國魂》，相傳賈梅士於澳門白鴿巢公園的石洞內完成了《葡國魂》的一部分，那個公園我 16 年前去過，曾經是東印度公司澳門辦事處所在，其他印象不是很深了。賈梅士西元 1556 年來到澳門，並升為軍官，他在澳門生活兩年，完成《葡國魂》。西元 1558 年他帶著他在澳門認識的中國女友（Ti-Na-Men）回國途中，乘坐的船在湄公河上失事，他依靠浮板得生，並救得了他的手稿，但 Ti-Na-Men 不幸遇難。

賈梅士的青年時代極為生猛，他考入科英布拉大學攻讀歷史和文學，20 歲大學畢業，在首都文壇嶄露頭角，後與王后的侍女墜入愛河被驅逐出里斯本，為出人頭地，自願報名到北非服兵役。他在摩洛哥戰場上失去了右眼，回國後憤世嫉俗，常妄議朝廷，在一次與宮廷官吏不服

來戰的決鬥中刺傷對手，被投入大牢。出獄後在多個殖民地奮筆疾書顛沛流離，直到在澳門安定下來，完成《葡國魂》並於西元 1572 年發行出版，但是仍無人氣。幸運的是年輕有為的國王塞巴斯蒂安在閱讀《葡國魂》之後大為賞識，授予他一份豐厚的養老金。但是，隨著國王於西元 1578 年在征服摩洛哥的戰役中落水溺亡（見〈發現巴西：世事一場大夢，史海幾番浮沉〉），賈梅士的這份養老金也就停了。兩年後，他在窮愁潦倒中去世，陪伴他的只有那位從澳門一直跟隨他的中國僕人 Jao。

就在賈梅士去世的西元 1580 年，葡萄牙亡國了，在後來的 60 年中，他的《葡國魂》煥發出強大的「正能量」，這部重塑了葡萄牙民族之魂、呼喚葡萄牙民族意識的鉅作煥發出難以置信的生命力，對映了葡萄牙人不屈的靈魂，從而他的形象在人們心目中也越來越高大，幾乎成了葡萄牙的象徵。1911 年，葡萄牙建立共和國之後，政府決定將賈梅士的忌日（6 月 10 日）定為葡萄牙國慶日，1989 年，葡萄牙和巴西聯合創立葡語文壇最高榮譽獎 —— 賈梅士文學獎，1982 年，澳門大西洋銀行發行的 50 元澳門幣鈔票正面為賈梅士肖像，澳門市民俗稱「單眼佬」。

2020 年 4 月 2 日

80
咖啡物語

　　昨夜美股的焦點是瑞幸，跌了 75.57%，這家一直送優惠券請人喝咖啡的公司市值一夜之間跌成了零頭。我看了朋友發來全文 32,000 字的渾水做空瑞幸的盡職調查報告，動員了 92 名專職和 1,418 名兼職人員做調查取證，看了 11,260 小時的門市流量監控，收集了 25,843 份客戶收據，作假實錘，且錘錘到胸口，基本是能碎大石了。

　　瑞幸的花式行銷賣咖啡是一種在虛構場景中的暴力打鬥，有人中意這口便宜，將瑞幸捧作只割海外資本的韭菜有勁往外使有錢就補貼消費者的「良心公司」，也有人指責瑞幸以一己之私作假陷廣大中概股於不義，實在罪大惡極。

　　不過瑞幸是 To C 還是 To VC 都不重要，今天只說咖啡的味道和 CP 值，葡式咖啡才是真正的業界良心、咖啡之光、舉世無雙。

　　里斯本陽光明媚，早午晚都適合在街角坐享一杯咖啡，何況在歐洲旅行，不太容易找公共廁所，大門臉大場面的星級酒店也不常見，咖啡店倒隨處都有，進去上個洗手間，順便買杯咖啡也正合適。里斯本雖然是大都市，但物價很低，一杯咖啡 0.8 歐元到 1.5 歐元，和 1.8 折到 2.8 折優惠券的瑞幸價格差不多。不用補貼不用薅資本市場羊毛，杯杯濃香，是中世紀風格千店千樣的實體店中騰挪的舌尖之舞，窗外或身旁一群鴿子飛過，含蓄得一觸即發的力量藏在杯中的世界。

　　葡萄牙語與義大利語有三、四成相同，咖啡也差不多有一半相似，但和深度烘焙的義大利咖啡豆比，葡萄牙的烘焙程度淺一些，口感更順滑，對喝慣了拿鐵的我來說更容易接受。葡萄牙咖啡與義式咖啡比烤製的炭香味更足，不苦一些，但和中式的咖啡比，又重口味多了。加之可以搭配的蛋塔，任你全世界走遍，也找不到第二處這麼好的混搭。

　　葡國的濃縮咖啡叫 Bica，還有叫 Uma bica 的，口感更強烈一些，喝完最好再喝杯水，和亞洲市面上那種感覺直接進洗鍋水的咖啡比，要厚道太多。對於想要品嘗最純粹咖啡香味的人來說，這種裝在小瓷杯裡的醇香液體是有乾坤感的，和詩人的葡萄牙、航海家的葡萄牙、法朵藝術家的葡萄牙甚至是足球明星的葡萄牙是相通的，一花一世界，杯中的咖啡像一個黑洞，加一小圈牛奶，就成了凝視世界的獨眼。

　　里斯本幾乎所有餐廳和咖啡廳甚至街邊的小攤都可以品嘗到 Bica，可見咖啡在葡萄牙人的政治、經濟、歷史、人文和社會生活中都占了相當重要的地位。在這裡，星巴克是弱勢的，被葡萄牙人的文化和品味擋著，最多只是旅遊點的一個幫襯，工業文明的連鎖咖啡在此低調存在幫助我們從另一個角度思考問題：是否一定要成為流量之王才算成功？小而美的 Bica 不香嗎？

2020 年 4 月 3 日

81
知恥、明理、奮進，不自由毋寧死

若論「大鬧一場，突然離去」，在葡萄牙歷史上，佩德羅四世（Pe-dro IV）不遑多讓。七年前，我到里斯本的第一站便是在羅西烏廣場上吃午飯，當我大啖海鮮飯之時，不知道那位就在餐桌不遠處位於城中最中心的廣場核心，默默立於柱子頂上的葡國人（也是巴西人）會成為今天的主角，我是隨緣寫到他。

佩德羅四世出生於里斯本，後成為葡萄牙王儲，卻擔任起巴西獨立運動領導人，成為巴西的第一任皇帝（西元 1822 年 10 月 12 日－西元 1831 年 4 月 7 日在任），在巴西則稱佩德羅一世；西元 1826 年 3 月 10 日至 5 月 28 日回葡萄牙繼任大統，由此兼任葡萄牙國王，所以在葡萄牙稱佩德羅四世。這讓看慣了中國宮鬥劇的看客十分不解，咱是奪權上位，人家是任性縱橫，江山本就是他的，他又造反鬧獨立做甚？

這要從西元 1807 年拿破崙橫掃歐洲，占領葡萄牙，葡萄牙王室不得不逃難到其最大殖民地巴西說起。到巴西後幾經周折攝政王約翰六世（João VI）宣布將巴西升格為王國，與母國葡萄牙組成聯合王國，這招倒是頗具政治智慧，因為這樣就不算流亡政府了。拿破崙徹底倒臺後，葡萄牙王室還於舊都，約翰六世即王位，葡萄牙議會開起歷史的倒車，又要搞削藩一套，企圖將巴西降格回殖民地。

　　留任巴西總負責的佩德羅太子不做了，爆出了「不自由，毋寧死！」的名言，於是巴西人公推佩德羅為巴西皇帝佩德羅一世，新生的帝國立刻向母國葡萄牙宣戰，佩德羅一世領導人民開啟了獨立戰爭。佩德羅綽號「士兵國王」（O Rei-Soldado），很能打仗，加之議會的一些做法約翰六世也不認同，老爹也不想和兒子來真的，結果佩德羅就贏得了巴西獨立。約翰六世鬱鬱而終後，按照繼承法，佩德羅成了葡萄牙國王，巴西獨立「向上熔斷」了。

　　佩德羅是條漢子，沒做屁股指揮腦袋的事。按理說他當時兩頭當元首，倒回去弄聯合王國可能也成，但他既然已經出了「不自由毋寧死」的金句，就不食言再做合併。當然，可能也出於審時度勢因時而變的考慮，總之他做到了好馬不吃回頭草。相反，因為葡萄牙人反對巴西皇帝兼任本國國王，他就把葡萄牙國王的職務給辭掉了，這一招，絕對豁達得一塌糊塗。

　　佩德羅把葡萄牙王位傳給他女兒瑪麗亞二世（Maria II）。過了幾年，瑪麗亞二世執政經驗不足，被攝政王米格爾（Miguel）篡位了。佩德羅又辭去巴西皇帝一職，回葡萄牙擔當起了領導自由黨人事業的重任，在自由黨的基地亞速群島的特塞拉島組織了一支數千人的遠征軍，先攻克波多後拿下里斯本，直到將米格爾趕出葡萄牙，幫女兒奪回了權力，自己當攝政王。

　　佩德羅於西元 1834 年 9 月 24 日在他出生的地方 —— 克盧什宮去世，以攝政王身分走完了一生，終年 35 歲，可謂大鬧一場，突然離去。佩德羅被稱為「皇帝國王」（O Rei-Imperador）和「解放者」（O Liberta-dor）。羅西烏廣場也叫佩德羅四世廣場，佩德羅四世站在高高的石柱上面，底下是澳門議政廳前同款的海浪波紋馬賽克地面，連到廣場上西元

1890 年從巴黎運來的噴泉。佩德羅雕像石柱底部有四個女性小雕像，分別代表正義、智慧、力量和節制。

羅西烏廣場西北角的宏偉建築是里斯本中央火車站，古典熱鬧的車站樓上能看到聖若熱城堡；北邊則是希臘新古典主義風格的瑪麗亞二世國家劇院，沿著羅西烏廣場南端的街巷往東，就到了菲蓋拉廣場。

2020 年 4 月 5 日

82
春光明媚，為愛馳援

昨天，兩個師傅上門來裝充電樁，社區已經比較常態化了，物業配合得也不錯，裝好拍照，上傳，申請車牌用。今天開著充好電的車去了趟辰山植物園，看櫻花的人有不少，很多人在櫻花樹下野餐。去年今日，和清華五道口金博班的同學在日本京都相聚，櫻花漫天飛舞，寫〈金湯博學記〉以備忘：

此地有崇山峻嶺，茂林修竹，又有清流激湍，映帶左右，引以為流觴曲水，列坐其次。雖無絲竹管絃之盛，一觴一詠，亦足以暢敘幽情。是日也，天朗葉清，惠風和全。仰觀宇宙之大，俯察品類之盛，所以游目騁懷，足以任視聽之娛，曉可樂也。

道無古今唯其時，言之高下在於理，群賢畢至、口吐蓮花，少長咸集、以指為劍，文英武雄、曲水流觴，魏晉之明光昔在蘭亭、今在東瀛。

與同學泡有馬之溫、聚京都之盛，剎那花開、櫻歌豔舞，或取諸懷抱，悟言一室之內；或因寄所託，放浪形骸之外。雖趣舍萬殊，靜躁不同，當其欣於所遇，暫得於己，快然自足，不知老之將至；及其所之既倦，情隨事遷，感慨繫之矣。

於銀閣寺旁橫山書院得緣悟道，遇大師開三心二意四好五未必之示，向之所欣，俯仰之間，已為陳跡，猶不能不以之興懷，況修短隨化，終期於盡！古人云：「死生亦大矣。」豈不痛哉？雖世殊事異，所以

興懷，金湯博學，其致一也。後之覽者，亦將有感於京都之協定、會稽山下之首約。

永和九年之今日，暮春之初，古聖先賢會於會稽山陰之蘭亭，蘭亭成序於三月三。三月三、生軒轅。黃帝命倉頡造字，成最燦爛之人文，遂有不朽之中華；地母讓金湯翻滾，成最慈悲之自然，蕩滌凡間瘟與塵；春天讓櫻花飛舞，卻未必獨占芬芳，霜華老圃亦見精神。金博之學，始於道口、終往道去。

　　　　　　　　　　　　　　　　—— 己亥三月初三日為記

除了大家都戴口罩，櫻花如舊，只是時間過去了一整年。

開著車在上海郊環上回城之時，已現擁堵。雖在假期，大貨車已然絡繹不絕，被我頻頻超過的都是經濟復甦的希望啊！感覺車操控感很佳，這款同時在歐盟銷售的電動車，滿滿的德系基因，讓我回想起年輕時候開Audi Q7的那段時光。

假期前最後一個工作日，電動車公司特地在我家樓下舉行了一個交車儀式，這個儀式來得晚了一些。原定春節前交車讓我開回溫州參加四校元老足球賽的計畫因時而變，這幾個月，世界發生了重大的變化。

奧比杜什

　　說一個動人的愛情故事。坐落在里斯本往北 100 公里的小城奧比杜什，是葡萄牙國王迪尼什一世（Dinis I）送給他的妻子伊莎貝爾（Isabel de Portugal）的結婚禮物，現在成為浪漫的結婚聖地。直到西元 1834 年，它一直都是葡萄牙王后的私人財產，它的城牆、鵝卵石小路、路旁種的迷迭香、藝人唱的「法朵」以及 14 世紀的古樸風貌都使奧比杜什成為葡萄牙最浪漫的場所，葡萄牙人，甚至全世界的情侶都紛紛把奧比杜什作為婚姻的起點。

　　西元 1282 年，唐阿方索從摩爾人手中奪回這個村莊，為愛馳援。

2020 年 4 月 6 日

83
人類極簡史，地理小發現

2020 年 4 月 7 日，週二。

清明小長假過後，春光不可阻擋地明媚起來。「平路易行」之歐洲部分已經寫到「大結局」。

「南方有崑崙」這個平臺帳號是 2019 年 10 月 7 日設立的，專為參加南極論壇 2019 南極低碳行活動寫隨筆而設。

南極論壇創立於 2012 年，由世界自然保護聯盟、哥倫比亞大學、聯合國教科文組織等多個國際組織和機構聯合發起，宗旨是「思考人類文明，關注地球環境，推進均衡發展，實現共同價值」，致力於打造一個促進國際交流互融的公共外交平臺，探討人類共同利益、終極價值的人文思想平臺和建構人類命運共同體的踐行平臺。

在這個對很多人來說（包括美英歐領導人）都寒冷悽慘的冬天過去之後看，南極論壇創立的初衷很有前瞻性，總有某些事件會在人類命運共同體前面加了一個大大的負號，而我們現在需要一個絕對值符號，將數值歸正。這個符號不是一個國家一個組織能夠做到，需要全人類的努力，需要擱置疆土和人種觀念，需要交流和共進，就像人類在南極研究中展現擱置主權的智慧一樣。

達伽馬大橋日出

　　南極行加上阿根廷巴西烏拉圭，「南方有崑崙」總共 17 篇隨筆，深受極友鼓勵和好評。去冬今春，遂整理南極行之前兩個月絲綢之路的行程筆記 22 篇和 2018 年夏天帶著輪椅和枴杖的亞平寧半島和伊比利半島之行 44 篇，也算是一個金融工作者的歷史觀，加上五大聯賽、歐洲盃、世界盃、南美自由盃的研究心得、一個行動不便人士的社會考察，雜七雜八四處穿越，驀然回首竟然已有十幾萬字。之後還有一個跑步系列，湊成「平路易行」小小的四部曲。

　　從南極洲的長城站、崑崙站寫到絲綢之路上的長城和崑崙，從天山、阿爾泰山又寫回祁連山，從西安寫到羅馬，從里斯本到羅馬再到北非又回到里斯本，從太湖寫到甌江，從梁家河和碑林中的人物開始寫到鴻鈞老祖、女媧，從辛棄疾寫到霍去病，成吉思汗和丘處機、唐太宗和玄奘、忽必烈和馬可·波羅、僧人樂尊和張騫、鄭和到大航海 F4，從亞歷山大大帝、漢尼拔（Hannibal）、凱撒、奧古斯都、阿提拉到拿破崙，從亞里斯多德、伽利略、牛頓、愛因斯坦到霍金，從達文西、米開朗基

羅、拉斐爾到貝尼尼，從 C 羅、納尼到穆里尼奧，從賈梅士到佩德羅四世，政治、軍事、科學、宗教、文學、藝術、體育、經濟，實在是一部上下五千年帶引號的「人類極簡史」和縱橫數萬里誠意十足力有不逮的「地理小發現」。因為不太有把握駕馭這麼大的時空，所以只好默默地在最年輕的平臺寫，沒好意思在資歷久遠的社群網站發，讀者甚寡，因此特別感謝幾位親朋好友的陪伴，在世界不同的地方支持我元氣滿滿地寫完，今日終於可以擲筆大笑。

里斯本達伽馬大橋

里斯本達伽馬大橋

「平路易行」之歐洲部分是從里斯本本菲卡俱樂部 2 月 15 日的比賽說起，回到里斯本結束，前後寫葡萄牙的有 22 篇，基本涵蓋葡萄牙的大歷史；寫義大利的 21 篇，應該也算全面了，尤其在地理方面比葡萄牙更全面，涉及城市更多。以上當作兩國的旅遊指南看，一定也是不虛的。

言歸正傳，世界上第一個崛起的海洋帝國是葡萄牙，1998 年里斯本舉辦了主題為「海洋、未來的財富」的世博會。1998 年是達伽馬開闢印度航線 500 週年，也是聯合國「國際海洋年」，聯合國正式提出「可持續發展」的理念和綱領，號召人們保護地球家園。2016 年 12 月 12 日聯合

國大會上，第九任聯合國祕書長安東尼歐·古特瑞斯宣誓就職，他用母語葡萄牙語向大會表示了感謝，葡萄牙總理科斯塔（António Costa）表示，這是整個葡萄牙共同努力獲得的重大的外交成果。

　　「平路易行」之歐洲部分的終點在里斯本世博園區，很適宜人類居住和跑步的地方，再次祝大家一切安好！

初稿完成於 2020 年 4 月 7 日

修正完稿於 2021 年 6 月 18 日

跑步

84
四行倉庫：一寸河山一寸血

今年的電影市場形勢，萬達以 20 多億美元收購的 AMC，如今市值僅剩 2.51 億美元。中國大陸電影院於今年初疫情嚴峻暫停營業，原本新春檔上映的電影如鞏俐主演的《奪冠》不見蹤影了，原定去年 7 月份上映的《八佰》，即使有七位影帝三位影后助力仍然不能如期和觀眾見面，近期連《囧媽》這樣的轉成電視播放的機會都沒有。

《八佰》取材 1937 年淞滬會戰期間史稱「八百壯士」的中國國民革命軍第三戰區 88 師 524 團的一個加強營，固守蘇州河畔的四行倉庫、阻擊日軍的故事。這個故事很特別，這種全城淪陷後的一隅堅守於淞滬會戰的慘敗戰局並無任何扭轉乾坤的意義，但是放在蜿蜒曲折的歷史長河中，卻很是能展現中國人在民族危難之中的家國情懷。

四行倉庫戰事發生在遠東經濟中心上海的鬧區，蘇州河對岸就是租界，四百壯士（八百是當時迷惑日軍報的數字，灌水了）向全世界展示的戰鬥是一場血與火的真人秀，表達了「中國不會亡」的態度，這個態度是鼓舞了很多人的。當時的中國同胞最近距離看到了抵抗、目睹了犧牲，不能估量它對抗戰的最終勝利有何龐大的助益，但是四行倉庫作為上海永存的戰爭遺址，始終是一個能量場，昔日是最後的堡壘和城市之光，如今是低調的愛國主義教育基地和沿蘇州河跑步開始的地方。

　　從外白渡橋沿著北蘇州路進來，經過郵政大樓、上海總商會遺址、西藏路橋，從光復路轉到晉元路上，仰頭可見四行倉庫斑駁的高牆，牆上的彈孔歷歷在目。沿蘇州河有跑步道，剛跑幾步就上了西藏路橋（抗戰時期叫「新垃圾橋」），在橋上可以更清楚地看見四行倉庫。這個倉庫建立於 1931 年，原是大陸銀行、中南銀行、金城銀行及鹽業銀行的聯合倉庫，大陸銀行在九江路現上國投大樓，中南銀行總行在漢口路 110 號，與大陸銀行背靠背……我在漢口路 110 號的大樓裡工作過五年時間，在那裡設計和主持實施了中國第一個信託計畫，那時也經常去後面的上國投大樓，兩座樓地下室都有很具民國味道、歷史悠久的金庫，當時並不知道這兩座歷史保護建築與四行倉庫（全名叫「鹽業、金城、中南、大陸銀行信託部上海分部倉庫」）有這麼親密的關係。

　　過了西藏路橋就是以前的租界了，抗戰初期日本人不犯租界，所以在租界觀看四行倉庫戰役成了這邊的居民見證奇蹟的舉動、見證抵抗外族入侵時國軍之忠勇的樣貌。四家銀行的聯合倉庫最終成為淞滬會戰的濃縮點，有位叫陳樹生的敢死隊員身捆手榴彈從五樓縱身跌入敵群與敵同歸於盡的情景經沈寂老人的回憶而再現，讓人肅然起敬。沈老是上海著名作家，浙江奉化人，2016 年 5 月病逝於上海，但他於 2015 年 7 月 1 日寫的親筆字還留在四行倉庫紀念館內，1937 年的時候，他還是個 14 歲的少年，家住新閘路口，是這場戰役的目擊者。

　　四行倉庫因為是國軍的戰役，在大陸還是相當低調的。1975 年臺灣高調拍過《八百壯士》，林青霞演橫渡蘇州河送國旗給守軍的楊惠敏。跑過河濱大樓時，「宅家休息少外出，避免聚集要牢記」的標語依舊高懸，順豐速運分撥站的門口，只有一個年輕人蹲著在抽菸。

跑步：四行倉庫

　　跑了 4000 公尺，回到四行倉庫西面，這個位置位於光復路與晉元路
交界處，前者寓光復河山之意，後者以四行倉庫守軍首領謝晉元之名命
名，一寸山河一寸血，上海始終沒有忘記。

2020 年 4 月 17 日

85
盧溝橋事變：兩代人的大考日

參觀四行倉庫，是從盧溝橋事變說起的，對盧溝橋我不陌生，我在橋上跑過步，橋下跑過馬。記得 1988 年大學入學考前寫作文題，班導趙老師讓我們寫 1987 年上海大學入學考卷之神題作文「有感於 50 年前的今天」，那些年大考都是從 7 月 7 日開始，碰上這樣的命題，清楚歷史的同學都知道寫盧溝橋事變。後來大考日改到了 6 月 8 日，也就沒有了抗戰紀念日之風雲背景。今年大考日又推遲到 7 月 7 日，2002 年左右出生的孩子大考延遲了一個月，風雲再起的大考日，還與父輩神同步了。

話說戊戌歲末，我趕到浦東泰園參加交大 CEO 俱樂部的年會，泰園園主收藏吳湖帆、陸儼少、程十發、劉旦宅等海派畫家作品，一段段可以自由穿越的歲月掛之於牆；茶室古色古香，更有幾分手談的氛圍。我到的時候，陳學長正和園主講到「那一年中日圍棋擂臺賽，他贏了日本風頭最勁的依田紀基半目，但是，沒有人認識他⋯⋯」我的思緒猛地一撞，看著杯中岩茶之漣漪，彷彿躍入時間之門，一下回到少年。

1989 年，我已在溫州大學讀書，第五屆中日圍棋擂臺賽烽煙再起，在 1988 年中日圍棋擂臺賽上出任日方先鋒，連勝六場的日本新人王依田紀基繼續擔任日方先鋒出戰，而中國派出了比依田更年輕、「沒有人認識」的楊士海作為中國圍棋隊的先鋒。依田出生於日本北海道，士海生於樂清東海邊，在北海道與東海道的大碰撞中，士海半目險勝依田，一戰成名天下知！而第一個採訪楊士海的媒體記者便是陳學長。

　　1995 年，我當時在溫州國際信託投資公司工作，於古風尚存的北京城，在樸初老筆力遒勁的「中國棋院」四個大字下，第一次見到楊士海。作為溫州經濟電視臺的兼職記者，我和電視臺的同事海兵、《溫州晚報》的周琳，計劃將所有現役的溫籍體育明星都採訪一遍，節目名稱經主管審定叫「甌越驕子」。1995 年的 10 月長假和 11 月份的週休二日，我們全部用來到北京和杭州採訪溫籍明星了（「甌越驕子」的故事詳見「跑步附錄」〈京都紀事〉三篇和〈在西子湖畔〉，1995 年 10 月至 12 月陸續發表於《溫州晚報》）。

　　棋院合影的第二天，楊士海參加「五牛圖杯」比賽，我們正好需要比賽的素材，就進去採訪狠狠拍攝一頓，組委會不知就裡，還說溫州人就是氣派大，你們一個棋手參加比賽，就專程上來一個記者團，厲害！但我們真正的目標不是五牛圖，而是盧溝橋。當時我們也覺得中國國內的比賽不重要，打贏中日擂臺賽最重要。既論抗日，我們就選了盧溝橋做外景地，拍攝楊士海專訪，採訪的內容和盧溝橋上的獅子一樣，二十多年過去我數不太清了，但我依稀記得我在盧溝橋上慢跑看獅子，和士海在橋下乾涸的河床上聊聊人生，暢想了一下未來，我去和「盧溝曉月」的御碑照了張相，還騎了一會兒馬。

　　泰園的茶好，陳學長的故事在年會開啟前結尾：楊士海去年在香港開了「楊士海棋院」！士海去香港我是記得的，1997 年香港回歸時他升了八段，2003 年士海來上海參加圍棋賽我們吃過一頓飯，然後我們便沒有再聯絡，君子之交淡到快從記憶中消失了。而我的行程剛巧是在年會開始一個半小時後去香港，我覺得這次正好去拜訪一下士海。

作者與楊士海

　　我問陳學長要了楊士海的聯絡方式，在去香港的路上與楊士海聯絡上，他告知我如何到達在九龍巧明街上的棋院，那時香港街上太平，很快我就出現在棋院，與老楊久別重逢。楊士海棋院有一百多名學生，這在圍棋普及度遠不如大陸的香港已經是非常可觀的規模，士海常常帶隊去日本比賽，不知道後來他和依田有沒有在日本相遇？依田後來拿過世界冠軍和棋聖三連冠，從年少時的鮮衣怒馬到中年的堅忍頑強再成日本棋界不老的傳說。我對照我與士海相隔兩輪十二生肖的合影，我們又何嘗不是從年少時的鮮衣怒馬到中年的堅忍頑強？我們比依田年少，但青絲也已染霜。

　　從盧溝橋跑到四行倉庫，一晃已經四分之一個世紀過去了，在士海的社群帳號常常可以看到他帶隊去日本比賽的照片，以棋會友，361 格的棋盤，也是 360°的「戰場」。這一點，圍棋與足球相似，都是和平時期的「戰爭」遊戲，但就戰力而言，中國圍棋的水準比中國足球高出太多。

2020 年 4 月 18 日

86
豐島美：美有方向

　　幾年前從神戶坐船到過一回四國，在瀨戶內海的風平浪靜中經停小豆島坂手港，沒有登陸，只是遠遠地看了一眼 1930 年代《二十四隻眼睛》（Twenty-Four Eyes）的故事發生地，在船上買了三小瓶小豆島產醬油帶回上海，當時就想這麼純樸正和的日本小島得空須來跑跑步。

　　現在看地圖見坂手港可遠眺壺井榮文學館與《二十四隻眼睛》電影村，本州來的船靠停處離小說中的田浦分校只有一步之遙。小島於日本而言就像故鄉之於中國，養育了一批作家。小豆島於壺井榮，就像烏鎮之於茅盾、紹興之於魯迅、福州之於冰心，冰心在「我所認識的日本女作家」還提到過在東京與壺井榮見面時的情況，那時的作家愛怎麼寫怎麼寫，沒有今時這樣的社會壓力。壺井榮在孤島上創作反戰小說，以平民的遭遇寫出戰爭的痛苦，一字一句質疑日本昭和時代前期的軍國主義，是控訴戰爭罪惡之不可多得的批評者。

　　小說和電影都獲得了成功，但還是不夠的，後來旅遊業發掘包裝了小豆島連同附近的幾個小島上幾個名頭不小的美術館，讓相對人跡罕至的四國有了些召喚神龍的底氣，在航空公司不遺餘力地推和社群媒體潮湧之下，遊客終於成了四國之神龍一般的存在。高松的「一鶴」原本只是做著默默無聞的烤雞，但當你現在路過的時候，會懷疑是否南極仙翁的座駕降落這裡引發吃瓜群眾參觀進博會一般的排隊。

　　真正讓我大開眼界的是離小豆島西部土莊港半小時船程的豐島東部唐櫃港（船票僅收 480 日圓）附近那所著名的豐島美術館（簡稱「豐島美」），對於日本藝術家勇於戲耍四國九州乃至大東亞推及世界人民的勇氣表示由衷的欽佩。豐島確是離島旅遊欺負人的傑作，東瀛當代藝術界做夢也會笑醒的成功典範。

　　以現象論，評論「一鶴」不好吃可能壓力不大，但「豐島美」足以讓露怯的探索者一頭霧水，當說好的勢力大大超過說差的，許多人會默默地跟進去，麻木地按讚。所謂言論自由可分三個層次，從低到高分為評吃喝玩樂自由、評藝術體育自由和評社會時政自由，說「一鶴」之好吃為一，言豐島美之好看為二，論福島（核洩漏）搶險之領導有功則為三；反之亦然。

　　上午 9 點 10 分在唐櫃碼頭登陸，往左是「心臟音」，往右上山是「豐島美」，往右上山 20 分鐘的步程，適合慢跑，路上一隻老鷹在天空慢慢地飛，像個無聲的嚮導，路遇一個戴口罩的日本老人，對我神祕又不失禮貌地微笑，山路坦蕩又不失矜持地彎了幾彎，「豐島美」到了。

　　10 點開館，正想休息一下，一對先到的日本戀人到售票處探了探，興奮地說現在就可以進去了，對於擔心趕不上 10 點 50 分的船的我，也是好消息，門票 1,540 日圓，旁邊還有個貌似基金會捐款的箱子，感覺應該有點東西可看。和別處做法不同的是，售票員指著遊客示意圖先和你介紹一輪，為了節省時間，她讓我身後的幾個歐美遊客一起先聽，示意圖上只有兩個圈，大圈叫 Art Space，小圈是 Cafe & Shop。

　　然後進入遊步道，就是一個三角弧形的環館小徑，可以看到遠處的大海，草地上有蒲團和不鏽鋼的凳子，景色不錯，猜想有人會坐那裡面朝大海冥想春秋花開發社群平臺的。前面一對戀人幸福地疾行，羽絨背

心掉在小徑上毫無覺察，呼之不應，只好將衣服掛在路邊的樹上方便他們回頭可見。一分鐘不到，兩人又急急從我身旁殺過，依舊呼之不應，戀愛中充耳不聞的大境界啊！

高松：美有方向

　　看到那個白色圓頂時知大圈已到，一位長得有幾分像松江（《二十四隻眼睛》裡的 12 個小朋友之一）的工作人員站那裡，檢票，告知小心裡面地上的展物，不能喧譁拍照，要求脫鞋入內。終於進入了盛名之下的豐島美中心 ——「大圈」，這是一個有兩個橢圓形洞的穹頂，左右洞互搏狀，羅馬萬神殿的創意被完全洗白。橢圓形天窗之外，是瓦藍的風聲與棉花狀白雲，「風之聲，雲之狀」、「著色的槳翻起水波」，天窗之下是一小灘一小灘水！左邊天窗下有一人在沉思，右邊天窗下有一人在打坐，清風徐來，都是懂很多的樣子。

　　後面的老外跟進來，被氣勢震懾住，我正想說「我去」，工作人員見口形即做出噓聲的姿勢，我一口氣納回丹田，這時那對戀人進來了，羽絨背心已經找回穿在女孩身上，大驚小怪地嘟囔了幾句日語，我一分神，感覺腳後跟一涼，怕是踩到一小灘 H_2O 展品了，好在工作人員顧著看日本戀人了，我得以從容走向右邊的天窗。地上的水珠有點花頭，它們能移動，時分時合，碰到地上「著色的槳」之類的物事就一生二，到了中央一灘大水就融入進去，橢圓形的天空下，飄著一條綁在穹上的細帶，其他就沒什麼了。

　　我席地坐了一會兒，看陸續有人進來，仔仔細細地看過一寸寸地面，一如「皇帝的新裝」裡拿放大鏡看皇帝裸體的裁縫，為了不妨礙人家辦事，我退了出去。然後，參觀就結束了，結束了！我換上運動鞋路過小圈時也進去看了看，裡面像個單管的「Art Space」，又是一把當代藝術的獵槍，默默地對著觀眾，期待你舉手投降。小圈賣咖啡，還賣書和紀念品，正宗的日本空手道，連一件正經的美術作品都沒有，大圈套小圈，獵槍單雙管，可以說很接近行為藝術了。

　　10 點 20 分，外面的蒲團已有人打坐，我一路小跑下明神山追船而去，那黑鷹又出現在我前方，牠盤旋的姿勢很像無人機，一度幾乎墜落在山道上，就在我幾乎認為牠真是無人機時，牠一振翅膀忽然拔高，海闊天空沖霄而去。

2020 年 4 月 19 日

87

785 級臺階：藏在中國改革開放歷史中的日本

《二十四隻眼睛》裡面，大石老師帶小朋友畢業旅行，從小豆島到琴平，小朋友歡呼雀躍的地方就是爬完 785 級臺階之後到達的香川象頭山金刀比羅宮本宮外的展望臺。金刀比羅宮供奉著被稱為「金毗羅」的海上守護神，祂有治療疾病、消災避禍、帶來好運之功，疫情以來必是香火興旺。

這可以一路酷跑的 785 級臺階很容易讓老人們想起 1979 年風靡中國的日本電視劇《排球女將》中小鹿純子在高高的臺階上面的「兔子跳」，劇中的女主角荒木由美子是當年很多中國年輕人的夢中情人，剛剛開放的中國得以被先行成功的日本激勵，《排球女將》、《姿三四郎》、《原子小金剛》等東瀛舶來的勵志精神鼓舞了包括馬雲在內的大批中國城市青年，其對中國改革開放的帶動作用不亞於自 1979 年起至 2000 年日本向中國提供的合計 25,809 億日圓的貸款（約占與國外官方資金合作的 40%以上，其中一部分是無息貸款，亦有「二戰」補償之意）。

馬老師得到日本軟銀 2,000 萬美元的投資一舉成名，成名之後在交友方面做了兩件事，一是多次拜訪荒木由美子，二是與金庸先生成為莫逆之交。武俠與女排是那個年代大多數中國有志青年的心路歷程。1982年中國女排擊敗日本女排（就是那一支擁有「小鹿純子」原型的日本國家隊）奪得首個世界冠軍，中國人得以將對《排球女將》的迷戀轉移到

本國女孩身上，喊出了「振興中華」的口號。

金刀比羅宮是日本最有武俠氣息的景點，當社群平臺上中國門派全圖瘋傳的時候，真實的中國已經很難找到一處這樣的地方。從琴電琴平站邊上的高燈籠起步，經大宮門、商業老街，過牌坊、山門，2018 年 11 月，平路易行回來腿傷已經好差不多的我就這麼一路輕跑，直上 785 級臺階，到達壺井榮老師寫到的金刀比羅宮本宮外的展望臺。根據小說描述，昭和三年，曾經有十幾個孩子跟著腿傷初癒的大石老師在這裡眺望家鄉的小豆島，此處應有康復科的功效。

木下惠介導演的電影中，透過對戰爭側面的描寫，在控訴中印證了自己的觀點。一方面，大石的丈夫死在戰場上，而幾年後她的幾個男學生也都走上戰場，有死有傷，那幾位曾經在 785 級臺階之上遠眺家鄉的學生們不知為戰爭獻身何處？在四行倉庫與陳樹生烈士同歸於盡的，在無數次戰鬥中被國共軍隊擊斃的，在太平洋戰爭中被美軍消滅的……他們只是其中的幾粒灰。

影片拍攝於 1954 年，闡述了樸素的反戰觀：為了狹隘的國家意志而「為國捐軀」並不值得提倡。這反映了木下惠介以及戰後初期，日本人對戰爭的正面反思。戰爭原來並不像宣傳機器所說的那般崇高和神聖，而只能給人帶來真切的生離死別，時代的一粒灰，落到個人頭上，就是一座山。

電影中還有一首不錯的童謠 ──「海的顏色，山的形狀，都沒有變，而明天就成了今天。」785 級臺階也不是終點，往上還有 583 級臺階，當 1,368 級臺階走完，才是金刀比羅宮的終點奧社。沒有去那裡，就留一個關於武俠的想像在象頭山之巔吧！

2020 年 4 月 20 日

88
渡來的清明上河圖：一根嚮往美好的筋

　　金刀比羅宮是日本吸收了唐宋文化之後的原創，不管之前有多大差距，現在都是亞洲一等一的古建，跑步到象頭山腰線以上可見。因為沒有「文化大革命」，一些從中國流去的二線藝術品和漢文化粉絲自娛之創作，歷經室町時代、江戶時代和明治維新，又在「二戰」中因偏居四國而成功避開東京轟炸和「胖子」、「小男孩」蹂躪的寶物，遂成日本次漢文化的珍藏，得以在不收門票的象頭山設收門票的寶物館中展示。

　　寶物館因為要收門票，遊客不愛進，寶物館不讓拍照更是缺點，可見不能發到社群平臺，群眾極不支持。門口一老太認真收了 800 日圓之後，遞過一份寶物館介紹，示意我樓上樓下皆可參觀。我跨過門檻進入日本室町文化的核心地帶，發現這僅夠吃一盒點心的 800 日圓竟然已是「金刀物語」的包場費用，全場只有我一人，安靜得可以與畫中人對話。

　　日本文化是唐宋的分支，在唐風的寶物館裡有詠宋的〈東坡食蔬圖〉，有秋之韻的大閘蟹配菊花，有江戶時代林鵝峰、林鳳岡的作品〈象頭山十二景圖〉把一個琴平渲染成瘦金體的武俠世界……記得有個叫林通勝的日本戰國武將，所以姓林的日本人不罕見，溯源可知：林姓（日本），日本姓氏之一，日本訓讀はやし，在日本是以漢字「林」作為姓氏的家族。排名在日本一般姓氏列表第十九位。日本林有多個起源，主要來自中國、朝鮮半島渡海到日本的林姓漢族，亦稱渡來人。

　　渡來人兩位林老師的畫風是仿宋的，畫的是仿西湖十景之類的象頭山十二景，春花秋月夏水冬閣皆有，十二幅圖上有從右到左寫的漢字，先是四字題目，再是五言絕句，末了印章收尾，中國畫的程序全部做到。就品質論，兩位林老師與揚州八怪吃個飯也是沒有問題的，不知這兩位林老師是否到過中國？有沒有搭倭寇的船到中國會一會鄭板橋老師或是羅聘老師？

　　江戶時代也叫德川幕府時代，大致相當於中國的清朝，是日本文藝創作的巔峰，是日本多年改革開放國力漸漸逼近中國蓄勢反超未超的時代，本地人創作的金比羅宿圖、金比羅狗圖和金比羅船圖系列很好地描述了這個時代後期的民俗民風和街景，像〈清明上河圖〉的局部，可以說中國畫的水準已經相當專業了。

　　日本人十分奇特的地方是有時候比較妖，寶物館中的〈百鬼夜行圖〉和一群裸體醜鬼的放屁圖著實了得，前者中國或許還有相近作品，後者見所未見，醜人多作怪的即視感，不過形體把握仍屬上品，一個個屁放得像煙火一樣，像群魔亂舞的一班政客。

　　日本文化節是東京奧運會的官方文化活動，目的是透過文化藝術活動給人們參與東京奧運會和殘奧會的機會。日本的奧運紀念品兩年前就在市面上發售，日本是動漫王國，任何題材都可以用突發奇想的創意和獨特審美設計來表達，每一個都道府縣都有各自頗具特色的吉祥物。

　　前段時間看到日本民間有一個介紹國旗趣味知識的網站將奧運會參賽國的國旗設計成武士、僧侶等日本傳統職業，並配上獨具各國特色元素的服飾，將各個國家的風貌活靈活現地展現出來，大為驚嘆。這種不動聲色的致敬唐太宗的「天下英雄盡入吾彀」中的表現手法確實高明，他們在一個個可能的場合都不落痕跡地揉入日本文化的內容。

　　日本人承認他們的文明啟蒙於唐，而精緻來自於宋。當下熱播的電視劇《清平樂》中的含而不宣的官帽椅、書法精美的劄子、梅子酒、銀瓶、小點心等各種物件建構的夢之宋朝如今難以追尋，在日本卻可以時常看到其中的元素，日本人將渡來的〈清明上河圖〉吸收進自己的民俗生活之中，試圖把整個日本都變成一個宋之寶物館。自然資源貧瘠的日本不以原油期貨跌到 1 美元為喜，不以全國進入緊急狀態為悲，只用一根嚮往美好的筋支撐起自唐宋渡來的文化生活。

2020 年 4 月 21 日

89

楓中之荷：從神都到京都

己亥年六月十九日，在洛陽跑步。沿著離關林不遠的開元湖跑一圈，明白此湖取開元盛世之意，但此地已經看不到點滴古洛陽的面貌了，湖中的荷花正對著洛陽市政府的大樓，無窮之碧在夏風中搖曳，蓮葉幾乎能接到「全面啟動」中去。

《全面啟動》（Inception）的開頭驚濤拍岸捲起千堆雪，柯布從海灘上醒來，被帶入一個日式大宅裡面，來到年老的齋藤的面前，隨即又到了齋藤的回憶之中，那些潛意識邊緣的夢境糾纏……而結尾又重現開頭，把整部電影完全連接在了一起，但是那個劇終還在旋轉的陀螺並沒有告訴你最後的場景是真實的生活還是夢境，諾蘭（Christopher Nolan）導演說他也不知道。

中國的古洛陽早已煙消雲散，只能靠 3D 效果的「神都龍王」還原洛陽和小趙的八字鬍還原新洛陽人狄仁傑了。日本人山寨了洛陽，在京都小跑，看到「洛陽工業校前」這樣的站名，洛陽地名都被接過去了，還有「洛陽保育園」、「洛陽中學」，「洛陽中學」據說還是明星學校。高仿洛陽的京都熬了一千多年，把自己熬成了世界文化遺產。

我在豐島遇到一個在小島殼內所工作的留學生來自中國洛陽，與我之前聽說日本接納不少洛陽學生到日本留學的消息對上了。洛陽是京都的原型，哪怕洛陽親友不相問，也理應受到更多關照，這算飲水思源

跑步：大阪哲學之路

吧！開元湖中的荷花接通了京都的楓，諾蘭無處不在，五年前那個楓葉前線的京都日夜在晨跑轉圈中轉瞬而入。

清水寺是京都最古老的寺院，日本佛教法相宗（北派）的本宗，本堂前懸空的清水舞臺是日本國寶級文物，山門外石上有猛虎，堪稱第一猛寺。二十年前我來過這裡，只記得那懸空的七層高臺和地主神社了。五年前再陪父母同遊，適逢「楓葉紅遍層林盡染」，不由為「洛陽」秋色而讚，想那唐之神都，人道武皇曾住，城中必有高臺明堂如斯。

遊畢清水，再跑南禪。「停車坐愛楓林晚，霜葉紅於二月花。」登高而望，花間有和服美人碎步而行，一片祥和的景緻。夜訪天龍山寶嚴院，秋雨淅瀝、楓楓過水、紅燈高照，燦爛得有些不太真實。那個武周的皇城，也是這般妖媚？

日本與中國是一對文化 CP，楓葉前線卻是日本獨有，從北到南，如神之排刷，將吾等舉頭之處染紅。另有一些翡翠般的女兒綠，夾在紅的勢力當中，在燈火闌珊時分，製造出一些夢幻來，引得你悄悄拿出陀螺，讓它旋轉起來，以確定這如露亦如電的一切有為法是否是夢幻泡影？

　　當我們慶幸龍門石窟日本人搬不走時，日本人又使出了乾坤大挪移一挖一麻袋的手段。翡翠綠的慄林公園絕對是中國園林的後輩，但人家自顧自在園中用「赤壁」命名了一片帶小瀑布的山石，用「飛來峰」命名了一個小丘，我不得不懷疑在京都某處，還藏著一個「龍門」，也許還有「大理寺」。日本人對舊物事的情懷令人佩服，而且這種情懷代代相傳，可能日本的經濟不再領先世界，即使她失去了經濟第一、第二，但她始終是一個文化超級大國。

2020 年 4 月 22 日

90
世界讀書日：一聯縱貫古今

在洛陽跑步的時候，看到一幅字 ——「開張天岸馬，奇逸人中龍」，相傳為陳摶老祖所書，刻在龍門石窟的一處淺洞之中。此碑不遠，便是武則天根據自己的容貌儀態在奉先寺雕刻的龍門地標 —— 盧舍那大佛。唐時的日本，有幾千萬武則天粉絲，武則天用脂粉錢捐建盧舍那大佛和在洛陽紫薇城建「天堂」的消息傳到日本，聖武天皇隨即發願「朕亦奉造」，於是在平城京建東大寺。

平城京就是今之奈良，仿造唐長安城而建。早在 3 世紀— 5 世紀，山明水秀的奈良就是日本「大和國」的中心，在奈良時代（西元 710 年— 784 年），奈良是日本的首都，大多數遣唐使從平城京出發，奔向他們夢中的唐朝，直到八水環繞的長安。1,200 年前日本國相國長屋王懇請鑑真東渡，用了「山川異域，風月同天」、「寄諸佛子，共結來緣」十六個字終於促成了鑑真東渡。鑑真和尚從揚州出發，東渡日本後在東大寺盧舍那殿前為天皇和皇后授戒，接著建立了唐招提寺。唐招提寺歷任住持都曾到訪揚州，揚州大明寺至今仍與唐招提寺保持密切的交流。2010 年，揚州與奈良結成友好城市。

東大寺南大門上書「大華嚴寺」，整個南大門都是日本的國寶，主殿供盧舍那大佛，與洛陽龍門奉先寺遙相呼應，如今是日本皇室和民眾祈福納祥、消災解厄、祈求平安的場所。大殿的廣目天王面前有一根柱

子，底下有個 30 公分見方的洞，大家排隊鑽洞，洞壁被盤出了包漿，光滑玉潤。學生們興致勃勃，對這個他們基本沒有懸念可以鑽過去的洞，感覺過洞之後逢考必過的傳說很是貼心。我在東大寺求得一籤：月桂將相滿，追鹿映山溪。貴人乘遠箭，好事始相齊。也不用解，全是漢字，一目了然。

在真實的奈良生活中，籤中說的追鹿不太可能發生。在奈良，人是過客，鹿是主人。野生的鹿在這裡生活了一千多年，就這麼在寺院、街巷、公園蹓躂，牠們吃草，也吃遊人買的仙貝，泰然接受供養與投餵。時來天地皆同力，因為中國遊客越來越多特別有愛心，鹿們顯然被寵壞了，我好心買仙貝給鹿吃，只因動作稍慢一點，便被一小鹿隔著褲子咬了一口。

奈良高仿長安的古城大都已經淹沒在歷史風塵之中，這一點沒法和京都比，奈良的特色是寺廟、鹿和城中的若草山。若草山有三重頂，緩坡上山，非常適合一口氣跑到頂，在頂上可以鳥瞰奈良城，「碧水蒼山俱過化，光風霽月自傳神」，唐大和尚鑑真自揚州始發，一船明月一帆風而來，登此地，共結來緣；傳「心佛眾生，三無差別」，留下中日友好最強的聲音。

去過揚州幾次，對大明寺中的平山堂印象頗深，江南諸山，拱揖堂前，若可攀躋，含青吐翠，費撲於眉睫似與堂平。奈良若草山頂，何嘗不是如此？縱然山川異域，亦有殊途同歸之處，無論風月，若草山如同露天的平山堂。

去年五月，從上海開車去揚州，一路塞車，200 多公里開了 8 個小時，行文至此，發一幅去年在揚州安樂路 27 號朱自清故居看到的對子與看官共享 ── 康有為所題之「開張天岸馬，奇逸人中龍」。故居有朱

先生年表：畢業於北大哲學系，25 歲曾在溫州中學任國文老師，作散文〈綠〉，27 歲任教於清華，作散文〈背影〉，29 歲接著住清華園西苑，寫成名篇〈荷塘月色〉，35 歲任清華中文系主任，參加過反對日本侵略華北的「一二‧九」運動，後任西南聯大中文系主任……關於揚州的散文有〈揚州的夏日〉、〈說揚州〉、〈我是揚州人〉。

　　有些人無須謀面即使跨代亦可相識，時代不同，風月無異。一聯縱貫古今，杜甫、陳搏、康有為、朱自清，皆可讀 —— 雜記於世界讀書日。

2020 年 4 月 23 日

91

中山世土：從琉球到沖繩

　　沖繩，古名琉球，如中國大陸孤懸海外之琉璃球，大陸過去，福州最近；溫州也不遠，首里城中，中山世土之牌匾立於康熙二十八年，清皇朝的冊封使團經京杭大運河南下到杭州，再換車馬一路到福州，從福州出海往東兩日可達琉球。尚氏中山王經天朝冊封方可生效，走完程序，這小小江山也便穩固了。

　　《馬關條約》把臺灣及澎湖列島割給日本，日本順帶還坐實了琉球。「二戰」勝利後，琉球卻未能再議，個中原因複雜。日本關東軍第 24 師團在沖繩之戰全軍覆沒，而後日本被原子彈重錘打擊，日本人也就認命了。戰後近七年的時間，麥克阿瑟（Douglas MacArthur）事實上充當了日本總督的角色，他不但對日本法律進行了更新，起草了《麥克阿瑟草案》（相當於日本憲法），還頒布了《勞動基本法》、《教育基本法》，在其干預下，昭和天皇發表《人間宣言》，表達自己是普通人，而非神的身分。除了替日本人校正觀念之外，麥克阿瑟將軍還為日本引進了美國政府的持續援助，當他離開之時，日本人的生活水準竟然比戰前還高出很多。

　　麥克阿瑟是西點軍校歷史上成績最好的優等生，唯一參加過「一戰」、「二戰」以及朝鮮戰爭的將軍，也是當年中國軍隊的粉絲，唯一忠告「如果誰想與中國軍隊開戰，那就是腦子有病」的美國將軍。他回美國時，

受到凱撒凱旋般的熱待，在國會的演講中，「老兵不死，只是慢慢凋零」這樣的金句完全超越了軍人的職業，成了之後各行業領軍者謝幕時的共同悲歌。關於沖繩，麥克阿瑟也有一句名言：「沖繩是美國的『天然國境』，沒有日本人會反對美國保有沖繩，因為沖繩人不是日本人。」琉球西元1372年起臣服於中國，朱元璋將善於造船的閩人36姓移民琉球，中國移民在琉球最高職位做到了相國，西元19世紀末琉球被日本吞併，改名沖繩。

血戰鋼鋸嶺之後的美國大兵駐紮到沖繩，替沖繩帶來一些經濟利益，也帶來不少煩擾。沖繩中部，每日戰機升空，美軍飛行員在空中玩花招，也在酒吧買醉，酒壯色膽闖禍的很常見，對美軍，日本沒有司法管轄權，民眾抗議，時光在抗議中飛逝，不覺已有70多年之久。沖繩常見大片的空地用鐵絲網圍起，有些「為美軍用地，不可侵入」之類的提示牌。

回上海的當天上午，跑去首里城參觀，首里城在山坡上，從輕軌站跑步10分鐘可達。主要是去看那塊「中山世土」的漢字牌匾，有禁止拍照的提示，所以沒有動手，不料回來後不久，首里城突發大火，正殿北殿被全部燒毀，也不知道那塊牌子搶下來了沒有。對那日沒拍一張殿內的照片，深表遺憾。

去年11月23日去平潭考察專案，在靠近大海的貓頭墘村還看到一個琉球駙馬墓，得知明永樂二年至清同治五年，中國派使節冊封中山王（即琉球國王）先後23次。琉球年年朝貢，因為琉球孤懸海外，貢船遠涉重洋，時有海難。西元1807年中山王派出的進貢海船在平潭所轄海面遭遇事故，部分船員得救，訛傳琉球駙馬同船遇難，便是駙馬墓的由來。在小小的村史館中，竟然有不少介紹琉球的書，還有清朱鶴年所繪之〈奉使琉球圖卷〉。

2020年4月24日

92

與鳳凰同行，跑回飛鳥的南極

4 月 25 日，世界企鵝日，國家地理中文網發了一張照片，在墨爾本碼頭，兩隻小藍企鵝偎依在一起看人類世界的夜景，牠們一定經歷了什麼；當晚，鳳凰衛視播出了長達一個小時的大片《南極 —— 尋找生命互動的頻率》，天南海北 192 名極友紛紛打開電視或者點選直播、電視、中文臺，熟悉的畫面和人物一出現，瞬間就跑回了南極，跑回那些與鳳凰同行的日子。

這一週從世界地球日、世界讀書日到昨天的世界企鵝日、今天的世界智慧財產權日，為了喚起對美好世界的關注，看得出人類已經很拚了，但看完「頻率」，可以感知到我們做得還遠遠不夠。「世界上的一隊小小的漂泊者啊，請留下你們的足印在我的文字裡。」 —— 這是泰戈爾（Tagore）在《漂鳥集》（Stray Birds）中的原話，然後我們在「頻率」中看到了「泰戈爾」，長得和馬克思（Karl Marx）、聖誕老人、泰戈爾都高度撞臉的倫敦國王學院教授、環境專家史蒂芬（Stephen F. Lintner），集科學家、政治、宗教、詩人的形象於一身，可以說是「生命的互動」中，一個生動的寓意深刻的人物。

然後我們看到了差點在北格陵蘭死去的探險家尼古拉斯（是這次南極探險隊的總隊長），因為曾在一天之內經歷過兩次冰洞餘生，他對生命的看法更接近他的法國同胞、探險業的前輩夏古，他們崇尚「為什麼不」的探險精神和「生命是一粒塵埃」的恢宏世界觀，他們視死如歸，又熱愛生命。很遺憾因為瞬息萬變的天氣，我沒能登上夏古港，沒能體會到

生命邊緣的悸動的頻率，但「頻率」中一段朱丹於風雪中在夏古紀念地的小提琴獨奏幫我補上了這一課，這聲音的振動，於半年之後到達我上海的家中，有幸在現場聆聽到人與自然和聲的極友圍成一圈，天地洪荒、傳音入密，若非登上夏初第一班去南極的船，又登上第一批登陸夏古港的衝鋒舟，又怎會有這樣與夏古港風雪共鳴的機會？聲頻的振動，生命的互動，那些遠在歷史中的探險家依然可以與我們對話。「世界在躊躇之心的琴絃上跑過去，奏出憂鬱的樂聲。」——《漂鳥集》44。

　　大片中拍到冰川和大海連線之處，我不記得去過那裡。「這裡的景色讓人絕望的悽美，冰川前沿不斷脫落，發出轟隆隆的巨響，那些沉積了百萬年的冰蓋就此棄陸地而去，化為浮冰，這也許是它們最後的嘶吼吧！」——片中的語言充滿告別的氣息，聽得幾乎讓人落淚。松島冰川已經開始斷裂，兩個月前歐洲太空總署衛星發現松島冰川分裂出超過 300 平方公里的冰川 B49 號，並再次分裂成小的冰川，飄出阿蒙森海，只是正值新冠肆虐，人類無暇顧及。思韋茨冰川也瀕危，如果松島冰川和思韋茨冰川全部融化，全球海平面將上升 1.2 公尺，而根據哥倫比亞大學科學家的分析，上升 3 公尺，中國啟東市就沒了，上升 5 公尺，上海就將被淹掉。「我們蕭蕭的冰川都有聲響回答的那風和雪，你是誰呢，那樣沉默著？」「我不過是一個人。」——改自《漂鳥集》23。

　　「人是一個初生的孩子，他的力量，就是生長的力量」——《漂鳥集》25。電影中有一條暗線關於「愛與勇氣」，拍了一個八歲男孩在極地的成長，男孩從來沒有在這麼高級別的場合排練過，從害羞靦腆開始，「在練習了不知道多少遍之後，男孩的歌聲越來越嘹亮，白天偶遇的那隻企鵝，好像也聽見他的呼喚」。男孩最終在長城站放聲領唱，對於他來說趕上了這班開往南極的船，報告人海波叔叔和合唱指揮燕子老師因緣

際會成了他的導師，極友們共同建構了一個宏大的氣場，不知不覺地提升了他，電影中，長城站大合唱餘音繞梁三日不絕，可謂時來天地皆同力。「我不能選擇那最好的，是那最好的選擇我。」── 何其有幸！

　　對現實的反思，也是對未來的期許。「有一次，我們夢見大家都是不認識的。我們醒了，卻知道我們原是相親相愛的。」（《漂鳥集》9）。有時現實亦宛如在一個入侵者和保護者共存的構思精妙的噩夢之中，那麼，當我們醒了，我們能知道我們原是相親相愛的嗎？人類還是一個命運共同體嗎？

　　感謝鳳凰衛視團隊，鳳凰是飛鳥中的王。

2020 年 4 月 26 日

93
一直跑下去

在太平洋第二島鏈上，塞班和天寧是我跑步跑得最勤的地方。從2012年開始到2017年，因為工作關係，去了不下十次。從上海飛到塞班只要五個小時不到，再坐八分鐘的小飛機就到了天寧島，塞班和天寧是距離中國最近的美國領土。有一次和美國的合夥人一起去塞班，美國本土沒有直飛塞班的班機，他只好苦哈哈地先飛到上海，和我一起飛塞班，那一刻我真感覺好魔幻。

塞班島有一個美軍紀念館，裡面有張太平洋地圖我看了很受震撼，在「二戰」之前，整個太平洋美日對半分，要說海權的概念，甲午戰爭後，日本人絕對領先亞洲，就胸懷世界這個單項，當時全亞洲無人能望其項背。塞班和天寧都有日本人當年的司令部、工事和戰敗跳崖的地方，有些陰森。華裔導演吳宇森導演了一部好萊塢大片《獵風行動》（Windtalkers），上品電影，只是叫好不叫座，可能與名字有關，如果改叫「決戰塞班」可能會好一些。美軍在塞班島戰役中首次使用印第安人的納瓦霍語編密碼通訊，指揮海上的戰艦炮擊日本工事，徹底攪亂了日軍的耳目，最終獲得了勝利。美國海軍陸戰隊第2師、第4師和美軍第27步兵師在霍蘭·史密斯（Holland Smith）中將的指揮下擊敗由齋藤義次中將指揮的日本帝國陸軍第43師團。這一戰美軍雖勝猶驚，一個100平方公里的小島，打了將近一個月，死亡1.6萬餘人，可謂刻骨銘心。

《全面啟動》中日本大 BOSS 的名字叫齋藤，不知是否因齋藤義次而來？

　　我跑上過「世界最高峰」踏破潮山，那裡是塞班的制高點，因為與底下一萬多公尺深的馬里亞納海溝相連，從海底量上來相對高度世界最高，扔個聖母峰下去都不見頂的，所以稱「世界最高峰」。1944 年 6 月 26 日，美軍終於控制了「最高峰」，7 月 6 日，齋藤和南雲忠一（日本中太平洋艦隊司令官，以率領艦隊參與偷襲珍珠港及中途島海戰聞名）向東京發出了訣別電，集結殘餘 5,000 官兵部署最後的決戰，史稱「塞班突擊」，當晚齋藤剖腹自殺，南雲用手槍結束了自己的生命。日本人臨死都不忘措辭之講究，「塞班突擊」失敗之後，東京制定了「一億玉碎」計畫，大有發動全民死戰到底之勢，美國由此決定動用核武，於是就扔了兩顆原子彈，結束了這場不堪回首的戰爭。科技是第一戰鬥力，扔原子彈的飛機就是從塞班對面的天寧島起飛的。天寧島的老機場存放「胖子」和「小男孩」的坑現在還在，被玻璃罩起來了，兩個裝原子彈的坑相距不到 50 公尺，我去過多次，有一次碰到一個來觀光的美國人，他說他的爺爺參加過那場戰爭。

　　南雲忠一和他的上司山本五十六年輕時都很帥很優秀，在軍校成績都排名前十，山本還在哈佛大學學習過三年，軍國主義把優秀青年都變成魔。極端民族主義與種族歧視是一對孿生兄弟，是破壞人類命運共同體的病毒。吳宇森在《獵風行動》裡描寫了美軍內部白人對黃種人的歧視，納瓦霍人被白人美軍看不起，甚至並不認同他們是美國人（儘管印第安人本是美洲的主人），但他們最終成了勝利之門的鑰匙。人類歷史已經不斷證明世界上並不存在所有方面全部輾壓其他民族的特優民族，即使存在看上去各方面秒贏人類的外星生命，也總有他們的短處，這個從哲學上就可以判斷，尺有所短，寸有所長。制定規則，建構人類命運共

同體，是人類要聯合做的事，不要豪稱「脫鉤」，更不要輕言「玉碎」。

日本終於沒有「一億玉碎」，瓦全了，日本沒有自己的軍隊，沖繩被美軍占領，十分鐘起飛一架戰機，日本實際控制的塞班託管給了美國，幾年前變成了美國的海外屬地。但有捨有得，目前看來，這個在廢墟上瓦全的民族融合東西方先進文化的能力非常突出，一是日本科技發達，幾乎年年有科技類諾獎；二是日本人公德意識強，戴口罩是常規動作，一般不用勸；三是這次疫情期間，日本人表現出的謙卑、友好、包容讓大家刮目相看，默不作聲秀了一把廣受好評；四是日本人恥辱感特別強，政府透明，作假不容易。至於全國網速慢，支付方式落後，有幾個廁所不乾淨，酒後當街小便什麼的不良情況我們都掌握了，也基本知道聯合國公民素養日本年年排第一這事是假的，《決戰中途島》（Midway）正在重播日本「二戰」中的錯事，但不影響我們公允地觀察今時的日本。

塞班是北馬里亞納的首府，還有潛水聖地藍洞和觀光勝地鳥島以及免稅店、賭場；天寧有塔加屋、星丘海灘、噴水洞等景點，原始了一些，旅遊和房地產開發潛力龐大，還有軍事迷必到的原子彈存放地和帶彈起飛的跑道，兩個島都有很多「二戰」遺跡。塞班天寧相距 3 海里，現在只有坐小飛機可以來回，我們替北馬政府規劃過兩島相連的空中快車軌道交通路線，可以解決旅遊的開發問題，塞班和天寧可以同城化，四手連彈北馬里亞納之歌。

只有合作才能共存，不管是中美、中日還是日美，甚至是塞班和天寧（分設兩個市），都有合作雙贏的問題，現在不是玉碎的時代，也不應止步於瓦全，全人類應該追求的是「玉全」，踐行人類命運共同體的共同繁榮和環境保護。今天，精通日語和英語的鄉賢黃海波先生從香港向我發來一段繁體字：「可以肯定的是：張邁會一直邁步向前跑，一步步地

跑，一步步有觸動，一步步有感悟。讀萬卷書，行萬里路。喜歡邁步跑的人，也應該喜歡讀他的書。」── 這是對「跑步」最好的總結，也是對未來最美的期待。

2020 年 4 月 29 日

94
跑過外灘源

　　要說上海的風水，其實核心就是三條滬江：蘇州河、黃浦江、長江。長江從唐古拉山走來，流經十省一區，最後有一半在崇明島、寶山和浦東新區之間穿過，終於也成了一條滬江。蘇州河是黃浦江的支流，黃浦江是長江的支流，而長江在納了黃浦江之後在上海區域匯入東海，海納百川就成了上海文化的精髓。我很欣賞「我們嚮往大海，所以匯入長江」這句廣告語，它突破了商學院的層次，展現了相當宏大的世界觀。蘇州河亦稱吳淞江（也有將上海市區一段稱為蘇州河，北新涇以西稱作吳淞江），源頭在太湖，別名松江。明代以前吳淞江是長江入海前的最後一條支流，黃浦江是吳淞江的支流，世事難料，明初時，吳淞江淤淺嚴重，戶部主持疏濬了上海縣城東北的范家浜（今外白渡橋至復興島段），新舊河道共同形成了新黃浦江，形成了長江水系中最年輕、離長江口最近的一級支流 —— 黃浦江。原來的吳淞江反而成了黃浦江的支流，因此有「黃浦奪淞」的典故。

　　黃浦江源頭位於浙江湖州安吉縣龍王山，「黃浦奪淞」之後，就形成了外灘源，西元 1848 年，「蘇州河」名字被官方首次使用，江河之名本無大小，但感覺蘇州河級別就在黃浦江之下了。外灘源的背後，是人與自然合力之後的一段「江河恩怨，王朝更替」的故事，「黃浦奪淞」之後，外灘逐漸發展成國際金融中心，而黃浦江源頭的湖州為近現代銀行業貢獻了最多的大班，其中奧妙，細品更有滋味。

　　外灘源是跑步的好地方，蘇州河與黃浦江交會之處雖然被壩攔掉了，但站在外白渡橋上，面對陸家嘴的嘴，仍然可以感受上海灘的歷史布局。跑過外白渡橋，左手是始建於西元 1868 年的中國第一座公共園林 —— 黃浦公園；右手邊就是集聚了一批百年西洋建築的外灘源，外灘源一號是原英國駐滬總領事館，有好幾幢樓，百達翡麗占了一幢，有很大的草坪，我在裡面參加過多個活動。去年巴黎聖母院失火之時，有位叫范一夫的畫家在這裡辦畫展，我看到門口有范曾為巴黎聖母院失火而痛惜的題字，猜想他是范曾的兒子，果然沒錯。緊靠外灘源一號的建築是南蘇州路上的哥德復興式的新天安堂，始建於西元 1886 年，1920 年英國哲學家羅素（Bertrand Russell）在這裡演講，可惜 2007 年毀於火災，2010 年上海世博會期間重建，教堂邊上原神職人員宿舍現在是一家為女性服務的會所。

　　圓明園路現在撐起了外灘源，從北靠南蘇州路的真光大樓往南，蘭心大樓、協進大樓、哈密大樓、女青年會大樓、圓明園公寓和安培洋行，還有隔了一條北京路的益豐外灘源、全球中央對手方協會（中央對手方是重要的金融市場基礎設施之一，這就是上海厲害的地方，完全不動聲色地排了機構在這裡）。真光大樓原為中華浸信會聯合會辦公大樓，1930 年建成，匈牙利建築師鄔達克（Ladislav Hudec）設計；鄔達克設計的國際飯店在南京路上，這個 1930 年代上海灘仰之彌高的地方，看落了很多人的帽子，是真光大樓之後的作品。中華浸信會出版過題為《真理之光》的刊物，大樓遂取名「真光大樓」，鄔達克在一百年前的上海差不多設計了半座城，真光大樓立面為銳角狀豎線條裝飾，出女兒牆收頭，深褐色面磚層層收進，帶有哥德復興的意味，與對面的新天安堂呼應，是不是有一些伽利略《真理圖解》的味道？

黃浦江日出

　　「真光大樓」當年是一處學術重鎮，大樓內曾進駐過諸如福音書局、中華浸會書局、滬江大學等重要機構。滬江大學原為教會綜合大學，總部在楊樹浦軍工路，現為上海理工大學。畢業於美國哥倫比亞大學哲學系，31歲便擔任滬江大學校長的劉湛恩博士把滬江商學院放在真光大樓，年輕人嚮往真理而匯入滬江的不計其數；鄔達克後來將他的建築設計事務所的打樣工作室遷入真光大樓；滬江大學也在真光大樓中辦了商學院的建築科。滬江大學辦學時間雖短，但非常有特色，商學院中的建築科如今已經不可能見。近代的上海，明白建築之於商業的意義，由此保留了上海的底蘊，即使後來經歷很多無厘頭的運動和折騰，但上海之所以還是能站出來引領，和這個城市的品味是分不開的。當你在城市的諸多優秀歷史建築中間一跑而過，不管意識形態如何，城市之光始終閃耀。

2020 年 5 月 26 日

95
在不安的世界裡安靜地跑過十六鋪

南外灘夜跑後的第三天，SpaceX 用獵鷹 9 號火箭將乘坐兩名太空人的天龍號太空船送上了太空，這是人類首次商業載人太空梭發射成功。

三天前，在十六鋪碼頭對面的花旗銀行大樓的幕牆上打出祝賀登山隊成功登頂珠峰的字幕，24 天前，這座擁有全球最大戶外 LED 螢幕（總面積超過 6,000 平方公尺，遠勝美國時代廣場大螢幕）的位於陸家嘴的美式標籤的大樓一度傳聞以每平方公尺平均不到 5 萬人民幣的價格出售。

外灘的人流漸漸恢復，不戴口罩的人也漸漸多了起來，人們安靜地走動。十六鋪碼頭的候船室也比往常安靜一些，這個渡口出發的船最早可以直達溫州，十年前還有去普陀山的，而現在，好像只有去對岸浦東的了。這個世界，水上擺渡的距離越來越短，天上擺渡的距離越來越遠。而陸地上的三天裡，隨著一個白人警察對黑人執法過度的致死事件不斷發酵，美國的暴力抗議已經席捲了 33 個城市，明尼蘇達州火光沖天，與戰場無異。而這邊，名人在上海紐約大學畢業典禮上發表演講：「你們相信未來，我們選擇相信你們。」語風仍然帶有機場演講的煽動與鼓勵，不知道畢業生會不會有些迷茫與徬徨？這一天，溫州出現了一條跨越全城的彩虹，洗版了，就像張愛玲從上海出發，即將抵達安瀾亭碼頭時看見的溫州城。她選擇了相信胡蘭成，於是整座城都發著光，因為心愛的人在裡面。

　　四十多年前，一艘從溫州安瀾亭碼頭出發的民主號輪船載著母親與我在黃浦江的晨霧中到達這裡，那時父親在上海工作，他穿著軍綠的大衣在碼頭迎接我們，我還記得斜度很高的棧橋上一根根凸起的木條，踏上去特別抓地，那是我第一次來上海，幼稚園中班的年紀。我路過西藏中路新閘路時，想起四十多年前父親和我說的五條馬路的交叉口就在這裡，我和我太太說：「當年這裡的五條馬路中央有一個架在空中的崗亭。」她非常驚嘆我跨越世紀的記憶力和穿透時空的閱歷，說了一句：「我小時候來上海，直接就到寶山舅媽家了，那時候他們來市中心還說去上海，我搞不懂為什麼他們在上海了還要去上海。」我笑了，二十年前，跑去寶山註冊外環隧道建設發展有限公司的時候，豐翔公司的周經理和陸經理說過幾天到漢口路來看我，也是說去上海的。

　　路過十六鋪碼頭邊上的英迪格酒店。我在前天的同學聚會中得知在我跑過英迪格酒店門口的時候，薛曉路同學正在酒店裡面拍《在不安的世界裡安靜地活》。這是一部 40 集的電視劇，拍了近半年，跨越整個新冠肺炎疫情中不安的世界，即將在年末上線，我不知道劇情，只知道是許亞軍和馬伊琍主演的電視劇，有薛導的水準在，播出後應該是不會安靜的。

2020 年 5 月 31 日

96
朝辭白鹿彩雲間

在溫州第二天，晨跑。

現在的溫州就是一個大公園，甌江邊的跑步道修得看不到盡頭，明明舉目就是青山秀水，甌江路上還有石子鋪的枯山水，八百里卷甌江圖徐徐展開，在晨暉之中自西向東、入夜則無問西東。城中的大橋曾在網路上徵名，我第一時間用電子信箱發了「甌越」的名字去，未見回音，後來見報導，方知確是叫做「甌越大橋」，一定有很多人取這個名字，猜想我也不是第一個，不過政府部門要是給我們這些取同名的朋友一張證書的話，我一定會裱起來，也算官方認證，「甌越丹心照汗青」啊。

6 月中旬的白鹿城，黎明的甌江邊俠氣蒸騰，旭日在雲層中灑下萬道金光，匯成金柱直插江中，波光倒影將金柱折成幾段，一艘趕早的船在黃魚金的普照之下往東海而去，隨手拍一張照片，天地人江日，均可達唐宋元明清，時空隧道任我行。

溫州古稱「甌」，甌是一種陶製器皿，約在新石器時代，溫州居住的原始甌人製作陶器，溫州地貌如「甌」，甌江恰似甌中倒出。晉造城者郭璞在《山海經》中描述溫州的地形為「甌居海中」，這是關於「甌」的最早文字記載之一。據晚清學者孫詒讓考證，「甌」從夏始。余少時登高，亦知環甌皆山也，白虎山中來，青龍東海去。永嘉玄武、鹿城朱雀，甌越大橋貫南北。在甌江邊晨跑，即便如墜風水陣中，壯志仍可凌雲。昔

日溫州既為數學家之搖籃，又是國學巨匠之淵藪，可謂人傑地靈。跑過東遊路 2 號，這裡曾是溫州金融信託業的發祥地，現在成了一家保全公司。往事如風，風在江山裡動。

第三天，回程。

凌晨四點半，車上甌越大橋，東方霞光溢彩，一輪紅日蓄勢待發，雄景不常，只嘆橋上不能駐停，與日出擦肩而過。在晨霧之中進了楠溪江流域，謝靈運在此處吟過山水詩篇，也是我們漁樵耕讀的盜夢空間。年少時春遊至此，如入桃花源，石桅巖下有初心，陶公洞中卜前程，何等古意甌味濃！過楠溪江入括蒼山，史書載，登之見滄海，以其色蒼蒼然接海，故名括蒼。陶公曾在此隱居燈壇架，在大樓旗結爐煉丹，採藥著書，我一路獨行高架橋隧道和山間高速，亦可領略「天險西關障，峰巒氣象雄」之壯觀。十餘天後端午節在滬上與台州企業家聚，論及括蒼山神仙居，對方形容就是放大十倍的雁蕩山，雖不敢苟同，亦可明其意。

朝辭白鹿彩雲間，五百里路抵磐安。磐安服務區比較小一些，只有一家賣嘉興粽子的小店勉強可供早餐，又是休息充電的概念，陽光已經灑滿服務區，車少人安靜，磐安素有「群山之祖，諸水之源，浙江之心」美譽，是錢塘江、甌江、靈江和曹娥江四大水系的主要發源地，陸游在此留下了「山重水複疑無路，柳暗花明又一村」的千古名句，當然也是食粽佳處了。磐安之後在長安停，長安服務區毗鄰省城，此服務區也是我當年往返滬杭經常流連之處，現在有了一堆民族品牌的美食和星巴克，還有 5G Wi-Fi，應該是千里回鄉路上最好的服務區之一，只是要趕到閔行吃午飯，就沒有幫他們做更多銷售額。

2020 年 6 月 26 日

97

滬之天空甌之迴響

〈朝辭白鹿彩雲間〉發表後，甌越有迴響。

先是前同事李總回憶說：「當時是曾想向（甌越大橋）每個取名人發紀念物，還為此特別開會力爭，可是正值一些規定頒布之際，因此擱置……好在『甌越』兩字確實不俗，略感欣慰。」

再有朋友對文末甌滬之比較意猶未盡，建議展開說一下。

滬甌之比較課題甚大，大人物比較有發言權，我藉晨跑比較一下黃浦江和甌江已經自覺非常榮幸。

昨日天晴，晨跑上海船廠濱江綠地，此處江面正東正西走向，平穩如鏡，對岸也是高樓天際線，從虹口北外灘一直延展到楊浦濱江，到楊浦大橋收官。虹口北外灘以昔日公平路碼頭為依託，如今已經喊出「世界會客廳」的口號，在上海 2035 規劃中，北外灘將於老外灘、陸家嘴鼎足而三，成為上海新名片。與甌越大橋南岸望甌江北岸的山野之趣完全不同，北外灘濃縮了上海乃至中國近代的豐富歷史，是海派文化「以港興市」的發源地，亦是敘述 19 世紀中國早期工業化過程的最佳場所，還有 4,700 家航運企業形成「生態群」加持，擁有世界航運中心的底牌。

萬水相連，當年溫州自西向東各時代由安瀾亭、麻行僧街、航標路碼頭出發的五大民主輪船（工農兵號、繁新、榮新、昌新、盛新）開往上海，經東海入吳淞溯黃浦江而上直抵十六鋪、公平路碼頭，乃是滬甌

最親的水路。1990 年代初暑假之中我亦曾帶貨到此，在公平路碼頭上岸，銷給東長治路上的小店。6 月 10 日與清華 GFD 班的同學在公平路碼頭舊址逐源大廈聚，逐源溫暖的 90 年代大學生帶貨的日子，回憶希望的田野和快樂的碼頭，這滬甌關係，也成很豐富的談話內容。

滬甌兩字極有共性，都是因器具而生之地名。「滬」本是一種捕魚的工具，係用繩編結的一排竹柵，插在河中，以攔捕魚蟹。唐陸龜蒙〈漁具詩〉序：「列竹於海澨曰『滬』，吳之『滬瀆』是也。」陸游寫過：「潮生魚滬短，風起鴨船斜。」相傳上海境內的吳淞江就是古代的「滬瀆」，因而上海別稱「滬」。「甌」指小盆或是小型的撇口碗，伸出手掌，併攏五指，手掌和手指彎成「勹」樣，就是「甌」的形狀，溫州話有「手掌甌」、「手掌甌兒」之說，整個溫州古城外圈水再外圈是山，唯有甌江出口如碗之撇口，地貌與「手掌甌兒」無異，因此古人云「甌居海中」，「甌」即溫州，荀子曰「流丸止於甌臾」，《南史》語：我國家猶若金甌，無一傷缺。

甌地七山二水一分田，資源貧乏，不能自足，於是出門和讀書成了溫州人主要的突破途徑，葉永烈先生在採訪溫州同鄉、著名數學家蘇步青教授的時候，曾經問及，為什麼溫州出了那麼多的數學家 —— 世界上有二十多個大學的數學系主任是溫州人。蘇老回答說：「學物理、化學，離不開實驗室，而學數學只需要一支筆，一張紙。那時候溫州太窮，所以我們只能選擇學習數學。」 —— 葉老讀的是北大化學系，卻成了大作家，他和蘇老生前很長時間都在上海生活。還有很多不知名的溫州人，從東海出，到達世界各地扎根下來，而最近的大都市上海則是最適宜的扎根地，因為海的關係，在民主輪船縱橫四海的時候，去上海比去杭州還要方便，海上溫情也不是隨便說說的。

　　能夠辦世界同鄉人大會的城市不多，溫州應該是最有名的一個，我有幸參加過一次世界溫州人大會，曾經建議辦一個總部在溫州的世界性的「東海銀行」，以利率市場化和離岸金融作為國家級金融改革的重要途徑，溫州是僑鄉，有太多的華僑為了辦存款匯款要跑到香港去，既然國家給了國家級金融改革的牌照，為什麼不在前端的金融改革上著力呢？〈朝辭白鹿彩雲間〉發出後，有同學說學金融就是學賭博；我的回覆是學金融主要還是學數學（賭博是極端的詞，實際上大數據、量化交易、機率論都是金融要學的；而投資需要的識人斷事，則又綜合了物理、哲學、管理、經濟學、社會學等諸多方面，學個皮毛門檻很低，學好最是不易）。

　　在上海船廠跑步的間歇，回答另一位同學的提問，關於學金融的孩子如何考研究所和實習的問題，我的建議是最好去創新型的大機構，學到的東西會多一些，醍醐灌頂的機率大一些，不要去官僚化太嚴重的機構；至於考研究所那可能是必需的，數學還是不能放，誰叫溫州是數學家的搖籃呢？二代也要盡可能維護這個傳統優勢。金融工程類的碩士生就業相對比較容易，數學好可以攔掉很多競爭者，況且，數學也實在有用。

2020 年 6 月 27 日

98
在永嘉奔跑：雲上自怡悅，亦可持贈君

上半年的最後一天，久雨的上海突然放晴了，讓人振奮的光明灑下來，似乎可以給一個讓人安心的夏了。早起的時候，看到「雲上安夏」社群帳號發的〈雖然 2020，但是我在安夏〉，原來兩年前到訪過的安夏山莊，在夏天到來之時，如此青翠，如此碧綠，如此有雁楠之風，如此有永嘉之美。夏日讀此山居筆記，還有一種山水冰冰的甜。

兩年前帶兒子到訪過永嘉安夏山莊，「白毛浮綠水」的可愛，「萬戶搗衣聲」的趣味，「十角吳牛放江岸，鄰肩抵尾乍依隈」的憨態……賢姪筆下的故鄉也給了小張一幅難忘的甌越畫卷，當可以安放在他夏日的夢裡。

那一日，小張在吃莊主夫人準備的早餐時，莊主已經將 Land Rover 發動，引擎聲伴隨雞鳴，攪開了山莊的清晨。

為了幫我趕永嘉站往上海的早班高鐵，莊主設了好幾個鬧鐘，他早上第一次來敲我房門的時候，我正對著窗前的新月回憶夜宴的細節，葡萄美酒夜光杯，少年舊識喜相聚，不知不覺就喝到醉倒，早起才發現東面是一扇豪氣的落地大窗。主人第二次敲門的時候外頭已是日月同輝，兩山交抱處朝霞升騰，照在遠處呈弧形的山線上，像天地之間端了一個金元寶出來，這忽見到實是意外的驚喜，在永嘉山裡，海拔 268 公尺處，猝不及防，見此祥瑞，猛然間有被兄弟的紅包砸醒的感覺。聽說堪輿師曾探過這一帶，果然專業啊。

前一日遊山見門口有座三星橋，不知名出何處，總歸有道骨仙風，題字書法筆鋒不俗，雖為村立，但一般的秀才也是寫不出來的，橋邊有碑刻記，感恩莊主等鄉賢出資修橋鋪路之德。永嘉自謝公（謝靈運）以來，耕讀之風熾盛，村村通文化，不在世外，勝似桃源。

小朋友吃得慢，莊主在車上遠遠地和我閒聊，說小張昨晚《道德經》背得不錯，我正想說此處有造界氣象，道法自然倒是應景，小傢伙就粥吃煎蛋吃完出來要我幫他穿鞋了，此時離高鐵開車時間不到一小時。

車子出了籬笆門，過三星橋，像張家界下天門山一樣經過十道彎，逐漸下到丘陵間的平路，車窗開著，清風蕩漾草香氳氳。路不寬，兩邊皆是農田，這麼早居然已有公車在村道上游弋了，村村通公車可能也是新農村的標準配置吧；路邊還有文化禮堂，和前日在七都樟里所見略同，文化禮堂附近如遇一面超大的粉牆，自有畫家神筆馬良一般畫上江南山水，甚至畫一個女孩；一樣還有百姓舞臺，許是演出春播秋收之餘的社戲或者城市傳來的廣場之舞。

莊主把車停在大亨村的牌坊前，說到少年朋友的奇異果基地幫小張摘點奇異果，小張興奮地跟著去了，車未熄火，我便不走遠，對著牌坊研究，「瑞氣盈門年年興旺，祥雲當空歲歲發達」、「大光普照山清水秀宜人地，亨運通達國泰民安盛世天」，與我那麼直白的「忽見金元寶」比，可以說是相當的雋永了。

離開大亨村，公路更寬了一些，莊主說五十年前去溫州，也是這條路，不過當年是步行的土路，走到甌北清水埠坐船，再從麻行碼頭上岸得整整一天。時光倒流一百年，某一天，莊主的祖輩從山裡走出，在麻行碼頭進入溫州城的時候，「赤腳財神」虞洽卿的舢板也許正從寧波划到十六鋪碼頭進入上海灘。每個家族都有移民史，維桑與梓，必恭敬止。

莊主夫婦都是我大學的校友，莊主還是我初中時的班長，企業辦好了，孩子成才了，「開始安安定定在故鄉造一所房子，生火做飯，灑掃庭院，種樹釀酒」，可謂小張背誦的「居善地，心善淵，與善仁」了。

公路在拓寬擴建，有些地方須慢行，好在本地的車都十分禮讓，道路資源有限，大傢伙「夫唯不爭故無尤」。完全不是許多城裡那種像川普發動貿易戰一樣的搶道風氣。莊主介紹此處距泰石風景區只有 10 多公里了，到楠溪江獅子岩風景區也不到 30 公里，一個小時內可到大若岩道家福地陶公洞，而走雁楠綠道到雁蕩山風景區，也只要一個多小時。

這些地方大都是〈朝辭白鹿彩雲間〉所繪晨霧之中進入的楠溪江流域之奧妙所在，謝靈運、陶弘景都在此吟過山水詩篇，也是漁樵少年的盜夢空間。年少時春遊至此，石桅岩、陶公洞、芙蓉古村、琵琶井。陶公洞的歷史可以回溯到西元前 140 年，據《溫州府志》記載：「漢武帝元年（西元前 140 年）有道人在大若岩石室修行。」西元 423 年春，永嘉太守謝靈運寫有〈石室山〉一詩，75 年後，陶弘景隱居於此，著寫《真誥》，陶公洞名聲大揚。陶弘景人稱山中宰相，齊帝喊他出去做真宰相，陶公寫了〈詔問山中何所有賦詩以答〉：「山中何所有，嶺上多白雲。只可自怡悅，不可持贈君。」——只是 1,500 多年過去，莊主一家除了自怡悅之外，還持「雲上安夏」贈君，非常難得。

正感慨間，猛然發現離高鐵發車只有不到十分鐘了，從莊主車上下來，奔進永嘉站，好在是小站的早班車，乘客並不多，堪堪在關閘時進了車站，一隻手拎行李，一隻手拉小張，一口氣從車尾的 16 號車廂跑到車頭的 1 號車廂。坐定之後，才發現這是從歐洲輪椅行回來第一次奔跑，按理說，左腿的跟骨還沒有長結實，怎麼就一下能御風而行了呢？

2020 年 7 月 1 日

99
禹定九州

雨縫之中，難得放晴。到紹興的第二日是「七一」，久違的太陽出來了，就去晨跑會稽山，拜大禹陵。大禹是治水的英雄，水患初定，在茅山會計群臣之功，劃定九州，各州獻銅鑄九鼎，國家形態遂現，禹被後世尊為中華立國聖祖，他的兒子啟建立了中國第一個朝代夏朝。《史記·夏本紀》中記載道：「自虞、夏時，貢賦備矣。或言禹會諸侯江南，計功而崩，因葬焉，命曰會稽。會稽者，會計也。」把禹定九州後逝世，茅山更名為會稽山的事說明白了。

禹帝是政治家、水利專家，也是會計、審計業之祖師，拜大禹陵，從景區入口、九龍壇、牌坊入口龍槓拴馬樁、神道，到祭禹廣場、碑亭、享殿，而後跑完957級臺階，上會稽山香爐峰頂瞻仰大禹像，一路見史說、詩云、碑刻、匾題，要說為萬世開太平，先往聖之絕學，舉世公認禹帝第一。拜一拜這樣的大神級人物，先別說為天地立心、為生民立命，即便對大學入學考都大有助益，為往聖繼絕學，可以溯源到此。

若非上古大神，不能見於《山海經》、《易經》、《詩經》和《論語》，詩云：「豐水東注，維禹之績。四方攸同，皇王維闢。」子曰：「禹，吾無間然矣。菲飲食而致孝乎鬼神，惡衣服而致美乎黻冕，卑宮室而盡力乎溝洫。禹，吾無間然矣！」《尚書》：「禹平水土，主名山川」，還有後世李白、白居易、王十朋、陸游歌頌大禹的詩，到康熙題匾：「天成地

平、萬世永賴」……會稽山下大禹陵，當可為浙東文言文與詩歌之路的零座標。

　　大禹陵很低調，與北方的黃帝陵早在 1961 年就被列為第一批全國文物保護單位不同，大禹陵直到 1996 年才列入全國文物保護單位。我第一次去大禹陵就在 1996 年暮春，翻出發黃的老照片，腰間鼓鼓的，應該是一部摩托羅拉BB. Call。兩輪鼠年過後故地重遊，帶了兩支智慧型手機，原先看過的禹廟沒有開放，而中軸線上的建築除了明嘉靖年間紹興知府南大吉所書「大禹陵」的碑亭，大都是新建的，神道的神獸從五對增加到十二對，新的神獸石刻，模樣與氣質也都帶著新時代的氣息。在檢票口的左側還有更為醒目的標語 ——「初心若磐，使命在肩」，以及大禹手持耒耜為民服務的形象。

　　這次考察，把禹和黃帝的關係搞清楚了：禹的父親是鯀這個大家都知道，鯀的父親是顓頊，而顓頊是黃帝的孫子，所以黃帝是禹的高祖，禹是黃帝的玄孫；而著名的堯也是黃帝的玄孫，和禹同輩；而舜竟然是黃帝的八世孫，比堯和禹低四輩，可能舜與禹比，屬於輩分小年齡大這種情況。禪讓制，是在黃帝系內流動的王權，也可以說是黃帝系傳承做得相當好，教育得法，在當時基本公平、獎罰分明的體系內，禹父鯀因為治水失誤甚至被處死了，而舜原本想把王位傳給堯的兒子，因為禹的功績有目共睹，只好隨民意禪讓給禹。

　　7 月 2 日在魯迅紀念館看到魯迅在紹興中學堂任教員兼監學時帶學生瞻謁大禹陵的照片，照片上印有「紹興府中學堂辛亥春季旅行於禹陵之紀念」，魯迅和學生們是站在大殿外幾層的漢白玉欄杆上拍的照，還有儀仗隊，在紹興府中學堂師生春遊半年之後，爆發了辛亥革命，清王朝被推翻了，而其時的禹陵大殿如今也已經不在了。

　　在跑往大禹像的起步處的山道邊上，刻有《史記‧五帝本紀第一》中的話：「唯禹之功為大，披九山，通九澤，決九河，定九州，各以其職來貢，不失厥宜。方五千里，至於荒服。」南方新一輪強降雨今日來襲，禹帝有靈，還請護佑 26 省的千萬受災群眾。

2020 年 7 月 5 日

100
品物咸亨

　　1996 年暮春，第一次到紹興，源於溫信的一次團隊訓練活動。紹興有豐富的愛國主義教育題材，又處滬杭溫三地的中心，溫州老市長（永嘉太守）王羲之到紹興任右軍將軍、會稽內史，而後創作〈蘭亭序〉，可謂家喻戶曉；魯迅的文章又著實讓我們當年備戰大學入學考添過很多「燈油」；句踐的「臥薪嘗膽，三千越甲可吞吳」也激勵過曾經一無所有的年輕人，要說紹興是個夢，它還真是要去找時間去圓的。

　　三路人馬到達紹興的時間不一，通常最遠的總是先到，溫州支部住下之後，我和老嚴看看時間還好，就一路小跑去了咸亨酒店，當街一個曲尺型的大櫃檯，櫃檯上方「太白遺風」四個字和《孔乙己》小說中的無異，櫃裡面是否預備著熱水我們不得而知，總之，茴香豆和黃酒上來，這掛壁的太雕酒確是讓人心醉。許多年後，每次從溫州開車回上海，時間夠的話我大都會繞道咸亨酒店買兩罈太雕王帶回上海，在菊香蟹肥之秋日，這酒是佐餐之佳品。

　　7 月 1 日黃昏，在匆忙看完魯迅祖居和三味書屋之後，去了之前沒去過的倉橋直街。「三味書屋」兩旁屋柱上有一副抱對，上書：「至樂無聲唯孝悌，太羹有味是詩書」，之前沒有看到過三味的解釋，現在大大方方寫著：讀經味如稻粱，讀史味如餚饌，讀諸子百家味如醯醢（醢係肉或魚剁的醬）。就是說：讀書就是美食，不要客氣。通常我們會問：我客

氣了嗎？書就回答：您太客氣了！就像《讓子彈飛》裡面，姜文對著劉嘉玲說的臺詞一樣。

倉橋直街是行人徒步區，中間被府山橫街穿過，孔乙己酒家位於府山橫街的北面的倉橋直街街角。孔乙己酒家當然不可能是魯迅時代有的，是後人按孔乙己的內容創辦的，但也號稱百年老店了，曲尺型的大櫃檯和「太白遺風」青龍牌是標準配置，櫃檯內還有「和為貴」和「群賢畢至」的匾額。到店內落座，在「多乎哉不多也」的字幅下點菜，發現價格相當公道，點了茴香豆、臭豆腐、炒螺螄、莧菜、紅燒鵝肉還有太雕糟黃魚蒸肉餅，除了螺螄炒得一般之外，其他都可圈可點，尤其這太雕蒸的魚，酒香撲鼻，打包了鵝肉回去酒店就鐵人三項的啤酒喝，店家送的手提袋上印有「回」字的四種寫法，這家店學孔乙己第一名。

紹興記奪冠（攝於孔乙己酒店）

　　7月2日又去了一趟咸亨酒店，因為物價上漲的關係，10年前人民幣260元一罈的太雕王已經上漲到人民幣590元了，咸亨酒店的創始人是魯迅的堂叔周仲翔，從《易經·坤卦》「含弘廣大，品物咸亨」句中取「咸亨」二字為店名，很有文化。魯迅在《孔乙己》、《風波》、《明天》等著名小說中，把咸亨酒店作為重要背景，使得咸亨酒店後來名揚四海，但建立於清光緒甲午年的咸亨酒店當時苦撐了兩年就結業了，想必甲午戰敗市場也不會好。現在的店是1981年老店重開的，撐了10年，到1990年資不抵債，時任紹興市綜合商業公司經理的宋金才大膽兼併了咸亨酒店，很快轉虧為盈。我第一次來此喝太雕的時候，酒店已經發展為咸亨集團，現在咸亨集團已經在全中國開了許多連鎖店，在魯迅路的開發中相繼買下幾塊地，打造了咸亨新天地。咸亨酒店門前對聯「小店名氣大，老酒醉人多」的上聯倒像是一句謙詞了，隔壁咸亨大酒店的大廳中間還擺了一個機器人，小朋友每次路過，都喊它跳舞。

2020 年 7 月 6 日

101
越為禹後

　　紹興（古稱會稽）是古越國之都，鼎盛時期的越國疆域北接山東（古稱齊、魯），南抵浙南、福建，西接湖北楚地，東到大海，基本上相當於現時華東六省一市，紹興是越國的中心，那麼越國是哪裡來的？

　　《史記》卷四十一‧越王句踐世家第十一記載：「越王句踐，其先禹之苗裔，而夏后帝少康之庶子也。封於會稽，以奉守禹之祀。紋身斷髮，披草萊而邑焉。後二十餘世，至於允常。允常之時，與吳王闔廬戰而相怨伐。允常卒，子句踐立，是為越王。」《吳越春秋‧越王無餘外傳》則有載：「禹以下六世，而得帝少康，少康恐禹祭之絕祀，乃封其庶子於越，號曰無餘。」以上正史的說法是，夏少康帝的庶子無餘是越國的創始人，二十餘世傳到允常，句踐是允常的兒子。如此說來，句踐是大禹之後人，溯源亦是黃帝之後代。

　　允常時期，越國疆界已經到達江蘇崑山、上海嘉定一線；句踐時期滅吳之後達到上文說的鼎盛疆域。1998 年，在紹興蘭亭印山，發掘出越王陵，成為繼河姆渡遺址、良渚文化反山大墓之後重大的考古發現，震驚中外，基本上可以推斷印山越王陵是允常的墓葬。

　　以上是《越國史稿》的讀書筆記，也是這次紹興之行的學習收穫，魯迅先生寫過〈會稽禹廟窆石考〉，說明禹與越地的關係，可能就是辛亥年那一次帶紹興府中學堂學生春遊禹陵之後所作。本書為什麼老是要提

到歷史？實在是因為歷史就在那裡。大到「越為禹後」，小到小小臺門，在江湖的奔跑之中，歷史姐姐乘風破浪、迎面而來，在諸多亭臺樓閣處與之擦肩而過，但見她笑如清風明月，眸似星辰大海。我是相信西施在「諜戰」功成之後「復歸范蠡，同泛五湖而去」（摘自《越絕書》）的，如是《墨子·親士》中所言：「比干之殪，其抗也；孟賁之殺，其勇也；西施之沈，其美也；吳起之裂，其事也。故彼人者，寡不死其所長，故曰：太盛難守也。」──西施的歸宿是被句踐沉江，那也太不公正，太反人類了。

越國盛行高臺建築，紹興當地具有地域性特色的循古風「臺上築屋」建築被稱為臺門，既可防潮，又有府第之感，臺門人家隔街相望，也是人居典範，魯迅祖居就叫「周家老臺門」。幾年前，看過一部很小眾的電影《西小河的夏天》，講的就是老臺門裡鄰居的故事，說的是 1998 年夏天，一位熱愛足球的男孩、鬱悶的中年父親、新來的美女班導師、隔壁的球迷老頭在世界盃之夏的量子糾纏。

1998 年世界盃我太熟悉了，那個 7 月，坐在洪流之上，「大殺四方、百無禁忌」，對電影描寫的南方小城的夏日午後蟬鳴響起花香飄過，主題歌中唱到的「青石板的街」和「老房子的夜」都深有體會。電影導演周全，紹興人，場景也都是在紹興拍的，聽說為了找可供拍攝的老臺門，導演自己跑遍了紹興城。在 1998 年世界盃的背景裡，少年煩惱、中年危機、老年放不下沉重的過去，小河流水老臺門，一個鏡頭一個鏡頭地緩慢表述，後來得了釜山電影節的獎項，周全還得到「小李安」之譽，不過可能電影還有欠缺，並沒有多少人知道。

電影中小男孩的母親是一位越劇演員，咿咿呀呀地練聲，眉目流轉地唱《梁祝》，也讓我想起年幼時看越劇的事。祖母帶我去看的《珍珠

塔》、《春草闖堂》，和魯迅、閏土們看的大部分社戲一樣，都是越劇。

漢惠帝三年（西元前192年），漢王朝在甌地建立了一個「東甌國」（地域相當於今溫州市和麗水、台州地區的範圍），封越王句踐第十三世孫騶搖為東海王，世稱東甌王，可見東甌王也是黃帝的後人，甌越本一家。

有意思的是，最近一部電視連續劇《隱祕的角落》中看到了《西小河的夏天》中的兩父子，已經紅得不行了，演父親的被評演技第一，演男孩的也被高度看好，幾年前他們在隱祕的臺門裡演戲的時候，可曾想過每一個不被人知的角落都有成為名勝的可能？

2020 年 7 月 7 日

102
陪女兒考大學：像拜仁球員一樣奔跑

　　7月7日一早，穿上大紅的拜仁球衣送女兒去應考，這件衣服是2013年5月25日在德國慕尼黑買的，在慕尼黑機場看到和我穿同款紅衣的球迷登機飛往倫敦觀看歐冠決賽，當天晚上拜仁奪得歐冠，所以特別應景！拜仁今年成績非常出色，德甲、德國足協盃雙料冠軍，當家球星萊萬（Robert Lewandowski）目前排歐冠射手首位，是今年金球獎最有力的爭奪者，頗具新科狀元潛質。選衣服有講究，裡面有想法，在車裡看到學校群組裡發的照片，作為全國最優秀中學校長之一的李校長也是一襲紅衣上了廂型車，還舉著一株向日葵，寓意「一舉奪魁」。我這看上去低調的拜仁球衣，其實內含「仁者無敵」之意，和校長遙相呼應，想到這裡，我不由地笑了。小張還略有點緊張，我不好和她說得太明白，怕增加她的壓力，只是幫她檢查了證件和筆，看到頗具時代特徵的口罩也帶了兩個就放心了，聊了聊輕鬆的話題，她已比我考大學時勝算太多，當年我要拚命地幫自己打氣，對她反而要說保持平常心了。這一屆孩子不容易，幾個月全體在家自學和線上上課，這在大學入學考備戰史上是沒有過的。

　　雖然才7點多，路上也有些塞，好在沿路都有警察指揮，到達進才中學考場時，時間正好，考生陸續進場。不過李校長、教導主任王老師、高三教研組組長唐老師、班導師黃老師一行已經帶第一波學生進去

了，沒趕上儀式感很強的入場式，略有遺憾。好在有幾位進了數學、物理競賽國家隊早已獲保送清華、北大資格的同學打著「展鴻鵠之志，創華二輝煌」的布條當我們合影留念的背景牆，那棵可能是校長舉過的向日葵正好被同學在「志」字上面舉著，在雨後清晨分外醒目，「魁」上的水珠依稀可見，風吹過髮梢，小將出征、捨我其誰之感油然而生。進才中學的校名是溫州鄉賢蘇步青老先生題的，蘇老是著名數學家，中國微分幾何學派的創始人，被譽為「東方第一幾何學家」、「數學之王」，我們趕緊在校門口合影借光，然後小張排隊量體溫進考場，帶著全家人的期待、所有親朋好友的祝福、老師們的加持和同學們的助威聲進去了。

在校門口巧遇也來為女兒送考的朋友兩口子，他們特別有心，專程製作了紅色 T 恤，前面分別是「馬到成功」和「金榜題名」，背後都是「華二必勝」，謝老師說：「加油是不夠的，必須是必勝！」說得同行的家長都笑了，家長們也在考場外面合影留念。這兩天的大學入學考是全中國上千萬個家庭的頭等大事，送孩子參加大考何嘗不是人生最值得銘記的經歷呢？進才中學的校門口，成了有警察守護的高規格的送考聚會，家長們相互交流助學經歷，對於延遲一月即將到來的「自由」似乎也還沒做好迎接的準備，而對於即將揭曉的大考作文題卻超級期待。

語文考試結束時，作文題終於輾轉傳到大家的手機裡，「世上許多重要的轉折是在意想不到時發生的，這是否意味著人對事物發展程序無能為力？」──上海卷的作文仍然保持海派風格和極高的出題水準，這半年以來，我們確實見證了很多奇事、經歷了很多變數，看到一些不斷露出水面的真相，對「世上許多重要的轉折是在意想不到時發生的」的確感同身受。我覺得這個題目是「普世」的，每個考生都有自己可以切入的角度，非常公平；而它又是「價值」的，論述人對事物發展程序之作

為的過程和結果最終能展現考生的水準。女兒上車以後的作文覆盤讓我很驚訝，在哲學思辨、引經據典、遣詞造句這三大方面都展現出很強的能力，我深感欣慰。

下午數學考試，天晴了，出了大太陽。趁考試的間隙，去了趟上海圖書館，在車上看了莫言先生寫的〈陪女兒高考〉：「八點三十分，考生開始入場。我遠遠地看到穿著紅裙子的女兒隨著成群的考生湧進大樓，終於消失了。」、「可見世界上的事情，絕對的公平是不存在的，譬如這考試，本身也存在著很多不公平，但它比當年的推薦工農兵大學生是公平得多了。」——字裡行間流露出一個父親對孩子的關愛和對大學入學考的思索，也表現了一個普通考生家長的焦慮。即使是諾貝爾獎得主，陪考的心情大抵也是相同的，我發現莫言先生在陪考那天也穿了一件紅衣服，只是多了些並不張揚的藍白條紋。

莫言先生原定 2018 年 11 月與我們共赴南極，後來南極論壇因故推遲了一年，莫言先生時間排不過來，遺憾未能成行，也是我們 2019 年南極論壇極友都感覺有些遺憾的事，好在我們都獲贈了莫言先生 43 天寫了 43 萬字的大作《生死疲勞》，他在卷首題的「世事車輪轉，人間高低潮」用於大學入學考亦無不妥；收尾一句「佛眼低垂處，生死皆疲勞」更顯高深。

終於在上圖找到一本在紹興看到的《越國史稿》，離開圖書館時已經四點半。趕到進才中學北邊的靈山路已經 5 點 10 分了，車堵塞了有 700 公尺，我怕女兒著急，便下車一路小跑，如果你在大學入學考第一天看到一位貌似拜仁球員的，在黃昏的靈山路上左右騰挪奔跑的人應該就是我。小張已經等在校門口，並沒有考完那種按捺不住的喜悅或者如釋重負的快樂，我不禁有些心疼，我想她無非是對考試中那麼一點點不完美

而糾結，上海的數學題雖然比浙江的要容易一些，但要百分百地拿下也是不容易的。我們稍微聊了聊數學題，正好她一位同班的同學過來，我便問他考怎樣，同學說他已經保送到北大物理系，是來陪考的，他對我的拜仁球衣倒是很注意，說今天已經很多次看到我了，幾位來助威的同學也都陪到考試結束，真是很有團體榮譽感的。

陪女兒應考

回到家，和我一樣陪女兒應考的邵總發照片過來，也許是他背後的「華二必勝」太醒目，我和他們兩口子一起上了上海電視臺的新聞綜合頻道，榮幸成了唐老師祝願考生正常發揮，考出好成績的背景。新聞照片中，我那拜仁球衣露出一半，我想仁字在《論語》中的說法是「仁者不憂」，擺在「智者不惑」和「勇者不懼」的中間，C 位出道，許多考生的大考還在繼續，祝願大家拜仁得仁，仁者無憂。

2020 年 7 月 8 日

103
上海原點

　　7 月 20 日是中國電影院重新開放的日子,上海國際電影節的票也是當天開售,8 點多很快就搶光了。上海國際電影節似乎能享受到審查方面的一點寬鬆度,畢竟電影節有些學術交流方面的需求,尺度大一些也可以理解,就是這點小小的開放,滋生了「電粉」。電影節今年辦到了第 23 屆,大都在梅雨季節的後半段開幕,我在上海生活已有 20 年之久,算是電影節從初創到繁榮的見證者。

　　南方的雨季和全城市民的文藝實力為上海電影節帶來了溫婉與含蓄的力量,電影節梅花間竹般的座位安排更展現了既要安全又要成功還要有風範的魔都氣質,與《法國足球》雜誌取消 2020 年金球獎評選的鬧情緒行為不可同日而語,社會不應該辜負每一個追求卓越的人和每一朵用心血與才情澆注的花。

　　《八佰》本來是去年上海國際電影節的開幕電影,被所謂的技術原因取消後,今年仍不知所蹤,有點可惜。四行倉庫大家都不會陌生,跑步系列的第一篇寫的就是從四行倉庫出發的跑步,這是我在上海常規的跑步路線,從晉元路光復路沿蘇州河向東,經過西藏路橋、浙江路橋、福建路橋、山西路橋、河南路橋、四川路橋、乍浦路橋、外白渡橋跑到外灘,抑或是從南蘇州河路經外白渡橋繞回北蘇州河路跑回光復路,正好 5,000 公尺。

西藏路和浙江路之間，是蘇州河十八彎中唯一可以看到東方明珠和「浦東三兄弟」的地方，集陸家嘴現代景觀之大成的觀測點離四行倉庫只有一步之遙。有一次我在這裡突然想起《讓子彈飛》的結尾，姜文問老三、老四要去哪裡，兩個年輕人歡快地回答「去浦東」的場景，感覺此處充滿了隱喻。

四行倉庫建於 1931 年，業主當年選址極有講究，既可以利用蘇州河航道的集散功能，又方便勾連位於外灘的銀行總部，也是蘇州河北最靠近租界的地價窪地，因為四家銀行是聯合業主，所以建築要求高，鋼筋配置超過一般建築，最終成為上海抗戰的臉面。世上許多重要的轉折是在意想不到時發生的，抗戰讓子彈飛是必然，選中堅守離租界一步之遙的四行倉庫看上去是偶然的，但這個偶然早已包裹在必然之中，幾乎在金城、中南、大陸、鹽業四家銀行選址開始，便注定了這個高 25 公尺靠近公共租界的地標混凝土倉庫未來要成為抗戰紀念館和愛國主義教育基地。

倉庫已經說了很多了，說一說大多數人都很陌生的「四行」吧，我也是差不多 15 年前在湖州的錢業公所參觀時發現我以前工作過的漢口路 110 號是原中南銀行的總部。中南銀行的創辦人是印尼前首富及糖王，出生於福建南安的華僑黃奕住。中南銀行 1921 年成立，是當時中國最大的僑資金融企業，與中國銀行、交通銀行並列為可以發行鈔票的三家銀行，中南銀行是三家發鈔行中唯一的民營銀行，且黃奕住持股高達 75%，這個地位，上下五千年沒有人可以比肩。馬未都先生說過，黃奕住這人有多少錢呢？今天我們所有的富翁在他門下什麼都不是。馬先生是收藏大家，對於財富有自己獨到的見解，但說起黃老先生，迷之崇拜，隔了多年說起他曾經去過的鼓浪嶼黃家大宅（曾為鼓浪嶼國賓館）還是很神往。

1923 年，中南銀行聯合鹽業、金城和大陸銀行成立四行聯合營業事務所（也稱「四行儲蓄會」），隨後籌建了「四行準備庫」，制定了「十足準備」發鈔原則，這在中國商業銀行史上是一個創舉，比美聯儲只晚了十年，「四行準備庫」不僅成功地規避了擠兌風險，且獲得了發鈔額穩步上升的傲人成績直到南京國民政府統一全國幣制，「四行準備庫」才正式結束歷史使命，這些都是抗戰前發生的事。中南銀行還與金城銀行合辦誠孚信託公司，那是中國歷史上最早的服務信託了。

四行聯合之後風生水起，買下黃河路南京路西路路口兩畝七分地，準備建「四行大樓」，原本和現在諸多開發商的做法一樣：自己辦公、其餘出租，由匈牙利設計師鄔達克擔綱，設計成輪廓修長頂部層層收進的塔式建築，好像去蓋的金字塔，寓意「聚沙成塔」。後來聽從設計師鄔達克建議從投資回收期考慮改了飯店，就是當年名震寰宇的遠東第一高樓──「國際飯店」。1950 年，上海市地政局以國際飯店樓頂中心旗桿為原點，由此確立了上海城市座標體系。現在國際飯店大堂還有「原點（副點）」標誌，上海原點源於「四行」。

原本要建的「四行大樓」被國際飯店替代，那是不是還存在另一個「四行大樓」？昨天我跑到四川北路北蘇州路口時，遇到一個時間很長的紅燈，我想要麼改改路線跑跑四川北路吧。就沿著四川北路往北跑，在海寧路口見到一幢氣質不凡的老建築，南面的頭有點像武康路的熨斗大廈，走進一看是歷史保護建築──「中行大樓」，再走幾步，又看到「四行大樓」，感覺是一幢建築，怎麼會有兩個名字？回來查資料方知確實是兩棟不同設計師設計的建築，但連接得非常巧妙，渾然一體。既然能四行聯合，兩樓聯合也是完全可以想像的，四行大樓作公寓使用，底層當年是四行儲蓄會虹口分會的營業處，開創了分紅創新的模式。

　　四行儲蓄會存在的時間只有十多年，但合縱連橫不斷創新，實在可稱得上是中國本土國家級金融試驗級別的創新，在今天都很有借鑑的價值，其案例意義不亞於美聯儲的成立，只可惜舊中國的系統問題導致日本侵華戰爭全面爆發，社會平衡被打破之後，「四行」與後來的「八佰」終於淹沒在歷史的長河之中，只剩在跑過光復路的時候，還能看到的一個倉庫的名字。

2020 年 7 月 21 日

104
拈花灣的月

造化鍾靈秀，陰陽割昏曉。世上美景多在朝朝暮暮之間，要不是在跑完靈山之後，多留幾個小時，拈花灣的佛系還真不能領略全。

在茶館小憩，在抄經處盤桓，在主街上走了走，看那輕度的火燒雲慢慢爬到拈花塔的上空，直到在唐風宋韻中盡力向天空生長的拈花塔尖接上了一朵紅雲，夜幕方開始降臨。

塔下已經集聚了一群灰袍斗笠的年輕人，每一次陰陽割昏曉，他們便要登場演繹造化鍾靈秀。在廣場上日更日新的觀眾眼裡，重複天地人交融的儀式。佛樂聲中，魚貫而入的現代年輕人，在踏上塔前高臺那一刻，便把自己交給了古代，如同從長安、奈良、洛陽、京都穿越而來。

西邊的太陽已瀕落山，晚霞穿過雲層射在他們手中的銅缽上，竟然像燒紅了一般。年輕人們有一些舞蹈的動作，衣袂飄飄、長袖善舞，僧袍帶起風來，在慢速的鏡頭中凝練了時光，在銅缽的高舉低抬和旋轉之間，被晚霞燒製的火紅陡增了幾分法度，真有了佛音之碗的屬性，世間凡物，亦宛如高僧之法器。

在演出的尾聲，塔上落下了花瓣雨。此去十里，便是靈山勝境，相傳玄奘西天取經歸來，遊歷東南到此，來到小靈山，見「層巒叢翠」，景色非凡，大為讚賞，曰「無殊西竺國靈鷲之勝也」！於是就替此山取名小靈山。靈山大佛面湖而立，拈花一笑，這便是拈花灣得名的由來。

同行的胡總是拈花灣的設計者之一，沿途向我們介紹計畫的初心、設計的理念和許多「神操作」。挖湖挖出來的泥成就好看的土坡，雨後隨機長出的嫩草讓建設者隨緣放棄了人工草坪的想法，廊道盡頭想放一把椅子空間不夠便在牆上畫了一張，見對面的青山不夠嫵媚便人工干預造一條小瀑布讓青山見人亦如是……既不恪守佛系，也不拘泥規則，最終無中生有建成一個日式的小鎮，引來每年兩、三百萬的遊客，人民幣 120 元的門票價格不菲，但景區在還要檢查健康碼的酷暑季節依然人山人海。

拈花灣

胡總很反對我們稱這裡是日式的，一再說是唐風宋韻，但他請我們吃午飯的餐廳仍然是日式的，應該是灣裡最好的餐廳。屋頂有茅草，牆內有枯山水，鐵板燒做得道地，牛排青蝦獺祭大吟釀，即使是一碗蛋炒飯也是東瀛的味道。這麼說吧，唐風沒有問題宋韻也沒有問題，只是大中華存世的大規模古建著實有限，反而不如整體保留維繫唐風宋韻的奈良和京都了。拈花灣是一場回見唐宋的嘗試，尤其是月上拈花塔時分。既然是風月同天，也不分山川異域了。

月圓之夜回到上海，兩天後，十五的月亮十四圓，據說這種情況一百年只有六次，不過幾百年一次的事今年都遇到了，一百年六次也不

稀奇了。月亮提前圓過之後，十五便沒有了月，更不是尋常清風徐來的樣子，這一晚成了颱風「哈格比」的天下，魔都風雨大作，有人迫於風威叫嚷也要出版某本爭議書籍，有人不為風動直呼一碗螺螄粉。世間有為法，如夢幻泡影。如露亦如電，應作如是觀。

拈花灣

　　宋·釋普濟《五燈會元·七佛·釋迦牟尼佛》：「世尊在靈山會上，拈花示眾，是時眾皆默然，唯迦葉尊者破顏微笑。」—— 拈花一笑，月上西樓。

2020 年 8 月 5 日

105
光陰的故事

　　從寧波十七房去舟山朱家尖，99 公里，途徑金塘、西喉門、桃夭門、響礁門、岑港五座跨海大橋。這條穿島跨海之路將舟山群島新區緊緊拉在一體化的長三角裡面，也將朝聖的香客在雲蒸霞蔚中送抵慈航廣場，最終普渡到對面的海天佛國去。

　　這條路光五座橋就長達 25 公里多，連接寧波與舟山的金塘大橋，全長 21 公里，是舟山大陸連島工程五座主橋中最長，也是繼青島膠州灣大橋、杭州灣跨海大橋、東海大橋之後扛鼎的跨海大橋，寧波與舟山的市界就在橋中央。西喉門大橋，全長 1,650 公尺，是中國少見的懸索橋，橋旁原本有個小博物館，九年前帶著小朋友們去看過。這條路現時收費人民幣 103 元，聽上去有點貴，但要算五橋相連的建設成本，已經是非常親民的價格。最重要的是，這一條海上之路如神工造就，自金塘大橋起持續一個多小時乘風破浪深入東海，因緣殊勝之感油然而生。

　　現時的慈航廣場造了很大的立體停車場，入口處像一個中等城市的高速公路入口，立體停車場二樓有很長的連廊，方便遊客避開風雨走到渡口，登記舟山的健康碼，刷船票 QR Code 登船。與上一次來普陀山的情況相比，景區管理智慧化程度大大提高，幾乎提升了兩個量級。

　　抵普陀山時，已近午時，碼頭有大嬸問要不要去她家吃飯，得知我們沒有在附近吃飯的打算，也不介意，還是很熱情地和我說遊山左邊

走，拜佛右邊行。普陀山我來過多次，路挺熟，但還是感謝她的不吝介紹，畢竟最近一次來也已經是 9 年前了，再往前是 11 年前，再再前是 14 年前，再前面還有兩次，時間過得真快。

2006 年 9 月 30 日，上海下雨，車到蘆潮港，再坐飛翔輪去普陀山。船行 150 分鐘，登彼岸，晴。住在金沙，走去普濟寺。女兒在御碑亭前大聲朗讀，只撿她認識的字唸，天馬行空，不知所云，過路者皆笑。

普濟寺西行，乃西天景區，心字石、磐陀石、二龜聽法石一路過去，到高處往下，經過海軍駐地，和梅岑路海鮮一條街，達短姑道頭，往北，便又是金沙，一個心形的圓圈，剛好一個下午走完。此時正是長假前夜，人還不多。金沙灘上，一個和尚在遠眺紫竹林方向的南海觀音。梵音佛號，碧海潮生，與白晝比，夜的普陀更是喧譁遠去的淨土。

10 月 1 日，晴。早起，先拜普濟寺，再拜法雨寺。從法雨寺西上香雲路，共 1,088 級臺階上佛頂山，拜慧濟寺。往常都是在東邊纜車上下，未體驗跋涉之苦，那回可算心誠了一把。女兒在路上碰到一個大她兩歲的女孩，較起勁來，開始跑步比賽。剛開始不相上下，漸漸便落後了，眼看追不上，拉人家衣服都追不上，大哭。結果，老爸在香雲路上教子：第一，贏了可以哭，輸了絕不能哭；第二，不要在乎比賽輸贏，要在意是否超越自己；第三，要遵守規則和尊重對手。女兒含淚頻頻點頭，老爸心想自己還未必都能做到，算是父女共勉吧。

最前面的兩次都是跟著當地有名望的朋友去，兩次都直接上佛頂山，到慧濟禪寺聽道慈大師說法。道慈大師當時是佛教協會的常務副會長，一向和氣，我們請教「心誠則靈」一說，道慈大師笑道，佛法無邊，就像行動通訊的訊號，滿世界都是，你的手機不開，再多訊號對你沒用。手機開了，對上了頻，就靈了。那一次我們去了十多人，僧舍內

兩邊坐好，品佛茶，聽道慈大師說完，看他隨手抓了把開光護身符相贈，剛剛好發完。道慈大師還說：剛好發完，這不正是心誠則靈嘛。

回到當下，從左面行，至西天景區，見二龜聽法石，又細細研究了磐陀石，感慨此石得造化之妙。浙江年年有颱風，你看那區區「哈格比」，便能夠將鋼筋混凝土高樓的陽臺直接吹沒了，吹掉的數量還那麼多，這石頭重腳輕，如一個壯漢用一個腳尖踮著地，懸空連接處只有巴掌大小，屹立千年歸然不動，這不是佛法無邊最好的注解麼？石上刻有「通靈」和「金剛寶石」，亦有廣而告之意。

一圈走下來，和 14 年前的路徑一致，只是方向相反，想起一些畫面，回憶浮現腦海，像是與 2006 年奔跑的自己擦肩而過，普濟寺前的荷花依然亭亭玉立，蓮葉田田，定香亭前再留影，14 年，是「觀自在菩薩」字上的新漆，是潮音洞下復長的苔蘚，是許過的願、經過的險、成過的事，是孩子們從小到大，從少到多。普陀山，於佛，是觀音的故事，於我們，是光陰的故事。所以，我們一定還會再來。

2020 年 8 月 6 日

106
佛系跑步

　　很快，今年第二次來到普陀山，這一次住在最北邊的山水花園酒店，到的時候是傍晚，酒店的車來碼頭接，開了十幾分鐘，一直開到佛頂山的纜車站附近。天色已晚，纜車站對面有個小沙灘，司機說纜車下午4點半就停止營運了，一般這個時間到的住店客人就在這沙灘轉轉，別的地方去不了了。往沙灘去的棧道口，一公尺高的籬笆門加了道象徵性的鎖，既然有那麼點安全防範的意思，也不好意思翻過去，於是在酒店吃了點新鮮的梭子蟹和每次來必點的舟山帶魚，吃了兩碗飯，喝了瓶紫竹林啤酒，就休息了，想著第二天一早爬佛頂山。

　　佛頂山又名白華頂、菩薩頂，是普陀山的主山，高程291.3公尺，是觀日出的好地方。住在北邊就是為晨跑看日出，查了下日出的時間是5點14分，從法雨寺開始爬山有1,088級臺階，三刻鐘登頂，倒算回來差不多得4點半到香雲路起點。那麼問題來了：酒店離法雨寺還有4公里多的公路，這麼早，好像也不太能叫到車，總不見得跑過去吧？正犯愁呢，發現酒店還有送早課服務，早課就是寺廟裡的誦經禮拜活動，一般是凌晨3點就開始的。我便試著與櫃檯聯絡，問能不能4點半將我送到法雨寺，櫃檯很負責，說4點半是不是太晚了，還有你和大師父約好了沒有，沒約是進不去的。我就說其他的你們不用管，將我4點半送到法雨寺就行，支付費用也沒問題。酒店還是挺合作的，幫忙安排好了，4

點一刻，司機準時在大廳等，就送我一人，也不收費用。路上帶了兩位上工的清潔工人上車，兩人挺高興的，因為正常早課的車太早，他們通常還搭不到。

路過法雨寺，聽到晨鐘響了幾下，一派莊嚴，我也是頭一回這麼早到香雲路，兩支手機的電都是滿格的，做好了沒有路燈、暗夜獨行的準備，沒想到香雲路路燈明亮，凌晨上山原來只是常規做法。有比我更早獨行的人，虔誠地一步一拜上山，還有廣東來的一個團，禮佛的裝備都是統一的，領隊手裡拿著一個擴音器，念著佛號，一路跪拜上山，我從他們身旁跑過去，想起幾個關鍵字：信仰、力量、希望。

垂直晨跑比之走路登山的好處是因為有速度，就覺得山不高了，加之有響徹雲間的佛號相助，到達雲扶石和海天佛國的摩崖石刻時，也沒覺太累，只是米黃的 T 恤已經溼透，東海上來的微風拂過臉龐，一陣佛國的清涼。海天佛國崖旁邊掛有「中國普陀山國際馬拉松賽道」的牌子，香雲路到山頂路程只有 2,000 公尺，只占馬拉松路程的 5%，但 1,088 級臺階對選手們也是一個考驗。雲扶石到山頂就不遠了，沿路有信士供養的烏桕、臺灣蚊母樹、普陀鵝耳櫪等植物，山不在高，路有珍奇。佛頂山山頂是一塊平地，山門有聯：「補袒洛迦徧山清淨雲霧獨秀佛頂峰，蓮花海洋全面碧波光明洞徹琉璃界。」經過牌坊是一條平坦的小路，一直走到佛國黃的「佛頂頂佛」的牆前，平常是遊客們排隊拍照的地方，現在一片安靜，再看到熟悉的「同登彼岸」的立碑，一轉彎，慧濟寺就到了。

慧濟星雲

　　5 點剛過，慧濟寺的師父和居士們已經在忙碌，他們在大殿佛堂前來來往往，早課可能已經結束，叩拜前行的香客還在香雲路上，這裡正做著準備迎接香客們的到來。我「佛頂頂佛」了一圈，心曠神怡，從後門出去，仰天見一團美麗的星雲，像微縮的銀河系，銀河之下，「慧濟群靈」四個字自帶光芒。沒有看到日出，但看過星雲，仍然不虛此行。論四大佛教名山的山頂，峨眉山金頂最高，3,079 公尺；五臺山北臺次之，3,061.1 公尺，有「華北屋脊」之名；佛頂山雖不到金頂和北臺十分之一的高度，但佛頂山獨秀碧波雲濤之中，遠望浩瀚無邊之蓮花海洋，俯瞰深不可測之淘沙大浪，人生種種不盡知的可能皆收於此，似乎隨時可拔高三千丈，萬德圓融，慧濟群靈，光明洞徹琉璃界。

　　在蓮花洋觀景臺將「華頂雲濤」看遍，白華頂之上又走了一圈，已然心滿意足。下山的纜車還要等一小時才開放，我閒不住，便原路跑下山，過雲扶石、法雲蓬、法雨寺前的放生池，趁天亮補拍了幾張照片，6 點 20 分已經到了法音路之上，沿著法音路往北跑，經過佛國杏黃色的千步沙，一直跑到與海天路的交叉口，在巴士站按鈕呼叫了一輛中型巴士，手機支付了車費，回到山水花園，正好 7 點。

2020 年 8 月 13 日

107
甲秀樓、甲秀里

　　第一次在貴州跑步，是在遵義。2018 年 4 月 17 日茅台鎮的酒香裡，跑過赤水河邊的茅台渡口。赤水河並不寬，但承載了故事，在那幾天剛剛開打的中美晶片戰中，也被用來激勵如何在晶片戰中突破美國人的圍追堵截了。

　　第二次就是 2020 年的 8 月 16 日，在貴陽的清晨，跑過甲秀樓和文昌閣。兩次貴州行之間的兩年零四個月裡：左腿跟骨骨折，在家養傷看世界盃，坐輪椅走文藝復興和大航海之路，歐洲足球考察，絲路行，2019 南極低碳行，南美足球考察，還有康復之後展開的邊跑步邊寫作活動，驚覺兩次看上去很不經意的貴州晨跑，倒像是一前一後兩個里程碑了。

　　想去最偉大的里程碑「遵義會議」舊址看看，沒安排過來；想去湄潭的浙大西遷紀念館看看，未能成行；想去梵淨山爬一下紅雲金頂，也沒成功；即使是青巖古鎮，也得要緣分到才能見到。在貴州，真正讓我自由安排的時間是兩年多前赤水河邊的清晨，還有就是 16 日早晨貴陽的 6 點到 8 點。從索菲特酒店下來，先去了附近的甲秀樓，甲秀樓在貴陽市中心南明河上，以河中一塊巨石為基而建，樓高三層，屋簷如翅，原為明樓，毀後重建於清代，左接涵碧亭八面來風，右攬浮玉橋如月將圓。甲秀樓前，方知貴陽有李端棻這樣的高人，李端棻的介紹有現成的：北

京大學首倡者、戊戌變法領袖、中國近代教育之父。他的政治貢獻主要也是三句話：第一個疏請設立京師大學堂（北京大學前身），舉薦康有為、梁啟超，支持戊戌變法。

李端棻在任內閣學士時慧眼識拔了梁啟超，科甲挺秀之後將堂妹李蕙仙許配給梁啟超，李蕙仙就是梁思成的母親、林徽因的婆婆，如此看來，北京與貴陽一點都不遠，連接北京與貴陽的可以是北大，也可以是「甲秀樓」和「文昌閣」，更可以是一個家庭的開枝散葉。「甲秀樓」和「文昌閣」如今是一個景區，合屬同一個全國重點文物保護單位，印證了明清兩代，貴州雖地處西南邊陲，但對於人文興盛和人才輩出的追求卻一點都不比文興之地的中原地區差。而李端棻就是其中的代表人物，串起「甲秀」與「文昌」的人。文昌閣外，有好幾所寫作學校的廣告牌，看著讓人覺得科舉取士的古風猶在。

甲秀樓

我喜歡「甲秀」二字。2006 年至 2009 年我在上海茂名路威海路口的晶彩世紀大廈 7 樓辦公，從辦公室看下去，就是「甲秀里」。「甲秀里」和「甲秀樓」一樣，聽著都像是最鼓勵學習的地方。

2020 年 8 月 17 日

108
上海夜空下的《八佰》

因為跑步系列是從四行倉庫說起的，因此在系列中多次提到《八佰》，本屆上海電影節開幕之前，有感於《八佰》曾經被定為上屆開幕影片而後取消，又再次說起《八佰》，當時並沒有任何要上映的消息。前不久，得知《八佰》要上映了，我想不管風評如何，都要去看一下，因為《八佰》已經成了跑步系列的一個重要內容，電影的情況我是必須要寫的。隨著票房熱度的增加到四行倉庫打卡的人日益增多，我還略微擔心了一下這條我平常晨跑的路線會不會因為電影的傳播而變得擁堵。

不過我真沒想到能在上海處暑的夜空下看《八佰》。昨日，在滬松公路上海國際食品產業園美食休閒廣場，舉辦了「慶祝均瑤健康上市之夜」的慶典，均瑤集團總裁、交大 CEO 俱樂部理事長王均豪先生，不僅現場彈奏古琴曲〈仙翁操〉，而且請大家觀看了露天電影《八佰》。我很為溫州老鄉的創意和才情喝采，這是一場另類的上市慶典，既弘揚了愛國主義，又答謝了社會各界，同時分享了企業文化和產品。

天公也很作美，白天下過一場雨，晚上涼風習習，星光燦爛。夜空之中，不時有飛機飛過，輕軌就架在廣場的旁邊，列車開過時，亮光從車廂裡透出來，像慢鏡頭下的一串子彈，打到銀幕後面去了。如果天上有一雙俯視的眼睛，看下去是這樣一個畫面：一群人，在空曠的廣場上，看著銀幕上演繹的 83 年前發生在同一座城市的戰鬥，感受穿越時間

的生離死別。在座各位，應該都能夠看出這支孤軍的悲壯，是當年積弱之中國的悲涼。有些人說，所幸，現在的中國，再也不是當年的中國；也有些人認為，如果我們不爭氣，歷史也可能會重演。

除了謝晉元和陳樹生，我對「八百壯士」（國民黨軍 88 師 262 旅 524 團 1 營的 414 名戰士）的個體知道得不是太多，但我進入過四行倉庫，對四行的歷史也做過深入研究（在跑步系列中有提到），曾無數次沿著光復路、西藏北路橋（即電影中的新垃圾橋）跑到對岸的南蘇州路去，對那一帶蘇州河兩岸的情況是非常了解的。管虎導演十年磨一劍，甚至跑去採訪過 88 師師長孫元良的兒子，這樣出來的產品在藝術性和真實性方面見仁見智，我也不想多談，我主要講一些明面上出現的小問題，不然對不起我認認真真看了兩個多小時，喝了均瑤健康出品的三種飲料而度過的處暑夜晚。

四行倉庫沒有水路可以進。拜託，這是四家銀行的聯合倉庫，安全是第一位的，不可能為了潛入方便而挖一個池子在倉庫裡。影片中那些光膀紋身的日本人從水路潛入四行倉庫的橋段大概是為了引出「老算盤」跑路的合理性以及「摸錯了」反而發現敵情從而拉開對岸觀戰者為國軍通風報信的序幕，但明顯把「四行」的建築節奏帶歪了。

蘇州河對岸沒有那麼寬，電車肯定是沒有的。為了增加「小刀」赴死送電話線的戲份，電影中讓他跳上一輛電車，把衣服扔給乞丐，到了新垃圾橋旁縱身一躍的場景，瀟灑程度是有一些，史實中不可能出現。當然，有人會說這又不是紀錄片，藝術可以加工，你糾結這些太找麻煩了。

就算第二條可以放過，但既然電影中有用彈射的方法從蘇州河南岸向四行倉庫彈射物資的做法，為什麼不把電話線包好彈過去呢？蘇州河

在此處並不寬，送電話線實在沒有必要死那麼多人。

就算第三條也可以放過，日本人知道用鋼板掩護抵擋子彈攻到四行倉庫牆下（引發陳樹生捆上手榴彈躍入敵叢），對岸送電話線的時候找幾塊鋼板很難嗎？

說到第四條，又想起一個重要的事情，影片最後，三、四百人要強行衝過橋，前面日本人強攻過來死了不少人，扔下的鋼板難道又派人過來給收走了？估算一下陳樹生帶頭引發的同歸於盡行動起碼可以繳獲 20 塊以上的鋼板，可以掩護很多人過橋了。

白馬象徵自由，我懂，白馬可以嘯西風嘛。可是，讓雙方指揮官各騎一匹馬找了一個空地對話也太扯了。

趙雲是報國的，我也懂，讓「端午」學趙雲拿槍衝向敵陣也沒問題，京劇的行頭改為普通古代戎裝是否好一些？那些插在背上的旗只是在舞臺上用的，如果真的要用，「端午」騎的那匹白馬就要隱去成為一根馬鞭了。

正規軍槍殺俘虜真的可以做到這樣毫無顧忌麼？《日內瓦公約》了解一下？

送國旗的事簡單說一下，1975 年臺灣出品《八百壯士》中游過去的楊惠敏是包裡放一面油紙包好的國旗，《八佰》是讓小楊貼身裹在身上，還有一個解下國旗的鏡頭，看得出海峽兩岸創作思路和偏好不同。歷史上楊惠敏確實送了國旗過去（不是游過去的），只是因為那面國旗太小，後來升旗的時候用了另外一面大旗。

升國旗的事本來還可以說說，但因為大家看了那一段都很感動，就不多說了。這個橋段的演繹海峽兩岸基本達成共識，把歷史上日軍攻打四行倉庫沒有出動過的飛機都帶進了戰場，而且都很神奇地讓國軍用步槍打飛機。

　　再說說這部戰爭片裡多次提到的女人。「老算盤」說家裡替他定了親，聽說自己老婆肉嘟嘟的；「瓜慫」居然套出「老兵油子」從來沒有碰過女人，「老兵油子」可是非常成熟的王千源演的，導演你讓他情何以堪？戰士沒碰過女人這些橋段太老了，如果非得要用，找片中嫩一點的「端午」比較好。

　　影片中謝晉元團長在組織撤退時說了一段話，大概意思是，這場戰役我們敗了，因為我們的民族病了，別人這麼欺負我們，捫心自問我們自己夠爭氣嗎？我認為這是本片的亮點，也是兩個多小時露天電影看完之後，作為一個中國人應該有的思索。

2020 年 8 月 23 日

109
石濤無盡聲

七夕當天，抵達青島，住在喜馬拉雅酒店，時間、城市、地點聽上去都很浪漫，其實只是一次尋常出差，正好碰上了好日子。傍晚在石老人海濱浴場轉了轉，看到遠處有個怪石嶙峋的山頭，以為是嶗山，當地朋友說那是浮山，嶗山在另一邊。

晚上回酒店看了地圖，發現浮山森林公園離酒店不遠，主峰也就兩、三百公尺高，可以來一次垂直晨跑。次日早上五點左右，就去跑步。繞過青島體育中心，也就是青島黃海足球俱樂部的主場，再過一條馬路就是浮山了。青島黃海隊去年奪得中甲聯賽冠軍後升入中超，還引進一位非洲足球先生，有重振山東足球雄風之志。體育中心門口的草坪上，有一射箭女子的雕塑，英姿颯爽，我原以為只是普通雕塑，和上海淮海路上「打電話的少女」一樣的藝術創作，走近一看，有名有姓，是奧運金牌得主的雕塑像。雕像引弓的方向，即是浮山。浮山又名文峰山，想來山雖不高，志也曾高遠。

浮山是青島市內海拔最高的山，風景不算秀麗，但登浮山而小青也是可以說的。不到半小時，我便從北坡登上山頂，往南望是黃海和海邊的高樓，晨曦中如海市蜃樓一般，往北則是市區來時的方向，往西看是膠州灣，東面是嶗山。山頂有岩石裸露高聳，與嶗山的石頭有點像，但

目測感覺鬆脆了一些。據說浮山是嶗山的餘脈,想那嶗山的石濤蕩漾到石老人海濱,被黃海所鎮,成了暗湧,過了海濱,又重新崛起。我看那浮山,更像是嶗山的一顆衛星,也有科學家說月球就是如此從地球分離出去的。

青島是德國人建的,浮山上有德軍據點,第一次世界大戰期間,日軍曾聯合英軍在此與德軍激戰,日軍獲勝,占領青島,史稱「青島戰役」。日本人自甲午海戰取勝之後,相當自信,在中國東北打日俄戰爭打贏了,在青島和德國人打又贏了,軍國主義的野心隨著不斷的勝利膨脹起來。日本侵華戰爭前面也是贏面很大,淞滬會戰中日傷亡比竟高達20:1,直到想幹掉美國,才一把輸光。打浮山的時候,日軍以大部隊在高地東側猛攻,吸引德軍的注意力,同時派敢死隊爬上高大光滑的巨石,在德軍的頭頂往下射擊,最終逼迫德軍豎了白旗。我找了幾塊巨石看了看,攀爬確實需要勇氣。

青島石老人沙灘

只爭朝夕 —— 青島

青島主權和山東問題成為 1919 年五四運動的導火線，一個小小浮山，也是歷史的見證。浮山南麓有南海先生康有為墓，我曾收藏過一幅康有為的字「石濤無盡聲」，後轉贈給了一個大人物，大人物後來辦了一個規模宏大的藝術館，人流如鯽。2008 年在長風公園「海上宴」會所，面對夜晚銀鋤湖如海般的波濤，靈機一動，截用了南海先生墨寶中四個字「濤無盡聲」做匾，可謂神交古人，引以為豪。「石濤無盡聲」想必是南海先生睹嶗山石濤所作，南海先生最終歸於浮山石濤無盡處，冥冥之中自有定數。

2020 年 8 月 26 日

110
移動的塵埃

　　處暑之後，雨水多了起來，蘇州河的水位漫過了外白渡橋前面的水閘，在蘇州河匯入黃浦江之處，不再涇渭分明，已經完全是一個兩河共享的水面。一艘東北方向開來的貨輪在這裡遇到 S 型的河灣也華麗地轉了個身，往東南方向進入黃浦江最漂亮的一段水岸，古稱十里洋場的黃金水路。

　　一群小鳥在江中水泥澆注的平臺上站成一排，望著江上遠處的一團朝霞，朝霞在兩座斜拉橋的索塔之間瀰漫開，眼看一輪紅日馬上要升上來。這是 2020 年 8 月 29 日清晨，傳說中的 9 號颱風「梅莎」業已成局，目前距離日本沖繩縣那霸市南偏東方向約 800 公里，離上海也只有 1,600 公里，預兆颱風的灰雲已經布滿了東方明珠頭頂的天空，但楊浦大橋那邊仍然在走日出的程序，小鳥們用牠們的語言討論紅日與烏雲齊飛的景象，順便瞟一眼緩慢南行的貨輪。

　　幾秒鐘後，太陽照常升起，擁有太陽系 99.86% 質量的小火球幫整座大橋的斜拉索都染了金光，如果你在橋上，仰之彌高，必如見一幅豎卷軸被巨人打開，懸於橋塔之上，陽光帶來的金色塗層平添一份高貴與莊嚴，與南浦大橋的日落相映成暉。

　　跑過外白渡橋的時候，下了幾滴雨，鳥兒們解散了列隊，有兩隻飛到橋下的浮標上站著，幾隻在天空盤旋，一架無人機嗡嗡地上去到橋

頂，那是一早在乍浦路橋那邊拍日出的人操控的。出於對浦江日出的期待和對清晨疏朗的熱愛，這個時候，總有人會在那裡。

從四川路橋跑回南蘇州路，雨開始大起來，天空中還出現了閃電。到了西藏路橋的時候，已經大雨滂沱，和大雨中的四行倉庫合個影，這個建築已經家喻戶曉，不用特別加背景說明了。前幾天，黃浦江最漂亮的水岸上空，舉辦了無人機外灘飛行秀，無人機在空中展示了四行倉庫的形狀，這個以往很少人去的倉庫從此會成為流量之王麼？

在這個日出、暴雨、閃電同時登場的清晨跑步，我突然萌生了寫一部《四行》的想法，那四個民國的銀行，是如何誕生、發展、合縱連橫，是如何打造上海原點，又是如何消失在歷史的長河之中？特別是中國歷史上唯一具有發鈔權的民營銀行，也可能是第一個創辦服務信託的民營銀行 —— 中南銀行，我曾經在它昔日的總部大樓裡工作過五年，當黃浦江上第一縷陽光照耀在漢口路 110 號的屋頂時，那時年輕的我並不知曉這裡發生過的舊時代波瀾壯闊的金融事件，而我被歷史選擇，在三十而立的青年時光裡，在這裡發起和參與打造出中國第一個信託計畫，又是何其有幸！驀然回首，無不讓我驚覺我那跑過世界的步履只是陽光、暴雨、閃電中移動的小小塵埃，在易行的平路之上，在本無一物的虛空之中，在夢中的菩提樹下、明鏡臺前，招惹了歷史、分享了發現。

2020 年 9 月 3 日

跑步：四行倉庫

跑步附錄：江湖行走

1

京都紀事之一：鄉音中溫暖的 90 年代

1995 年 9 月 29 日，新聞發表會畢，《溫州晚報》與溫州教育經濟電視臺、溫州租賃公司三家單位組成記者團赴京。

飛行途中，記者翻閱採訪計畫：時間：9 月 30 日至 10 月 6 日；地點：國際體委訓練局、中國棋院、北京體育大學；人物：藝術體操全國冠軍、奧運選手周小菁，男子體操全國冠軍程亮，圍棋全國冠軍楊士海七段、女子柔道世界亞軍李愛月及其隊友王瑾，女子游泳亞運會亞軍劉碧純，羽毛球世界冠軍黃展忠……神往的時間、心儀的地點、熟稔的明星，計畫如金秋的果實一樣誘人。

八天過後，計畫成真。回憶此間五味俱全的採訪過程，遂形成以下文字。

採訪計畫是不間斷地一天採訪一個明星，這在溫州尚不是一件容易的事，在博大的、機關重重的北京城更是個難題。還好阮周琳曾去北京採訪過，手上有一個關係網。事在人為，我們動用了這個「鄉音網絡」，求助於在北京的溫州人。採訪周小菁，國家體委體操處處長趙郁馨電話開路；深入到天津國家柔道隊大本營，是國家體委三司副司長何國香幫的忙；在國家羽毛球訓練館外，原則性很強的北京大嬸非要有教練的許可才讓進時，我們甚至想都不想，拿起電話就問：「李矛在嗎？」李矛是溫州人，現在國家羽毛球隊當教練。「朝」中有人，我們底氣十足。

　　鄉音無時無刻不在發揮作用，我們邀請在北京體育界工作的溫籍人士一聚時，中國國術協會訓練部部長黃凌海和國家跆拳道隊教練陳立人提議去地安門雲龍大酒店。雲龍大酒店董事長張光木是旅荷華僑總會副會長，說一口純正的溫州話，幾十年鄉音不改，酒店內溫州話四起，一片親切。那天是假日，絕對的好日子，北京體育界的溫州老鄉平時也不常聚，難得濟濟一堂觥籌交錯，吃著久違的「江蟹生」，說著順口的溫州話，感覺極好了。陳立人當時正好而立之年，剛剛擔任中國跆拳道隊總教練，還是一位快樂的年輕人，五年以後，他的徒弟 19 歲的陳中為中國跆拳道隊奪得第一塊奧運金牌。這篇文章發在社群平臺上被在美國的同學宏潔看到，倒認出陳教練原來是她母親的學生，也是溫州中學的校友，不由得讓我想起朱自清先生為溫州中學填詞的校歌中「英奇匡國，作聖啟蒙」這一句。

　　愛德華（Edward Sapir）的《語言論》（*Language: An Introduction to the Study of Speech*）中提到，語言有一個底座，語言不脫離文化而存在，不脫離那種代代相傳地決定我們生活面貌的風俗信仰整體。在北京，我們遇到許多精明強幹、隨遇而安的溫州人，我們相信有這樣一個鄉音的底座，相信甌越文化對每個遊子的支撐，其實我們採訪的這些甌越驕子們也正是我們甌越文明的精華之一，他們站在一個底座上，他們又構成底座的一部分，我們用文字和畫面記錄他們，是為了從體育的角度展示這個輝煌的底座，所以我們很自豪。

2

京都紀事之二：青年的北京城

在首都採訪要過很多關，皇城根下的警衛守衛和把關的大爺大嬸不大買記者的帳。原則上進國家體委訓練局採訪不但要預約，而且要辦採訪證（讀者看了後面對訓練局的描述就會明白原因）。我們在守衛室辦公桌的玻璃板下看到過這種複雜的採訪證的格式，我們一開始就不打算辦，因為根本就沒有時間，而且是長假，到哪裡找人都不知道。

第一次進訓練局採訪程亮剛巧是節日，守衛略鬆，牟海兵捲起舌頭，盡量仿京腔說了句：「我們是電視臺的，約好來採訪。」守衛看看車上一大堆器材，揮手放行。順利地進了體操館，正拍得起勁，聽得身後一聲吼：「喂，你們拍什麼？」我嚇一跳，怎麼此地還有一關？回頭一看那人平頭大臉，英姿勃勃，卻是體操世界冠軍李敬。正在雙槓上做動作的程亮來了句：「我拍廣告！」把大家都逗笑了。李敬開了玩笑，大概知道我們的來意，把過關就準備先走了，我想相請不如偶遇，就請程亮去打個招呼，順便採訪了李敬。看起來程亮人緣不錯，一臉傲氣的李敬以前輩的身分說了程亮一大堆好。

第二次進訓練局是和劉碧純一起，沒什麼困難；第三次去，我穿著從劉碧純那裡借來的運動服，與守衛點點頭，守衛看著眼熟，沒說什麼。萬事開頭難，到後來我們越來越自然得體，心中有底，臉上不慌，進訓練局也就容易了。

難的是地方變成了旅遊景點，把關的絕不准帶專業的攝影機進去。先是在盧溝橋，因為我們想拍在中日擂臺賽上大出風頭的楊士海，就想用盧溝橋做背景，沒想到把關的大嬸非常講原則，大媽一開始就當我們是北京電視臺的，仍非要我們到文物管理處去找主管不可。我們也不知道她是不是變著法子攔我們，就跟她說了一大堆好話。後來聽口氣只是要收些場地費，想想也認了，就真去找他們主管，大著膽子砍價，借了中日圍棋擂臺賽影響力的光，收了人民幣一百元場地費，拿了批條回去見大嬸，大嬸懷疑地看看我們，說：「太便宜了。」

到了長城我們就知道大嬸的話不假了，八達嶺把關的北京年輕人什麼人沒見過，他一指攝影機，堅決地說：「這機器不能上去。」起初我們還想騙他，說我們來旅遊拍一拍八達嶺又不會拍壞了，北京年輕人看看我們的打扮，再指指攝影機，說：「一看就知道你們是專業的，場地費起碼五百人民幣。」前半句聽著高興，後半句可真讓我們頭痛了。狠心給錢吧還找不到辦手續的人，給年輕人押金，他又不要。時近黃昏，西天一片酡紅，我們怕紅一變黑，就什麼都拍不到了，就出了一個緩兵之計，找了位警察叔叔作保，那時身分證還是塑膠卡片，應該是稽核了記者證，再讓租賃公司的黃方遒留下來當「人質」，拍攝的一行先上去了，趕緊拍完下來，辦手續的還沒來。北京年輕人沒轍，揮手放我們走路。

1990年代的北京人講原則，也通人情，頗有古風。城市有一種溫暖包容的大氣和積極向上的氛圍，呈現出與南國完全不一樣的氣質，「甌越驕子」之後，對北京更添好感，整個城市可以人格化為一個克明峻德奮發向上俠氣浩蕩古風氤氳的好青年。當時因為主業在溫信工作關係經常與中信總部聯絡，對京城大廈很熟悉，連食堂的菜至今都還記得，後來我被派去荷蘭鹿特丹中信歐洲公司學習，一度想過是否有機會在北京工

作和生活。那時的《北京青年報》才叫真正的「後浪」，一打開報紙，開放、創新、奮鬥的氣息就撲面而來，1995 年率先推出「廣廈時代」、「汽車時代」等產經專刊，完全是「青年」引領時代，即使是體育版，都能做到與專業的體育報紙不遑多讓。

當年《北京青年報》有位體育記者叫王俊，他以武俠式語言評論足球等體育賽事，以神仙詩人和古龍筆法開創了一種新的文風，成為 90 年代狂飆突進的《北京青年報》的代表性人物之一，江湖人稱「大仙」。80 年代末，我在大學期間受王先生的影響，替《球迷》、《足球》寫稿，那時沒有網路，我生活的城市《足球》報要晚三天才到，於是開始業餘為本城報紙寫球評，以便老鄉們有新鮮的體育評論可看，當然沒少模仿王先生，可以說王先生是一個我不曾見面的亦師亦友的人。

2019 年平安夜，在《北京青年報》、《足球》報上讓很多同道拿起剪刀將其美文剪報留存的王俊先生（黃健翔稱其為仙哥）離開了這個世界，這位和楊煉、顧城、芒克、多多一起在詩歌運動中玩出整整一個 80 年代的人走了。雖然未曾謀面，但 20 年前有過同框的文字，有過共同看一場球賽各自寫的球評，有為共同欣賞的葡萄牙黃金一代扼腕嘆息……大仙仙去，歸於仙界，一路走好！

浪奔浪流，萬里滔滔江水永不休。

3

京都紀事之三：緣分之前浪不息後浪不止

　　採訪既需要勤勉，也要靠些緣分。我們不遠萬里去北京，自然絲毫不敢懶惰，終日奔波時並不覺得，現在回憶起來覺得在北京的那些日子彷彿有一隻無形的手在穿針引線，把我們和溫籍體育明星連在一起，我想這大概就是緣分吧！

　　我們在周小菁去日本比賽前採訪了她；然後楊士海從廣州趕來參加五牛圖杯圍棋王位賽，剛巧接上；接著世界柔道錦標賽結束，李愛月、王瑾從日本回來，我們去首都機場接機，追蹤去天津採訪；從天津回來時，劉碧純歸隊；採訪完劉碧純，黃展忠又從南京飛至。一環扣一環，滴水不漏，一如奧林匹克的五環標誌。

　　與楊士海接頭最富戲劇性，我們還不確定他是否已到時，撥了一個從葉榮光那裡問來的中國棋院三樓走廊的電話號碼，葉榮光有言在先，那個電話平常很少有人接，叫我們碰碰運氣，沒想到接電話的就是楊士海，楊士海那時剛到，還沒安頓好，正在走廊裡轉。莫非一切都是天意或者心有靈犀一「撥」通？

　　北京人形容什麼東西厲害，往往很簡練地說一個字「牛」！我們那套上長城場地費最少人民幣五百元的攝影器材就曾得到體育館路一個飯店老闆如此的恭維。我們整天在體育館路的國家訓練局跑，後來由衷地覺得國家訓練局「牛」。全中國百分之九十以上的冠軍和大牌教練是它的住戶。有一天我們進去，在宿舍門口看見蔡振華在擦他的賓士車，在電梯口碰見喬紅，在走

廊裡又遇到李大雙，下來時還和郎平打了個照面，你可以想像訓練局是如何「冠蓋」雲集的。國家足球隊在訓練局旁的龍潭湖集訓時，會有不少球迷翻牆而至，訓練局各個基地對於局外人來說都有著不可抗拒的神祕感。

如果沒有緣分，即使讓你辦了採訪證，「奉旨」入局，你想就這麼一個下午隨隨便便遇上這樣一批名人也是不太可能的，郎平和蔡振華至今還是中國體壇的焦點人物，只是很少會讓你在同一個地方遇上。

其實在生活方面，明星與常人無異，甚至更枯燥，劉碧純說她經常兩個月不出訓練局大門，平常也只是聽聽音樂、看看電視、打打電話和寫寫信。當爭取第一成為生活的主要內容時，其他方面反而會因打拚而變得平和，除了專攻的術業以外，冠軍們也是很平民的。那天訪黃展忠不遇，大家在劉碧純宿舍裡聊天，聊到口渴了，碧純說讓隔壁「姆姆」（溫州話小孩之意）幫忙去買可樂，一會兒可樂買來了，我見送可樂的「姆姆」很面熟，就問碧純，一聽小嚇一跳，原來那女孩就是晁娜 —— 短距離自由泳排名中國第一的晁娜。我對碧純說：「你怎麼對全國冠軍叫『姆姆』呢？」碧純說她是 1980 年的，當然是「姆姆」了。自古英雄出少年，我們就這樣偶遇了冠軍姆姆，也是緣分。

時光飛逝，轉眼四分之一的世紀過去了，如今管姆姆叫「後浪」了，「後浪」帶點討好甚至獻媚，也許還帶點狡點的不懷好意，感覺是糊弄年輕人，真正對年輕人的好稱呼，就是「姆姆」，帶點關愛、提攜，兩代人和睦共處。早上看了一篇閱讀 10 萬＋的〈80 年代人的生猛，是現在年輕人不曾有過的叛逆〉，看到「你有房子嗎？更是終極一問，相當於當眾一擊。天大的理想，也沒有一間房子實在」 —— 這是在說後浪活得極不自由啊！

於是我在社群平臺發了個文，貳代公寓可以讓前浪幫後浪解決這個問題。

4

在西子湖畔 ——「甌越驕子」 採訪團杭州採訪散記

　　從北京採訪回來，反映溫籍體育明星風采的「甌越驕子」專題報導陸續見諸報端電視，讀者和觀眾的來信堆滿了我們的案頭，我們在興奮之餘，惦記著該去一趟杭州了。在西湖邊上，尚有幾位傑出的甌越子弟：亞洲女飛人張彩華，中國第一位西洋棋特級大師葉榮光，航模世界冠軍胡勝高和潘磊，技巧世界冠軍許武 —— 每一個名字背後都有一段不平凡的故事。採訪團星夜上路，在雁蕩休息，抵達杭城時，西湖還沉睡在一片薄薄的晨霧之中。

張彩華「復出」之謎

　　當我們在陽光大酒店的一家分店裡吃完過橋米線出來時，已經陽光燦爛，打電話給張彩華，她上班去了。在浙江體育館見到這位亞洲 100公尺紀錄的保持者和她的三位在田徑隊並肩戰鬥過 4×100 公尺的溫州姐妹時，我無論如何都很難將「亞洲女飛人」的駭人稱號與現在已經很江南的張彩華連在一起。張彩華 1994 年退役，現在在省體育館主管人事，從田徑場到體育館，雖然僅一步之遙，但身分卻完全不同了。張彩華和她的姐妹們聊起過去的時光，不無慨嘆。我們請張彩華去田徑場拍幾個鏡頭，她換上國家隊的隊服，束起頭髮，十足一副復出的模樣。

省隊的小弟弟小妹妹還當真了，張彩華還唬他們說要參加明年的世界盃，敬佩的眼神馬上就過來了，跟張彩華熟一點的便問長問短起來，挺大的一個田徑場，張彩華頓時成了「焦點訪談」的對象。

張彩華說看到他們，就想起自己的過去，十幾年的運動生涯一晃就這麼過來了，現在再到田徑場，什麼感覺都有。在田徑場，我們還碰見原來國家隊的老隊員謝芳華，她現在也在體委工作，一見張彩華說參加浙江省工人運動會的事，說好久不練了，臨陣也得磨磨槍。我問：「你們兩個參加這種業餘比賽，算不算復出呢？」張彩華笑笑說：「你別小看工人運動會，『復出』的人多了，搞不好還會翻船呢！」

胡勝高與李小龍

在這次採訪對象中，胡勝高是出道最早的一位，他在 1981 年就跑了海模的世界紀錄，他的名字，我在念中學的時候，就已經曉得了。但由於 1980 年代，電視上很少有海模比賽的報導，我都不知道胡勝高長什麼樣。那天，我們相約去六和塔水上訓練基地，在省體工隊的大院裡，我見到了長得並不算高大的胡勝高，握手寒暄後，即驅車去六和塔。

在車上，我向胡勝高請教一些航模的常識和術語。我沒想到自己還能說出一個叫做「圓周競速」的專業用詞，這個詞幾乎是在剎那之間從我塵封的記憶庫裡被索引顯示出來，我記得那是在許多年前一位酷似李小龍的叔叔告訴我的。當時是在溫州中學九山湖邊的操場上，學校請了幾位航模隊的專家為我們表演，那時候我剛剛念初一，只有驚詫和驚奇的份，我原以為航模就是飛機和輪船的模型，放在學校乒乓桌上展示的那種，對於竟能在九山湖上飛奔自如的遙控賽艇，覺得非常「一顆賽艇」（exciting），有些玄，是那個叔叔親切地告訴我，他表演的項目叫做「圓

周競速」。「航模運動真正恢復是 1978 年，我就是那時參加這項運動的，1981 年獲得全國航海模型分項賽 A2 級冠軍，兩次打破世界紀錄……」胡勝高的話把我從九山湖畔拉回到西子湖畔，1982 年是我念初一的時間，我扭頭仔細看了看胡勝高，覺得他不太像李小龍，有些失望，繼而問：「你打破世界紀錄之後，有沒有到溫州中學表演過？」胡勝高被我這個跨越時空的問題問得愣了一下，終於搖搖頭，說：「不記得了。」

　　杭城的採訪即將結束時，我們去胡勝高家裡選用一些照片資料，我居然在胡勝高的相片冊裡翻出一張酷似李小龍的照片！胡勝高對我笑笑：「這張是我在 1978 年進省隊時照的。」……他漫不經心地把歲月的年輪渦旋在一起，我有些暈眩了，十三年前的那個酷似李小龍的叔叔是胡勝高嗎？

借了葉榮光的光

　　早聽人家說杭州植物園的秋景極美，於是我們把採訪葉榮光的地點落在玉泉。結果我們在植物園裡逛的時候，發現了一個園林式的高爾夫球場。我們一行中只有葉榮光曾在馬來西亞玩過高爾夫球，大夥都想進去看看，就扛著攝影機闖進去了。

　　我們剛剛踏上嫩綠欲滴的大草坪，還沒等擺好採訪的陣仗，就有個女孩過來很有禮貌地告知此地乃私人會所，恕不借光。「那就是不給拍囉，這也是對你們很好的宣傳啊！」我企圖說服那位女孩，女孩只是很有禮貌地搖搖頭，說這是老闆的意思，她做不了主。

　　於是我們退回了會所大廳，我看到大廳走廊上有他們老闆和姜文的合影，猜想這位老闆也是愛廣交四海朋友之人，就逕自上樓找他們老闆去了。老闆姓王，聽我們說要以球場為背景採訪西洋棋特級大師葉榮

光，沒廢什麼話就親自帶我們下去了，大家見到葉榮光都很高興。等我們採訪完畢，一位副總還特地教我們練球，我們幾個都練到差不多能唬唬人的程度才收手。許多體育迷過來請葉榮光簽名，那位剛才婉拒我們拍攝的女孩有些靦腆地帶了好幾個同事來，葉榮光一一替他們簽了名。

八百里甌江

〈在西子湖畔〉1995 年 12 月 1 日－3 日在《溫州晚報》連載了三天，加上之前的〈京都紀事〉，分別在 1995 年 10 月 15 日、17 日、20 日發表於《溫州晚報》，也算對「甌越驕子」的採訪活動做了側面的報導。25 年過去，這些事現在看來還很有意思，人物特徵、時代特點都有看頭，「跑步」系列只寫到久別重逢的楊士海，我覺得有必要將「甌越驕子」的群相留下來，就補上了以上附錄，另外也是為當年的《體育時代》專欄做個紀錄，一併感謝當年的同事劍波老師、牟海兵、肖馳、余俊、沈楚等人的協同工作還有溫州晚報社金城、阮周琳、林大為等人的通力合作。在補錄的過程中又加上了近期的感悟，算是跨越四分之一世紀的心靈對話吧！

5

執大學之道御白鹿而行
——溫大滬杭甬三地校友會聯誼活動隨筆

1988 年 9 月，我在家門口上大學，那時的溫大，成立不到五年，是一所全市市民集資助推的公辦大學，有點像後來集資建的金溫鐵路，得益於自費改革的溫州模式。我在中學的時候從零用錢中捐過人民幣三元給建設中的溫州大學，這次滬杭甬三地校友聯誼會中，與我同屆或比我年長的溫籍校友大都記得這事，上海校友會前祕書長張學姐還提到「三元券」這個官方的簡稱。

這個人民幣三元可能是我到目前為止報酬最高的「投資」了，讀書時每月可領人民幣三十元的補貼，畢業還包分配，因此我對溫大充滿了質樸的情感，我的中學同學即使是大學入學考狀元也絕無這等捐款給未來的自己的經歷，當然也進了溫大的同學除外。

我記得 2012 年重回溫大參加同學會，溫大起點已可追溯至 1933 年，時代大潮天地熔爐，且夫大學為爐兮，師長為工；歲月為炭兮，友情似金。得益於師院溫大之合，於我，則新增無數為工之師長，多得賦能之古炭，幸哉！

奉化 ×× 號 -×× 號漁船，默默地出海、歸航、再出海、再歸航，閱盡人間海天之色，直到被改造成寧波翡翠灣 4A 級景區的遊客專用船，2019 年 8 月 25 日這一天，漁船迎來了一百多位不同年齡、不同職業、

不同家鄉的乘客。他們各自讀書、畢業、融入社會、服務於社會、貢獻於社會，櫛風沐雨之後，修得同船渡海。登船無論老少，他們都有一個共同的記憶，那就是心中萬物生長的青春，於最美的白鹿城中度過，不管是在九山湖畔還是在蛟翔小巷，不管是在學院之路還是在釅釅茶山，都仰頭看過籬園上的藍天、園柳上的月亮，抵抗過各個阿拉伯數字編號的颱風（2000 年以後上大學的校友遇見的颱風已經變成一個個可愛的名字），抑或還有相同的夢想。溫大建校已 86 年，所謂百年修得亦差不遠。

如寧波錢會長所言，寧波接軌大上海，往東是大海。當漁船向東開去，校友們的心是喜悅的，一個尋常假日已經變成一次相遇，這些校友有初識也有舊交，要說每一次相遇都是久別重逢，那每一次久別重逢也都是新緣既起。如論所有過往，皆為序章，那所有剛上船的人，也都在經歷一段嶄新友誼的開篇。

上海校友會的康漢祕書長向我一一介紹同船的校友，有畫家、律師、教育工作者、企業家，還有企業家的好助手、好公務員等等，大家交流著、說笑著，討論著中美貿易戰的談判技巧及輸贏預測和捕到的蟹是真的現捕還是漁船主人事先放好的，就到了海中央一處飄浮的木排搭成的食堂。各隊把會旗一放，略等片刻，就吃上大小不一的蟹和基本一樣大的魚。

午餐將近尾聲，主食剛上寧波特色的小甜饅頭時，突然下起大雨來，雖然江湖闖蕩日久早已視大風大雨為生財之水，但我猛然想起這兩天還有一位若隱若現的颱風朋友沒有登場，趕緊催校友們速速登船先回岸上，我們經過一排排儀仗隊一般的漁船，沒來得及喊一聲「大家辛苦了」就回到岸上，後面小艇上的女同學還有奮力搶出窗外拍照的。這位叫「白鹿」的颱風終於駕臨了福建東山，它為我們帶來了一場點綴性的

風雨和一個同城名字，給了我們一個御白鹿而行的機會，對於我們這些都在白鹿城上大學但從沒見過白鹿的新舊學子來說這都是一個紀念，最好的紀念當然是我們都溼身了。

溫大分享會

忙於公務的趙敏校長和分管校友組織的錢強副校長在忙完 24 日的聯誼會議程之後即先行離去，趙校長在 24 日的發言中提到了溫大的未來，即爭創省重點院校和建設博士點，成為浙南閩北贛東第一位的綜合性大學，還有許多學科方面的獲獎情況和領先性是我以前並不知道的。我曾經以為溫大只是人生的一個小站，後來我與浙大、交大、北大、清華都有了交集，有了廣泛的大學圈互動，但此時我真正了解到大學之道在於青春，而青春是所有人的大站；大學之道在於真實，一種「你看到什麼，聽到什麼，做什麼，和誰在一起，有一種從心靈深處滿溢出來的不懊悔、也不羞恥的平和與喜悅」；大學之道並不是培養完美的人，而是培養擁有「真心、正義、無畏和同情」的人。這一點溫大做得很好，我們

有更多實業報國的校友、更多獨木成林的師長，我當年的大學班導師周星增老師甚至在上海辦了一所名叫「建橋」的大學，他在最近一期的學生畢業典禮上勉勵學生做好人中人。

大學就是建一座橋，而溫大，其實就是我們共同的擺渡人。最後借葉正猛學長聯誼會講座的命題「執古之道御今之有」為這篇隨筆取名「執大學之道御白鹿而行」以資紀念，我祝願我的學長學姐學弟學妹一生都有吉祥的白鹿相伴，做最好最美的自己，克明峻德，無問上下與西東。

6
隱蔽的溫暖和深度的人情

　　5 月 16 日，在溫州大學校友會舉辦的第一期校友思享會中，我和大家分享了即將出版的《平路易行 —— 人類極簡史，地理小發現》，同時也是向母校 87 週年校慶獻禮。上海交通大學媒體與傳播學院副院長、文旅部文化和旅遊研究中心研究員李康化教授幫拙作做了評論，講了小書涉及的三個度，空間上的寬度、時間上的深度和人間的溫度。非常巧合的是，康化校友以哈佛大學燕京學社訪問學者的身分考察過「一帶一路」，對絲綢之路、文藝復興和大航海時代都有自己獨到的見解。更有緣的是，他竟然還是一位頂級段位的球迷，去過的俱樂部比我彙報過的更多，他是姚明在交大讀書時的老師，對足球和籃球也都很有發言權。感謝上海校友會祕書長、主持人康漢學長的引薦，人生有很多相遇，我與康化校友素昧平生，亦有相見恨晚之感。

　　在本書的創作中，還有一件值得一提的事，可以呼應李康化教授所言之「人間的溫度」，就是去年 12 月 5 日我應清華大學五道口金融學院金博班同學薛曉路之邀，在上海大光明劇院參加《吹哨人》電影的首映禮，看完電影之後，我在社群平臺寫了：「《吹哨人》拍得太好了，沒有一句廢話，所有的臺詞最終都展現了它的價值，最後全部串聯起來，當你能想到前面有一句臺詞後面還沒呼應時，好戲就還沒結束。……從《北京遇上西雅圖》到《不二情書》再到《吹哨人》，曉路同學的電影拍

得越來越好看，越來越有思想、有深度、有溫度……」9日，人民網發文「『吹哨人』發出不凡之聲」，大讚影片展現了普通人在面對大是大非時的使命感與責任感。我很欣賞雷佳音飾演的平凡英雄角色；對湯唯飾演的周雯在危急時刻決定站出來坦白一切，守護家鄉，亦十分感動；周雯在車上對著鏡子整理妝容的鏡頭充滿了人間的溫度。為社會犧牲的吹哨人都是這般始於平凡終於不朽。

我就是在曉路同學發的社群文章得知，「吹哨人」是為使大眾注意到政府或企業的弊端以採取某種糾正行動的人這個概念的。如此時令又枯寂的社會題材被曉路和湯唯一導一演，兩位美女演繹得賞心悅目目不暇接，不得不叫好！在「絲路行」裡面，有提到「吹哨人」這個概念，〈莫高〉中，「開窟是沉默的吹哨」，還有一次提到敲鐘人——（見〈比薩斜塔：世無敲鐘人，萬古如長夜〉），「矛盾是顛覆的鐘聲，在斜而不倒的鐘樓一併敲響……伽利略與亞神相隔1,900多年，在挑戰成功之前都在鄙視鏈下端。坐在比薩斜塔之下，遙想四百多年前的情境，世無敲鐘人，萬古如長夜。」——電影《吹哨人》中的城市叫「呂漢」，大約是取了「呂」的兩口之意，看上去就是兩張吹哨的嘴，「呂」在「洪鐘大呂」一詞中有「振聾發聵」之「警醒」意味，吹哨人即敲鐘人。「漢」字更不用說了，周雯成了呂漢的英雄。

我在首映禮現場問了湯唯一個問題，「為什麼曉路電影中你後面的男人都叫老鍾？」湯唯看了一下曉路，兩位美女會心一笑，說：「你是第一個發現這個問題的。」——她們沒有正面回答我的問題，我就在心裡胡猜：取名老鍾是對男人敲警鐘還是對世界敲警鐘呢？

女性演繹的電影，充滿了隱蔽的溫暖和深度的人情，在創作方面絕對是細膩到要慢慢體會的，是時候二刷《吹哨人》了。

7

雁山肺腑

　　我去雁蕩，現在算前後有幾十次了吧！第一次是 1988 年在溫大讀書的時候，說是大學生，其實還略懵懂，一隊人馬地在雁山腹地穿行，好大喜功，求險求遠，對只在靈峰靈巖看看就走，點到為止的遊客根本不放在眼裡，總覺得自己是最解風情的一撥。去靈巖，沒玩兩下就上了平常人跡罕至的天窗洞和龍鼻洞，那時龍鼻洞內沒有護欄，摩崖石刻觸手可及，一切如同徐霞客到時的模樣，仔細地辨認了沈括的題刻之後，覺得沈老師既然在《夢溪筆談》裡將雁蕩山寫得這麼透，沒理由只刻這麼小的兩個字的。正想著，一幫同學嚷著要攀展旗峰了，走了一段天黑了，又下起大雨來，方才作罷。

　　如此就有了第二天翻山越嶺去顯勝門的變本加厲之舉，從靈峰右側上山，天黑雲低，盯著地圖上一條模糊的小路一直走到雁山雲影裡頭，在那個我至今都不知名的峰頂，我們經歷了一場在我當時的旅遊經歷中史無前例的大雨，先是萬山浮動、頑雲積聚，隨即三步之外聽聲不見人，再是雨挾風威揚起鼓聲萬點，把我們澆成出水芙蓉似的。不一刻，雨停，青山漸露。我們在崖上坐看遠處一朵祥雲被半縷飛霞收去，驚嘆得說不出話。

　　在邂逅了那場雨後，我對大自然的翻雲覆雨手一直懷有敬畏，對雨後叩謁的顯勝門再不能忘，當我第一個跑到空無一人的門下，忽覺脖上

一涼，許是絕壁之上一株綠葉隨風搖曳，草上的露珠終於脫離了綠葉的掌心鑽進了我的夾克領口，仰頭見兩片鐵城直達天際，一縷陽光斜射進來，照在水滴石穿的崖壁上，門後竟然還有一瀑，水從鐵城般的堆口上下來落入深潭，潭邊有巨崖，像一個側面的佛頭，怔住了，從來沒聽說過雁蕩有這樣的景觀，完全沒有心理準備，被自然所震撼，甚至懷疑「顯勝」是訛傳了，應是「顯聖」才對。

我在 1996 年第六次雁蕩之行中再訪過一次顯勝門，與初見時已經隔了八年，一大群人進去，沒有第一次那種面聖驚世的感覺了，「顯聖門」又變回了「顯勝門」，眼中的「含羞瀑」（後來知道門內瀑布的名字）也開始忸怩以來，發出魅惑的低音。之後，再也沒有去過顯勝門，因為之後的雁蕩行程大都是陪外地的親友，遊雁蕩作為待客的一日遊節目，雖為壓軸但時間倉促，自己也慢慢變成原來自己很不屑的只在靈峰靈巖轉轉，最多再去大龍湫看看的點到為止的遊客樣子。不過我很慶幸溫州有雁蕩，就像坐擁一個鬼斧神工的後花園，臨走還能迷倒一批海內知己。二靈一龍走得多了，聽慣了導遊各色象形的描述，除了老僧拜塔變美女梳妝，啄木鳥變大熊，合掌峰變夫妻岩等經典的移步換形之外，連魯迅和阿凡提都被拿來擬物了。初到貴境的朋友尚在嘖嘖稱奇，我開始有些窘迫了。單純替處處名勝貼上像什麼的標籤本來就不是很大氣，況且有些比喻也實在牽強，雁山到了很需要挖掘底蘊的時候，我希望自己能找出點什麼來。

1995 年在製作「甌越驕子」系列之前的兩個月第五次去了雁蕩，算是一次休養和採風，兄弟二人在淨名的工人療養院住了十幾日。不當陪客，把所有的風景都拿來善待自己。三遊雁蕩的徐霞客有話在先：「欲窮雁山之勝，非飛仙畸人，不能瞰其肺腑。」我其實早有「瞰」意，只是

先前來去匆忙，沒有機會而已。這一次時間充裕，完全有條件「報復性」深度遊。晚飯後隨便走走就走到淨名坑森林公園裡面去了，在一望無際的常綠針葉混交林中漫步，不知道想聽些什麼好，聽得一種鳥在叫，發出金屬輕磕的聲音，不知道是不是傳說中的「山樂官」。直到突然一片鐵青色的山巒如憤怒的海潮黑壓壓地向我們撲來，我明白走到鐵城嶂下了。據說這條路先前是有虎狼的，戰時由此上鐵城嶂，翻過水源嶺背，可以到上折瀑那邊去，險路就不會有敵人，除非遇著虎狼。去上折瀑嗎？這條路誘惑著我，但夜幕已經開始罩下來，我們得回去了，返回時在維摩洞旁拍照，已經要用閃光燈了。

我們惦著鐵城嶂，第二天又去。午後，有一絲微風，因為下過雨，嶂上掛了許多小瀑布，經過昨晚拍照的地方，發現當時信手拈來做背景的石頭白天看錯落不齊，有如一個大樹椿，雁蕩山石，天賦異相的不少，但如此吸納森林之氣的石頭恐怕絕無僅有。石旁有一碑，曰「梅花椿」，我記起它的來頭了。發現它並「包裝」它的是以前樂清縣（現為樂清市）的一位縣長，名叫張叔梅，湖南人。此人不慕虛榮，也沒有架子，到樂清做官，倒有大半心思在山水之間。樂清當時地處東南一隅，舟車不便，大老遠從長沙跑來做個縣官，多少有些流放的味道。孤零零地，滿載著惆悵在山中流連，偏偏遇見這塊怪石，以石寄情，詩文就出來了：「老梅耐冷心如石，此石何年幻作梅？似恐暗香妨大隱，無言獨到海山來。」──張縣長名叔梅，見石如見己；海山大隱，由此見自己見天地見眾生也不無可能。

張叔梅與梅花椿雖然比不得蘇東坡與赤壁，但顯然亦是過去中國「貶官文化」的一朵浪花。貶官和文人，抑或貶官兼文人，特別與山水投緣。山水，既可避世又可寄情，但最高妙的是借山水之清明蕩滌心靈困

惑，蓄自然之偉力於個人意志。我們從鐵城嶂走到上折瀑，又下來往中折瀑而去，見到寫有王十朋詩句的題刻：「欲向靈巖移卓筆，與君同掃萬人峰！」王十朋寫這首詩的時候，尚未及第。在那個山河破碎、風雨飄搖的亂世，這個滿腹經綸的太學生遇到秦檜把持的科考，居然十多年屢試不第！未來的南宋狀元沿著古道、迎著西風、騎著瘦馬，在家鄉與京城之間奔走，十多年來，每回赴京他都途經雁蕩，用幾乎乾涸的喉嚨吟出恆久的詩篇，雁蕩成了他生命中的重要驛站。每一次途經都是一次精氣神的集聚，然後他像一支箭，射向未卜的前程。

歷史和那個時代的人開了個玩笑，秦檜被罷相後到溫州任知府，在雁蕩再露權奸本色，遊靈峰時對人妄稱「夢到一洞、群僧環坐，有一高僧指他為雁盪開山祖師諾詎羅後身」，然後他走到觀音洞，說認得觀音洞即是夢中石室，假惺惺地表示要出家修行，並在洞內建堂立碑。我在觀音洞內見過秦檜的字「最上一層」，看到那個匾上去就是主殿和跪那裡抽籤的地方了。秦檜的字很好，稱得上敦厚大氣，但做的事情確實相當噁心，王十朋早已按捺不住，拍案而起，秉筆疾書，直指秦檜：「何人夢石室，妄辯誇一時。哪能了世緣，未免貪嗔痴。名山誤見汙，公議安可欺。願借龍湫水，一洗了堂碑。」就在那一年，他中了狀元。

我就這樣想著，踏著王十朋走過的臺階在雁蕩走著，導遊一般是不會講這些事的，但這些事才是雁山的肺腑之言，是雁蕩精神意義上的層巒疊嶂。靈巖寺外的鐘鼓齊鳴了千年，靈峰的痴情萬載不變，過往的行旅又帶著多少迥異的心境在期間匆匆流過呢？且不說山色空濛水亦奇，單是雁山那欲語還休的肺腑之言又有多少人能聽得呢？

肺腑之言不常有，值得一提的還有一次颱風天與雁蕩的互動。2015年7月，一家三代人去雁蕩遊覽，一行七人，年齡最大75歲、最小5

歲，翻越朝天門，見東海，途經五老峰，從朝陽洞下，歷時四小時，風光旖旎，恰颱風昌鴻影響，上看彩虹，下見真龍。那個守著大龍湫入口的鬼斧神工的龍字，不知存在多少年了，第一次見到是 1993 年，22 年過去其下的樹又長了幾分，龍不見尾了，因為颱風帶來的天水，右側多了一條瀑布出來，有精靈山谷的氣質。從來沒見過大龍湫有這麼大的水，海上來的颱風昌鴻忽然間就不知去哪裡了，那天倒可以發自肺腑地稱大龍湫「昌鴻」，是日，龍湫之水天上來，傳導著天地之間的大祕密。

8
雨夜走棋鄉

　　5月19日是溫州大學校慶日，5月21日是浙江大學校慶日，前者辦學溯源已經87週年，而後者更是有了123週年的煌煌歷史。因為要出版《平路易行》，我整理了曾經發表過的文章，昨日在社群帳號發1995年寫的〈雁山肺腑〉（發表於《溫州旅遊》），友見之，提到當年另一篇文章〈雨夜走棋鄉〉，我便去找，在故紙堆中找到1995年6月22日的《溫州日報》，自己審讀一遍，發現當年棋鄉行，竟然邂逅的是兩位老校友，兩位都是溫大校友同時也是浙大校友，一位是馬允倫先生，另一位是謝瑞淡教授，再查淵源，得知馬老與謝老已經分別於2011年、2012年仙逝，不由嘆息。歷史進入了2020年代，回望四分之一世紀前的90年代，還有一些溫暖的回憶，謹以致敬兩位一面之緣的校友。

　　那一次與電視臺同事沈楚一起去平陽採訪全國象棋棋王賽，一路上雨下個不停，淅淅瀝瀝的，天與地彷彿有說不完的話，採訪了三位具有代表性的特級大師以後，突然來了靈感，想去看看百歲棋王謝俠遜的故居。棋王謝俠遜在溫州是位家喻戶曉的人物，他經歷過晚清、民國和1949年後三個歷史時期，曾轉戰全國各地及東南亞，畢生為推動象棋發展，不遺餘力。他的一生，充滿傳奇，有點神祕。雨聲如戰鼓，拜訪棋王故里的願望一發便不可收。

　　機緣巧合，晚餐時，我、沈楚還有《溫州晚報》記者馬伊（溫大校

友）與馬允倫老先生同桌，馬先生 1949 年畢業於浙江大學，後任溫師院的教授，著名歷史學家，曾講授《中國通史》，參與《漢語大辭典》的編纂，當時已近古稀，仍為平陽故里的盛事出力加持。馬老向我們介紹他身旁那位精神矍鑠的老者，竟是棋王之子，杭大經濟系的謝瑞淡教授。很自然地，我們約了謝老帶我們去看棋王故居。

約好了在騰蛟賽場見面，鰲江距離騰蛟還有半個小時的車程。雨天路滑，雨刷賣力地刮來刮去，問了幾次路才找到了騰蛟。雨夜，本不可能有多少絢麗的色彩，但騰蛟古鎮上滿街還懸著「重溫棋王情，又圓至尊夢」和「棋鄉人民歡迎你」的組合燈籠，畢竟是棋王的故鄉啊，棋王故里舉辦棋王賽大約和巴西舉辦世界盃相當，棋賽的日子就是民眾的共同節日，作為賽場的騰蛟電影院座無虛席，坐在前排觀戰的謝老見我們來了，未等雨畢就領我們走進了雨夜。

我們的車緊跟著謝老坐的車在泥濘中前行，都被夜幕雨帳籠罩著，車窗外混混沌沌的，看不見什麼，卻好像又能看得極遠，逼仄的空間反而使想像和記憶鮮活了，我開始盡我所能勾勒棋王的傳奇，棋王著名的棋局一如天外飛來，直奔腦海。袁世凱與日本政府簽訂喪權辱國的「二十一條」時，棋王用三十殘局排成「莫忘國恥」字形，聲討賣國罪行……我只在棋刊上見到過「共捍國難」，對其他棋局只能借名想像，思維幾近枯竭之際，車到棋王出生地 —— 鳳巢鄉洞橋頭村。

棋王的後人打著手電筒來接我們，風聲雨聲依舊放任，連蛙聲也摻和進來，踩著青石板路，隨著搖曳的亮光走去，很快我們就走到了傳奇開始的地方。那是一座極其平常的木屋，可能是鄉間的電路不堪負荷，1,000 瓦的攝影燈剛接上去沒兩下就滅了。我們只拍了一個模糊的鏡頭，謝老說棋王五歲多就隨其父離開此地到平陽縣城去了，但飲水思源，根

始終在鳳巢，棋王的成就對棋鄉人產生了極大的向心力。我們又談到了騰蛟古鎮上的大紅燈籠，據說是每家每戶為烘托棋王賽氣氛而各自出資統一購置的。很顯然，象棋在此地已經是一種韜略、一種胸懷，一種精神的象徵。

夜深了，我們驅車回鰲江駐地。在車上，謝老談起上海正籌拍反映棋王生平的電視連續劇，以 1930、1940 年代的棋王用弈棋形式走遍各國、宣傳抗日、募集經費的經歷為主要內容，弘揚愛國主義思想和教育後代，我為上海人叫好，他們在銘記歷史和文化宣傳方面總是特別有心。夜雨不歇，天地情未了。

謝瑞淡教授是棋王謝俠遜最小的兒子，與馬允倫教授同年畢業於國立浙江大學，亦在溫師院任過教，而後到杭州大學任教，1998 年杭州大學併入浙江大學，2006 年溫州師範學院與溫州大學合併成新溫州大學，學校歷史就這麼在合併潮中滾滾向前。1995 年的平陽之夜，我已從溫大畢業四年，尚與這兩位老先生沒有校友交集，而後我透過研究生聯考進入浙大，再過幾年溫大與溫師院合併，所以追根溯源，便多了兩位雙重身分的老校友。只可惜棋鄉一別，江湖終未曾相見，雨夜之後，再無討教的機會，再回首時，兩位老校友已駕鶴西去多年，只能從他們留世的作品中學習了。

當年棋鄉之行催生了製作「甌越驕子」的念頭，對於甌越大地亦漸生敬畏與感恩。「桃李春風一杯酒，江湖夜雨十年燈。想見讀書頭已白，隔溪猿哭瘴溪藤。」值此兩校校慶之際，以此文紀念兩位老校友。

9
開往校友會的復興號

　　戊戌歲末，一月陰雨後連晴三日，長三角沉浸在一片臘八過後就是年的冬蘊之中。在南京南與友人敘舊，更進一杯拿鐵之後，登上 G7235 號高鐵，靠窗坐定，這是一輛京滬線上最商務的復興號車，卻滿眼是濃濃的人情味，在櫛風沐雨的旅途中，常有這麼些久雨見晴的時刻，是連人心都一起見情而溫暖的。

　　點開早上剛加入的溫州大學上海校友群組看，就在車離寧還未到鎮江的這一路上，已經有 12 位校友致意表示歡迎，加上上午 2 位校友的暖心招呼和鎮江之後 4 位校友的文字問候，已經集齊 18 位校友之心意，加上介紹我加入群組的陳學長，在 2019 年 1 月 18 日午後的風和日麗中駛向上海。

　　校友會中，有會長、天正集團董事長高天樂，溫州大學上海校友會祕書長陳康漢（陳學長）；溫州旅滬知名文化藝術界校友有上海戲劇學院終身教授、著名戲曲史學家葉長海，華東師範大學美術學院書法系主任、上海書協副主席張索，上海書協理事鄒洪寧，韓天衡美術館書記、副研究員王新宇，上海書協理事、上海師大副教授王客，上海師大副教授王素柳等人。2020 年 5 月，與這些校友聚於外灘一處雅廬之中，為母校辦學溯源 87 週年獻禮，以上鴻儒智者以筆會友，將對母校的拳拳之心寄情於翰墨篇籍之中。鄙人不才，躬逢勝餞，適逢南極歸來不久，便獻詩一首 ——〈天堂灣：我的大學〉，這是後話了。

車過無錫，陳學長發訊息相邀校友聚會，把我一次等閒歸來，變成一次高鐵赴會，幸甚。從火車站輾轉到浦東，穿過南浦大橋近三十年不息之川流，即與三位校友重逢，我還在為上月日麗號郵輪螺旋槳之傷未去成南極而嘆息，王學弟已早有征服地球三極之寶貴經歷；趙學弟亦是金融業者，相約切磋；最奇當晚聆聽陳學長之「豔遇」故事，為我動筆之大因。

緣起陳學長 80 年代一善舉，當年他因傷在家休養，在家創辦補習班，於得勝橋張貼告示，第一個報名者免一年學費。首位學生學成身退，若干年後竟成為哈佛大學博士，在哈佛燕京學社副社長任上透過網際網路找到當年的陳老師，邀請陳學長拜訪哈佛，陳學長當時任浙江商會祕書長，遂組織商會代表團赴哈佛交流，此他第二次赴美。按下哈佛不表，在回程飛夏威夷的飛機上，他的鄰座是一位風姿綽約的美國女孩，而這位美國女孩在陳學長三年前第一次訪美歸程途中，竟然也坐在他身邊，當時還是個假期去東京遊玩的大學生，這可以說是中美友誼最浪漫的久別重逢的故事了。

哈佛的李若虹教授是我們溫州中學的傑出校友，我聽故事才得知她與陳學長有一年的師徒之誼。陳學長學高為師，當年藉傷休養之機輔導了一百多名學生，此為善緣之始，這與我戊戌年骨折在家看了一個月的世界盃然後帶著輪椅遊歐洲的境界完全不同。且身正為範，美女擁抱，猶能保持正襟危坐的身姿更令同行之商界大老佩服，中美友誼民間的溫情亦為中美關係的復甦打下一個小小的伏筆，在世界兩大經濟體之間，即使有一個月的陰雨，也會有連晴三日。

復興號入會，是為記！

初稿完成於 2019 年 1 月 18 日，2020 年 8 月 18 日修改

附：天堂灣：我的大學

大學不是一個地點，也不是一段時間，大學是完美的狀態。

身體自由、精神自由、財務自由，是人類完美的狀態麼？更進一步又是什麼？

翱翔的鳥類讓我們仰慕，如果我們真正沉浸在自由的世界裡時，會思考些什麼？

我們想要的世界是人與自然合力而成的，自由、富裕、安全、環保、美麗、快樂、智慧、互愛的世界也要滿足技術建成、經濟建成和社會建成嗎？

山不是天堂灣的邊界，鳥的翅膀才是。但我飛不出我的大學，大學是一個永遠生長的界。

將萬年的黑冰鑿一塊置於杯中，能飲一杯無？這寶貴的香檳色，能合成出時間的味道嗎？請你告訴我，你確定喝的是香檳還是晚霞？

冰到達不了天堂灣的最深，但水可以，放棄那懾人魂魄的幽藍，是物理的變化，還是思想的選擇？

我放棄那青出於藍的成見，把自己變成一滴水，去往我的大海，回到我的大學。

10
太湖記之一：開往蘇州的夜航船

戊戌年秋，「平路易行」歸來，腿傷未痊癒，然闊別江湖日久，已經開始「報復性」聚會。在陸家嘴聚會時定下了蘇州太湖之約。

我是 1999 年在上海置業安家的。

在高中畢業後的 30 年裡，我的同學陸續匯聚到這個城市，第一批是考到上海讀大學的，第二批是 1990 年代中後期上海像廣東一樣開放時來的，再以後是進入新千年，伴隨著上海房價的勁升步伐陸續來的，然後是二代在上海出生或是二代來上海讀書或是二代海外歸國在上海落戶，總之開枝散葉、鬱鬱菁菁，一轉眼都是光陰的故事、人的遷移和地的生聚史。

我第一次去蘇州是 1992 年春末，在杭州商學院（現在叫浙江工商大學）參加一個歷時半個多月培訓，課程結束後，和兩個溫州同學約了在武林門碼頭上船，船是蘇州來的，下午四、五點出發，在船上吃了一頓特別豐盛的晚餐，有太湖的銀魚與白蝦，米飯是現做的，喝了點黃酒，胝足夜聊。

這一艘在京杭大運河中的夜航船真有細胞破壁的感覺，穿過晨霧中的雞鳴和炊煙，到達了蘇州。在蘇州盤桓了兩日，又坐綠皮火車到了上海，在上海玩了兩天，參觀了南浦大橋，那時大橋通車不久，參觀券人民幣四元，橋上有武裝警察站崗（南浦大橋 1991 年冬通車，再早一年冬

上海證券交易所開業）。我們從公平路碼頭上民主輪船，經過正在建設中的楊浦大橋出吳淞口在東海中航行二十多小時後回到溫州。

　　那是一次不經意的對長三角的考察，卻在未來的人生走向上打下了一個伏筆，我堅信長三角會成為國家發展的龍頭，而我遲早也要到這裡來。兩個同學一位是泰順的，還有一位來自洞頭，後來沒有聯絡了，那是 E-mail 也還沒有的年代，BB. Call 才開始有，號碼記在小本本上，早被時代的更替霸氣清盤了，不知道兩位同學現在可好？

11
太湖記之二：戊戌年的江湖

　　太湖古稱震澤，橫跨江、浙兩省，北臨無錫，南瀕湖州，西依宜興，東近蘇州。蘇州河的源頭在太湖瓜涇口，從上海黃浦公園附近匯入黃浦江；黃浦江的源頭在安吉龍王山（浙江湖州），一路蜿蜒流經上海市區，在上海市中心外白渡橋接納蘇州河後在吳淞口注入長江，然後入海，「黃浦奪淞」（見〈跑過外灘源〉）之前，蘇州河（吳淞江）是長江入海前最後一條支流，太湖與長江就這麼相連著，成為世上最美的江湖。上海的兩條母親河，分別來自江蘇和浙江，所以長三角包郵區也是渾然天成的。當美女同學將蘇州聚會之太湖佳處推送過來時，正好重溫一下太湖地理。

　　太湖中有一大島，名西山，是國家地質公園。西山東面不遠是東山，東山是個半島，因風景優美且便於到達名氣頗大，半島上的東山賓館是個五星級的國賓館，亦是一個隱處的名利場。曾幾何時，滬上冠蓋雲集此地，有人躬逢其會，迎來送往，得以結交上等級的有力人士，漸漸地在上海政商界中有了「小蘇州」之名，此人後轉戰上海灘，遂成炙手可熱之權徒，而後折墜。與同學聊起這些十多年前的八卦，已經少有人知，某人的風流與折墜在群眾眼中只是普通一瓜，而在當事人則是大半生。曲徑通幽處，多有警示錄。

　　聚會地在漁洋山，與西山有太湖大橋相連，如今西山亦成半島，門

前車馬喧，漁洋山植物蔥蘢，在西山之東北，東山之西北，踞太湖一角，反倒比較安靜。漁洋山一處有機農莊在同學友人之經營下有聲有色，種了茶樹、枇杷，養了大馬、乳牛，還有網紅中華田園犬盡職護院。日式的茶社、中式的庭園，竹林之翠色間或有靶場之聲，憑欄遠眺，有震澤一湖，想必朝暉夕映也是氣象萬千。

范仲淹正是蘇州人，西元 1035 年創辦蘇州府學（今蘇州中學），蘇州中學得以在校齡上秒殺所有各市地縣冠名的中學，〈岳陽樓記〉作於西元 1046 年，所以范先生最先吟出「先天下之憂而憂，後天下之樂而樂」的所在未必在洞庭一湖，而極有可能是太湖。或者說早已有太湖理念，只是在當年更高規格的有長江概念的更有莊嚴國土意味的洞庭兌現。

我等憑欄處，天陰湖綠。廟堂高遠不妄議，江湖事更暖心。與老布聊起修理缺乏職業道德的無良之輩不亦快哉，少年意氣回歸，竟有磨拳意，大家各自經歷過的江湖雖時常有不堪回首之感，但道義二字始終還在心頭，道義不曾老去，自然也還是少年。

原本以為去太湖只是吃蟹，沒料想還有射擊這樣的項目。東道主是位「七年級」的美女，性格豪爽，常常駕駛特斯拉從吳江開到上海，與閨密同聚，因我等閨密男同學加入，如木蘭從軍，不免略略喝多，遵紀守法喊代駕，花人民幣 500 元代駕回蘇州地界，帶動了整個長三角的服務業。

美女東道主安排的射擊真是合心意，我原是業餘射擊隊隊員，在溫州雪山靶場訓練有日，雖不曾有功名，但手感心氣猶在，摸到槍還是有一些熟悉，猶如二十多年不見的老友，那一絲回憶從鋼槍上傳導回來，如同回到雪山，將飛狐爪之類的少年情懷瞬間喚醒。現在的槍都是美式的真槍，手槍有防風槽，可架瞄準鏡；步槍是小口徑，可連發；靶子是

帶藍牙的，手槍的噪音大了點，可以戴耳麥。總之，非常講究。

射擊時，靶距 32 公尺，教練在旁報數，「八上」「八右」地報，供你隨時調整，一開始，動作僵化，打了幾槍便累了，後來抖擻開來，弓箭步站好，上身放鬆，連打了兩槍十環；打完手槍打步槍，成績更好一些；精彩繼續，再上屋頂打飛碟。飛碟只看過張山打，自己以前從沒打過，感覺難如登天，實操其實還好，飛碟用雙管獵槍，用的是散彈，一彈散開有 36 顆鋼珠，有一珠中的群眾已經掌聲雷動，三槍就拍案驚奇了！

當然不管成績如何，都只是助興，最終都歸到晚餐坐下吃蟹啖水魚，遠方的朋友帶了汾酒原漿來，就著 2019 年可能就不再有的七兩五的太湖蟹大快朵頤，適逢木蘭同學生日，太湖一聲笑，滔滔兩岸潮，剛開始還客氣，小杯隨意，後來換壺了，一圈一圈地喝下去，眾人皆醉，唯見「海上溫情」群主精神煥發後發制人，非山崎 25 年撂不倒，余在其掩護下扶牆而退。

帶回來的太湖蟹是真的好，橫子大膏肥肉厚，全家吃了讚不絕口。聽聞太湖又起風浪，每畝水面補貼若干給蟹農，便要禁了湖蟹養殖。以環保之名，是非難斷。只是明年的蟹價，恐要飛漲。

12
安慶記：己亥年的行走自由

　　6月14日去安慶，起個大早，一行四人七點多就已抵達天柱山機場，廣州來的老布要十點半到，利用這多出來的三個小時，當地的馬總帶上海團先去吃了頓水餃，再去不遠的世太史第轉了轉。

　　水餃店始創於光緒年間，創始人叫江萬春，江萬春也是店名，現在是安慶名小吃。外面有一塊百年老店的牌子，裡面弄成中式速食店的模樣，與慶豐包子鋪相仿，也賣包子。看牆上有「江毛水餃」的介紹，我們便已劃好重點，點了水餃。沒多久，水餃上桌，更像是餛飩，但沒有蛋絲紫菜蝦米這些選配，比皮更薄肉更細佐料豪華的溫州大餛飩就遜色一些。味道還是不錯，用餛飩之功做水餃，乃是降級打擊，江毛水餃創始之初即以選料勝出，用的是黑豬的後腿肉加土雞湯而製，加之北方人口味不刁鑽，走紅也在情理之中。只因老江董頭上有一撮白毛，江萬春水餃便被稱為「江毛水餃」，湯湯水水花開花落，轉眼就過了百年。

　　我們不敢考證江毛水餃之食材是否還是黑豬後腿肉和土雞做湯，自從茅台爆出 15 年茅台是勾兌而成只是 15 年口感，很多地方我們便不會再想多了，只是從老店出來，我有和同行的文舞聊，是當一個窩囊的皇帝好還是當一個被代代吃貨惦記著的美食製作者好？老家歷史上有做「長人餛飩」的高個和做「矮人鬆糕」的矮子，因為「只知道吃」的旁友喜歡，芳名確也在民間流傳甚久，至於走馬燈式的知府知州，誰還能記得他們做過啥？

　　說話之間便到了世太史第，此處竟是趙樸初的出生地和趙氏故居，樸初老的太高祖是嘉慶元年的狀元，合肥李鴻章是趙家的女婿，比樸初老高兩輩，題有「四代翰林」匾懸於府第中堂，這是一個顯赫到沒朋友的家族。我是樸初老的粉絲，趙老的書法遍布名山大川，古剎鐘聲中抬頭可見趙氏墨寶，趙老是佛學泰斗、年輕時任過四明銀行行長，俯仰無愧的百年巨匠，吾輩瞻仰也久，此番有緣得見趙老出生和成長的地方，著實意外之喜。

　　在府第參觀，可以想像一個家族的世子在此呱呱墜地，為家裡帶來諸多歡樂和期待，終於通讀四書五經，學有中西，考上了東吳大學，故居陳列趙老當年上學用的皮箱，想必亦是母親拾掇好，千般叮囑後往蘇州而去，世事浮沉，滄海一聲笑，滔滔兩岸潮，終成一代宗師。

　　世太史第有五進，後面是花園，有葡萄架，葡萄圓潤，實為學而不厭的讀書佳處，能降生於此，本非一般。樸初老一首詩「七碗愛至味，一壺得真趣，空持百千偈，不如吃茶去。」意思是放下書本吃茶，學貫中西之後的豁達，萬千糾結之後的放下，當為吾輩之指引。

　　世太史第與江萬春餃子鋪相隔不遠，聲音大點的叫起來也聽得見，樸初老小時候家中傭人去買些江毛水餃回來全家佐餐亦是自然。古時以聖人之治，虛其心，實其腹，弱其志，強其骨，美食作用甚大。

　　常使民無知無欲，使夫知者不敢為也。為無為，則無不治矣。世太史第常出經緯天下之翰林，亦是慎始敬終，得以流芳。

　　在此感謝無為企業家昶兄周到安排半日行程，並與中山輾轉廣州晚到安慶的老布兄分享。

13

天柱峰記：魁星點斗，獨占鰲頭

潛山行，天柱定。

己亥六月正中，潛山天池峰頂，對望 1,489.8 公尺高的天柱峰，見峰頂有影影綽綽的「中天一柱」四字，極目皖天徽地，千巖萬壑，遠近大小，莫不圍繞拱拜此突兀之峰！峰如鰲頭，魁星點斗、獨占風光。

青龍背上，萬山叢中，一峰高聳，花崗石開，如地心出來一重拳，直衝天際！古人有心，「中天一柱」之下還有幾字，細看乃「立擎霄」，導遊說是「孤立擎霄」四字，「孤」字被擋住了，聽聞另一角度可見，我們也不在意，特立獨行而不孤，中天一柱立擎霄也蠻好！清代都統李雲麟題寫了「孤立擎霄」四字，委託藥農賀良謀兄弟攀上神猿見愁的懸崖，刻在天柱峰頂，與後來的我們對話。而「中天一柱」的作者又另有其人，只因我編輯照片時發現「中天一柱」旁有「張濟」字樣，疑非李都統一手包辦，再查到《天柱山志》，原來此四字為民國三十三年張濟公所書，張字後來居上，占領了孤立擎霄以上的版面，雄踞天柱石報頭條。

2,125 年前，漢武大帝劉徹登禮天柱山，在此拜岳，御目窮處，潛山萬仞然崖上空空，後世李雲麟如此積極作為，興許是為了完成與漢武的對話，他在崖上另題了半公尺見方的四個字「長白雲麟」，不登頂不可見，登頂則必見。承天地之巧，藏父賜之名，亦可算向父親致敬了。張濟公未親登絕頂，不然再上題「濟公張弛」亦未可知，畢竟父親節嘛，各有各的表示。

史載：西漢元封五年（西元前 106 年），漢武帝劉徹行南巡狩，自尋陽，順江而下，經盛唐（今安慶市盛唐灣）入皖口（今懷寧縣山口鎮），溯水而上。法駕谷口（今天柱山野人寨），登禮天柱，「號日南嶽」。西元前 106 年到底發生了什麼事？漢武帝為何輾轉兩千里到此封南嶽拜天柱，作為中國歷史上第二位特立獨行的帝霸，不會像我們在聚會時喝一聲「下一站，天柱山」那麼簡單。

再考：那一年，漢武帝初置部刺史，巡察郡國，司馬遷四十歲，為太史令。冬，司馬遷隨武帝至南郡盛唐（在廬江），望祭虞舜於九嶷山，自尋陽（今湖北黃梅縣西南）過長江，登廬山，北至琅琊（今山東諸城），增封泰山，沿海而行。

東封泰山南封天柱，帝國重新布局，人生從此開掛。在天池峰對望天柱，可見遠方潛江逶迤，一片沃野，皖公之界無他奇，不難有登泰山瞻魯臺而小天下之同感，泰山玉皇頂與潛山天柱峰高度相仿，東南嶽均有拔地而起之雄姿，蒼穹之下，猶如兩顆大印落在江山萬里圖上，隨即將天地畫卷秒變出 3D 之效果。

這一刻，吾輩可感知漢武之品味，有些君王不管死後洪水滔天，有些統治者一力追求流芳百世，漢武帝屬於後者，在他創績的幾十年裡，平定了北方的匈奴，中華遂成大帝國，固然有史記美譽之，但其個人之品味，心路之歷程，此番隔二十一又四分之一世紀與其先後拜天柱，方有體會。

我等平民六人，天柱峰前，仰之彌高之餘，天風海濤中，或坐或立或五心向天或一字馬，樂由心生。適逢孩兒遙祝父親節快樂，不亦快哉！為君者，國之中天柱；為父者，家中立擎霄。家國又一歲，今再仲夏，學子赴考。有道是：開張天岸馬，奇逸人中龍。長虹貫天柱，折桂到蟾宮。

14

中山古鎮記之一：仁政與民生

　　前年的白露節氣，三亞鳳凰島還有些蕭條，國際旅遊島沒原先想像的那麼熱鬧，自貿區還在醞釀，外地人來海南開車謀生的人不少，專車倒還是一門基本算可靠的生意。從三亞鳳凰機場出來，既可以避免被宰，又不用麻煩朋友，比租一輛車自己開還要方便。在三亞待了三天，換了兩個住處，鳳凰島上的地標也只要人民幣五百元一晚。

　　一早去機場，5 點多上了專車，專車司機說前面一單 3 點完成的，回家也尷尬，所以 3 點多就到了酒店，因為現在酒店停車場超過 15 分鐘收費，所以趴在外面睡了一會兒。我看他睏意未消，怕出事，只好找話題和他說話。從滴滴（一款叫車服務）說起，我說滴滴上半年虧了人民幣 39 億元，到現在沒賺過錢，對方打瞌睡都不信，說滴滴這麼狠，一單要收車費的 41% 怎麼會虧？網約車出事前平均一天 3,000 萬單，是滴滴自己說的，就算一單賺人民幣一元每天也有人民幣 3,000 萬元利潤不是？在他看來，這生意虧損人民幣 39 億元和梁山泊辦不下去一樣難以置信。

　　我看他一天車開下來，站都站不穩，有點危險駕駛了，就找一些感覺能振奮他的話題說，比如三亞作為國際旅遊島加自由貿易港的未來也可能是夏威夷加香港之類的，但對方只說眼前，開始嘆苦，說原本順風車在他是補貼油錢用的，溫州女孩出事後順風車停掉他每天少收入人民幣 200 元，他也恨作案者可惡、平臺把關不嚴以致全行業都受影響。我

一聽，旅遊業還不算景氣僅順風車就一天收入人民幣 200 元，這數目也不小，就開玩笑地問這哥們是不是 24 小時不歇接單的，他竟然點頭說是的，敢情就這麼見縫插針地睡啊，我看他還沒全醒，只好繼續聊天，這哥們繼續點頭，不管說什麼都點頭，我驚覺那是睏的。

安全起見，我大喝一聲：「兄弟，開這車繳社保不？」這哥們一激靈，全醒了：「怎麼不繳？必須的！」

兩個小時後，我到了珠海金灣機場，邊吃早飯邊等我上海飛來的夥伴一起去中山看老同學。一同學發訊息說晚五分鐘沒趕上飛機，不知是昨天應酬太猛睡晚了，還是今晨上海太堵塞耽擱了。

昨日將《清平樂》大結局看完了，片中的宋仁宗是位很不錯的君主，與歷史定位「守成之賢主」差不多。雖然說「在官家心裡，所能給的不過是朝堂的平衡和百姓的平寧」，但對於百姓來說，做一份工作或者做一個小生意，沒有非分之想亦無性命之憂，月收入基本夠花，不需要日夜趕工，也就平寧了。與西夏和遼國，能融合則融合，能不打戰則不打戰，看上去缺乏殺伐果斷連他國子民的人命都一併珍惜，時刻考慮言官的意見，顧及朝堂的平衡常常被司馬光、包拯們逼到牆角的趙禎，卻建構了同時擁有范仲淹、歐陽修、曾鞏、王安石、司馬光、蘇洵、蘇軾、蘇轍、包拯等名臣的「慶曆嘉祐之治」，堪稱中學語文課本文言文部分的幕後總編，影響千年。趙老師是讓言官說話讓孩子讀書的典範，仁政與民生課程的先導。

大學入學考將近，祝孩子們考出好成績。

15

中山古鎮記之二：溫州往何處去？

　　中山古鎮鎮，只是名為古鎮，其實無一古建，常住人口 5 萬，如果不是幾個老同學在這裡開廠，可能我一輩子也不會來這裡。

　　但是如果你從事燈具行業，你不可能避開這個地方，這裡占據著中國照明行業 70% 的市場占比，年交易額有人民幣 2,000 多億元，產品遠銷到全球 190 個國家和地區，與法國、義大利、日本燈飾四分天下，小鎮外來人口 60 萬，人口流入比一個中型城市不遑多讓。

　　1990 年代，溫州燈具業崛起，成為繼鈕扣、低壓電器、服裝、皮鞋、打火機之外第六個全國性的產業中心，中山古鎮的燈具小廠把產品拿到矮凳橋東方燈具市場來賣，一家家問過去，在溫州老闆的審視中入了市場。那時，矮凳橋是中國燈具的廟堂，由東方集團冠名「東方」，而中山只是一個遙遠革命的發源地，古鎮更是名不見經傳的外圍江湖。溫州在商品領域幾乎是一個無敵的存在，費老總結的「小商品大市場」更是為這個稱霸民營經濟的東甌王城重新戴上桂冠。

　　1993 年，儘管中山古鎮僅有幾家像樣的燈具企業，但古鎮提出「經營城鎮」的理念，將燈飾業確立為整個古鎮的未來支柱產業，這是和馬雲糊弄十八羅漢同級別的暢想，但是隨著硬體投入、金融支援、廣告行銷、政策支援、人才引進、品質監控、產業配套等措施不斷到位，中山古鎮持續多年心無旁騖地做這一件事，竟然將上千溫州燈具老闆吸引了

過去，在古鎮做起了生意，中山人教會了溫州人不賒帳不還價，溫州人教會了中山人八點鐘開門週六不休息，一個勤勞而不狡黠、重義而不散漫的營商環境漸成規模，從而煥發出強勁的生命力。

我的同學站在矮凳橋上，舉目南望，思考了半年，捲起鋪蓋，從一個名氣直逼一線城市然而內力日益分崩離析的 1.5 線城市降級到一個孤注一擲的六線小鎮，開始了他的二次創業。這裡兩千平方公尺的廠房是小廠，處處是工業革命般草長鶯飛的春日氣息，而老家的挽留僅僅是南白象的一畝地，蕭瑟如矮凳橋畔的冬樹，故鄉的很多因素交織在一起，形成一股好男兒你去四方的推動力，多少人因為無解而離開，魯迅筆下故鄉的蒼涼和少年時的美好記憶混合，產生了愛恨混雜的化學反應，其實不想走，終於也未留。

當時溫州唯一的一家上市公司一度靠收取燈具市場的租金和物業費度日，把一個金碗敲擊出討飯的聲音，後來現代服務業注入才又重新煥發，但與當年受到中央的重視程度相比，已有雲泥之別。

我在同學占地 40 畝的廠區走著，在 500 人的工廠裡上下，幾乎忘記骨折初癒的腿尚有些許疼痛。這已是一個走極簡精工路線的燈具廠，像燈具業的蘋果公司，如果堅持走下去，別遇上竭澤而漁的政府，別在中美無謂的貿易對抗中損耗太多，不難想像可以做成一個百年公司的未來。因為股東們的孩子都不願接班，上市也是無可奈何必須要做的事。

老家的官員跑來呼籲溫商回歸，報出 80 萬 1 畝地的價格固然是充滿桑梓的誠意，而在古鎮低七成的成本和全產業配套面前，那一刻的欲迎還拒更像一次相見不如懷念的聚會。溫州出走的不只一個產業，午夜的三道關口，不勝其煩的檢查與罰款替代了本該的服務，厭倦了貓鼠遊戲的企業家揮揮衣袖、不說離愁。義烏成、橋頭敗，白鹿銜花之地培育

了無數踐行「小商品大市場」的溫州人，而他們正在白露的秋風中將他鄉當作故鄉，千里共嬋娟地飲一口茅台。

廣東做成的亦不只一個產業，我前幾年去史上與溫州同為百越之地隸屬西甌的雲浮，也是驚嘆一個十三不靠的地方，怎麼就成為石材王國？在經過兩百餘年的開採後，在雲浮依託的雲石資源已經枯竭的情境下，雲浮成功將石材產業集群演變為「買世界、賣世界」的市場依託型的產業集群。廣東人事小不嫌棄、事大不膨脹，創新不亢、守舊不卑，歲月不好、共克時艱；歲月靜好、不逾規矩。即使在當今並不景氣的市場環境中，依然奮而鬥之，成則藏功名、敗則拂衣去。

而溫州確是因為產業的空心化成為沒有霧霾的宜居城市，平凡而偉大的鄉賢不遺餘力地將二代培育成優等生和潛龍，卻在北上深杭粵港乃至古鎮大多並不宜居的淵中騰挪，在中秋即將到來之際，念一把東甌故土，千年斗城的斗轉星移卻基本不能親見。

我有個各方面都有卓越人才的溫州同學群，我建議下次同學會以「溫州往何處去」為主題，雁楠論道、散而行之，很多同學贊同。在歷史大潮前，不忘初心是大海般的溫情，而砥礪前行亦是一種豪邁的鄉愁。

16
中山古鎮記之三：天下為公

　　中國有 187 條「中山路」、40 多座「中山公園」，檀香山和溫哥華也有「中山公園」，各地「中山公園」大都在市中心，總面積數量驚人。「中山路」大都是主幹道或者是繁華鬧市的行人徒步區。如今，很多的「中山路」都擺上了攤，或非常接近擺攤的路，很有萬眾創業天下為公的意味。而上篇說到的溫州第一股因為近日被突發地列入「擺攤」概念股難得一見地大漲了四天，終於因為力不能繼又大跌了兩天，似乎市場也知道「擺攤」終不是長久之計，和「噴熔布」概念一樣，皆成迷蹤系列的韭菜之刀。

　　在上海，從外灘源到十六鋪，就跑過了中山東一路、中山東二路，整個內環的浦西段都是中山打頭的南、北、西路，大多數人的生活都繞不開「中山」兩字，有些人更密切，中山公園、中山醫院、逸仙路等等。

　　可以說，中國所有的歷史人物裡面，孫中山先生非常特殊，他是海峽兩岸共同尊崇的政治偉人，也是中外各國共同認可的中華象徵，沒有人統計過多少個唐人街有「天下為公」的匾額，我在波士頓、西雅圖、舊金山都有看到，南京中山陵、臺北國父紀念堂自不用說。「平路易行」我買的是臺北飛羅馬的機票，第一站是從上海先去了臺北。坐著輪椅帶著柺杖，帶小朋友參觀國父紀念堂，紀念堂中有《馬關條約》的複本，用很工整的楷書記錄一些屈辱的條款，孫中山之所以成為孫大砲，也是

因為有了沒落的清朝給的這些「基石」。

　　1919 年，陳獨秀在《每週評論》上的一篇文章提到：「有一班人因為孫中山好發理想的大議論，送他一個諢名，叫做孫大砲。威爾遜（Woodrow Wilson）總統的和平意見十四條，現在也多半是不可實現的理想，我們也可以叫他做威大砲。」陳獨秀的意思是，「大砲」是一種理想主義。胡適曾在文章中說：「中山先生以三十年的學問，三十年的觀察，作成種種建設的計畫，提出來想實行，萬不料他的同志黨人，就首先反對。客氣的人說他是『理想家』，不客氣的人嘲笑他是『孫大砲』。」「天下為公」如不成局，就是被人嘲諷的「大砲」，好在孫中山基本做成了。

　　中山先生的建國方略中規劃的金溫鐵路，成了溫州人自費建鐵路的初心，後來請了南懷瑾先生出來主持大局，終於完成了夙願。南老擔任過金溫鐵路第一任董事長，堪稱「天下為公」有緣之人。週日與康漢學長、仲輝學弟同訪浦東恆南書院，在「南師墨寶館」中見南老於丙子年春寫的書法 —— 南老以出世的心態言入世的道理，將「天下為公」的操作步驟一一說明。

　　萬「公」朝宗，源頭在廣東省中山市翠亨村 —— 孫中山先生的出生地。中山先生出生時，中山市名香山縣，1925 年，為紀念中山先生，改名為中山縣，後更新為中山市，是中國五個不設市轄區縣的地級市之一，中山古鎮就相當於縣的級別。

　　9 月 9 日，同學九人，於翠亨村源頭正宗孫中山先生手書「天下為公」四字之前合影留念。三位中山地主、兩位香港同胞、四位新上海人，年少時一同在籬園求學「鬧事」，吃燈盞糕、豬腸粉，而後天各一方，兜兜轉轉，甘苦皆伴，閱盡人間悲歡，笑看浮沉舊事。於 2018 年重九之日九人聚於中山，品茅台啖海鮮敘別情，南瓜和糯米粉做的「炸煎

堆」、滿肚籽的小白蝦、一肚膏的蟛蜞、炸得脆爽的蝦蛄、超鮮美的象拔蚌刺身、香脆烤雞、鮮嫩蔥魚等等，因吃際會，隨遇而吃，美食當政，天下為私，不亦快哉。中山故居一遊，睹先生之偉業、嘆民生之多艱，略思量，治大國如啖小鮮，何其樂也。

宴畢擦手咋舌欲赴金灣，老布弱弱曰：時間太短，均安蒸豬、順德魚生還沒有給你們吃！吾等沉吟半晌，頭頸夾勞伊，八卦蓮花掌拍出，背後三掌，當胸一掌，「你們你們……還有保留！」猛覺機身晃動，夢醒時分，已達虹橋機場。

2020 年 6 月 11 日晨，此文修改完畢，美國股市創新高了，道指史上首次收於 10,000 點上方，蘋果、亞馬遜、微軟、特斯拉均創歷史新高，這是一個令友邦驚詫的數字，疫情還在繼續，而美國經濟似乎已經獨占鰲頭了。

17
中山古鎮記之四：深藏功與名

在中山古鎮的第一頓午飯，老布安排在一個苗圃裡，不是很排場，但也有些許古粵之風，中堂匾額、條案也都配齊，是我喜歡的格調，你感覺在黃飛鴻家吃飯，那是真在廣東吃飯。上的是水魚和清遠雞，清湯火鍋，就著老周從友人那截胡來的藍瓶茅台喝水魚雞湯吃臘味煲仔飯，家常的又是高規格的，很見情誼。老周說這餐廳的老闆從廣東某處遁來，包下幾畝苗圃，就只做一張菜單的菜，食材限量，從不宣傳，愛來不來，明藏功與名，深閨食堂，隱者也。

席間，布和周商量，為禮數見，晚上是否安排在「國宴」？正規一點。我覺得沒有必要，官家釣魚臺的飯也未必有民間鉤魚臺的好吃，何必「國宴」？「鎮餐」即可。周說下午去看市場，再去友人辦公室喝茶，晚上邀他一起吃飯，「國宴」麼方便一些，不然去「鉤魚臺」來回幾十公里，都耗路上了，古鎮塞車厲害，泰國一色的。

下午我們去古鎮最大的燈具市場，應該也是亞洲最大的吧？設計師有藍瓶53度般的豪情，一部自動扶梯一口氣直達五樓，莫斯科地鐵氣質。我們重點看了一家水晶燈具店，老闆是老周的朋友，外地來的年輕人，低調而謙虛。周說廣東老闆人民幣幾個億的生意自己談，人民幣幾萬元的生意也親自談，要是你的單子小，能把你的小單子談出規格膨脹一百倍的感覺，規範嚴密認真，感覺像和世界五百強做生意。

　　但即使是首富，也是平易得像街坊老伯，自己是絕對不膨脹的，早茶還是那個早茶，每天去游個兩千公尺泳，深藏功與名，低調又健康。外地來的年輕人，耳濡目染，也就能沉澱下來了。生意場上的風氣是務實的，正月初八企業開工之日，古鎮的官員雷打不動必到企業拜年，端午、中秋、重陽幾個節日問候一下，政府平常不囉唆，默默地為企業服務，營商環境也是求實求是的。

　　看完市場上去老周朋友處喝茶，一位土生土長的富二代，取得過學位，同時也是創業者，聊起平臺、大數據、賦能、供應鏈金融什麼的毫不費力，看得出是喜歡家鄉的。這一點我很是羨慕，說明這個地方傳承做得不錯，即使有紙醉金迷的外部世界誘惑，故鄉的氛圍還是能拽得住人。《莊子》云：「平易恬淡則憂患不能入，邪氣不能襲，故其德全而神不虧。」如果富一代整天聲色犬馬，老子天下第一，那二代自然也難免邪氣侵襲，德虧而神不全。一日不慎，精蟲上腦，亦可能將百年基業毀於一旦，我們身邊這樣的例子還少嗎？

　　凡是二代能待得住的地方總歸是有它獨特的魅力的。看一個城市是否成功，是看它的人才淨流入，如果基因傳承裡面當仁不讓的二、三代全都離去，又何談外部人才進來安居樂業？1990 年代上海有一首歌很紅：「有人出去，有人回來。」但這僅限於有百年近現代工商業功底的上海，其他城市的理想應該是有人進來，有人回來。因為你怎樣努力都超不過優等生，所以怎麼拚都不過分。

　　晚上在「國宴」，閒聊中得知亞運會 100 公尺冠軍蘇炳添是道地的中山古鎮人，我上網搜尋蘇炳添，發現他的婚禮也是在「國宴」辦的，網路上還有婚房的照片，樸素平淡得讓人不敢相信，冠軍裡面，除了幾個不世出的天才，大都沒有捷徑可言，如果不是平易得邪氣不能侵，持之以恆地德全而神不虧，又如何有命獨占鰲頭？

18
蟬街記

　　這次走歸，蟬街變禪街了。

　　現在蟬街的盡頭是一座拱門，拱門中望出去有一座山，山上有個塔，塔中有高僧大德的舍利，塔下有禪寺，於是乎蟬街改叫「禪街」似乎有那麼一些道理了。

　　「溫州三十六坊」記載「蟬街」本就叫「禪街」，唐代永嘉大師在松台山上修禪，連著松台山和五馬街的兩百多公尺的小街故名「禪街」。

　　時光倒流 1,624 年，東晉建立政權四十週年暨永和三年，王羲之任永嘉（溫州古名）太守（亦稱使君），自漢代起，使君五馬是標準配置，所以使君王經常乘坐五匹馬拉的車在東段上跑，於是這條路被後人稱為「五馬街」。

　　南塘河滋養了使君王的鵝，使君王的書法更是潤色了這座城。永和九年，王羲之在紹興微醺時寫下的〈蘭亭序〉，被尊為天下第一行書，而後唐太宗派臥底詐取〈蘭亭序〉，乾隆爺就八個摹本在圓明園建蘭亭八柱，所有震爍古今之劇情皆在使君五馬的煙塵之後。唐代溫州刺史、連中三元的強者張又新有詩云：「民喜出行迎五馬，全家知是使君來。」使君王在溫州洗筆的地方叫「墨池」，1980 年代是溫州市政府所在地，後來長期為鹿城區政府所用，現在是墨池公園。溫州素有書法傳統和墨池風水，米芾臨右軍所書的「墨池」兩字已經湮滅，竟可由清代溫州總

兵黃大謀續補，那麼松台派出所的警察寫一手還過得去的行楷也不稀奇了。

禪街盡頭那座山叫做「松台山」，塔為淨光塔，山下有妙果寺，寺內有豬頭鐘。己亥年元宵佳節我乘飛機到達溫州機場新航廈，到達大廳巨幅紅色海報上寫著──「走歸」。「走歸」是「流浪」的反義詞，溫州話「走歸」就是「回家」，當下爆紅的帶「地球回家」，溫州話講就是「帶地球走歸」，樸實直接，禪意盎然。「走歸」下面抄了一大段溫州民謠：「叮叮噹囉來，叮叮噹囉來，山腳門外囉來，囉囉來，孤老堂，松台山上仙人井囉來，妙果寺裡豬頭鐘呵咋。」據傳這首民謠被列入了亞洲文化遺產，我小時候吟誦時覺得一切理所應當，如今方知這是一世情緣。

松台山是郭璞建城選中的斗城七山之一，仙人井位列城中二十八口古井（代表二十八星宿）之首，松台山是我們這些蟬街小子主要活動場所，山上的古城牆是我們練攀爬的地方，樹上果實可以當肥皂用，即使是草叢中的蚱蜢也有好多種玩的花樣，後山有一些石頭像聽經石一樣可坐禪可宿覺，雖然我在那裡被兩個小混混搶過人民幣兩毛錢，後來帶了傢伙去報仇一直沒找到人，但依然很喜歡那個地方的佛系氛圍。後山臨九山湖，臺灣的飛機曾飛來此地空投，跑得快的搶得到尼龍襪、牛仔褲，跑得慢的只搶到傳單，一看內容反動，快扔。

父親是禪街二代，和我說過很多禪街河和橋的故事。現時的禪街行人徒步區在父親年少時是半街半河格局，一片「樓臺俯舟楫，水巷小橋多」的圖景，我家住在禪街北岸，去禪街南岸有好幾排小木橋，南岸是不足兩公尺的窄道，常有頑皮的蟬街小子請狗入河，以參悟最正宗的狗爬式泳姿。父親外公的小船從三垟經塘河而來，停靠距自家很近的河埠踏頭，父親想跨到船上，一腳踩空落水，看到水底是多麼亮堂啊！當時

河水之清澈怕是遠勝威尼斯的⋯⋯

　　河是 1950 年代填的,對沿河居民作了大動員,連小學生都參加義務勞動,當時的人們改天換地的意願很強,稍一撩撥就燙扁兒(一種溫州小吃,出鍋時溫度很高)一樣,連北京的古城牆都拆了,梁思成哭天搶地都擋不住,何況東南一隅的溫州?縱有東南小鄒魯、理學名邦的文明傳承,也擋不牢燙起來蠻搞的社會風氣。

　　古城的夢有一把鎖,古城的心是一條河,等待有人開啟有人穿越。一張光緒八年刊行民國二十二年補正的溫州古代名園圖,更是彷彿前生相識,今生再見。

　　從圖上看,就會發現古時為什麼禪街是禪街、五馬街是五馬街,而不是現在合而為一的五馬禪街。兩者在 1949 年以前還隔著一條南北走向的河,且南面是寬闊的水面,使君的五馬駕車是當時最豪華的陸上交通工具,到水四顧心茫然就折返了,倒也不破禪街清靜,所以禪歸禪,官歸官;頗有古羅馬「上帝的歸上帝,凱撒的歸凱撒」之風。

　　有座橋連著禪街與五馬街,圖上無名我心中敞亮,那座橋叫四顧橋,有資格在橋上四顧留名的除了王羲之就是謝靈運了,王、謝都當過永嘉太守,且相隔不遠,王羲之的女兒是謝靈運的外婆,這個我也是看資料才知道,一個書聖總裁,一個山水詩創始人,就這樣把歷史的茫然留在四顧橋邊。河填之後橋亦無蹤,橋址上建了一個偉大的四顧橋國營飽點店,賣燈盞糕、馬蹄松、稻稈繩(相當於超級麻花)、點了硃砂痣的甜饅頭、大餅、油卵等溫州點心⋯⋯在物資匱乏的年代妥妥地讓我們歡喜著,不僅充實了甌越驕子的腸胃,還殊途同歸地補刀了鄉愁。

　　以前松台山腳有個電影院,我曾經從電影院外三公尺多高的二層平臺故意跳到下面堆放的沙裡,再到廣場徒手爬三層消防塔樓,在不會游

泳時套一個汽車內胎就去游松台山後的九山湖，應是得了妙果寺菩薩的護佑，有驚無險懵懵懂懂地長大成人，讀書就業，離開故土，從東遊至外灘三馬路再到威海路再到恆隆長風，從塘河十八灣搖到了蘇州河十八灣，從詠鵝的荷花塘邊到強家角書香門第，從宋文定公的水心到明文定公的徐家匯，從蟬街到普陀，一晃離家二十年。

己亥正月十八再遊妙果寺，見豬頭鐘，拜地藏王菩薩，而後從古來福門處走回蟬街，那條兒時夏日知了鳴叫，夏夜甚至有螢火蟲、有促織狂歡的蟬街已經是禪街了。

在合而為一的五馬禪街漫步，回首可見淨光塔，前探可見使君之五馬。路過永嘉學派正宗晚清經學大師孫詒讓創辦的溫州師範學堂（民國二十二年此處為溫州中學，1971 年溫州中學遷九山湖畔，此處為溫八中），門樓下有新開的溫州試院博物館，溫多士為東南最。我孤陋寡聞只知溫州曾出過幾個狀元，但報得上名的只有寫出「雲朝朝朝朝朝朝朝朝散，潮長長長長長長長長消」的王十朋，今日參觀試院博物館才知不但溫籍文狀元數高達八位，更有十九名武狀元！首位武狀元是北宋潘文虎，文武兼備，博通書法，擅長文章，曾在永嘉十七都捐建仁壽橋，後人稱其地為潘橋，家鄉人傑地靈名士輩出，可謂福廕後人。

在久違的晴天裡徜徉兒時的古街，乃人生一大樂事，且有溫州同窗和上海同仁同行，既是鹿城之旅，亦是工作考察，有兼得之喜。

懷念蟬街，祝福禪街！

後記

　　從 2019 年 10 月 7 日在社群帳號「南方有崑崙」上發第一篇文字以來，正好 11 個月，湊齊了這部散文集。社群帳號為紀念中國在南極冰蓋最高點冰穹 A 上建立崑崙站的壯舉，故名「南方有崑崙」，原本只是 2019 年南極低碳行的途中隨想錄，與修百世得以同舟的極友分享。後來因為上半年有了大把宅家的時間，就陸續整理了絲綢之路、文藝復興和大航海時代的筆記，還有各地的跑步紀錄，社群帳號就變成了「人類極簡史」和「地理小發現」的聚合，附錄中穿插寫了個人的成長故事和心路歷程，社群帳號文章陸續發給了出版社。

　　根據初審意見整理完了所有文字，又加了幾篇「跑步」內容，後記也要做最後的版本更新，此時的我剛從奧林匹克森林公園跑了 1 萬公尺回來，在盤古酒店 17 樓的窗邊，將書中所有的腳印在腦海之中連了一遍。12 年前的 8 月 8 日晚上 8 點，酒店旁邊的北京中軸線上，「鳥巢」和「水立方」的上空，由煙花構成的大腳印一步一步向北而去，在「鳥巢」裡參加奧運會開幕式的人群眼裡，這些腳印如此之大；而在盤古所化的萬里江山之中，這些腳印又是如此之小！這是迄今為止我見過最富創意的腳印！在這 11 個月中，我終於也完成了一次與時空的對話，我的腳印更像是移動的塵埃。如果說生命是一場粒子間的相聚狂歡，我很感恩能夠記錄一些粒子的嘉年華，並有幸得以出版，在此特別感謝為本書的付梓辛勤工作的出版社團隊，感謝聯合國教科文組織繼續工程教育中國教席負責人、清華大學繼續教育學院劉震院長在百忙之中為本書所做的指導與評論，感謝所有支持我的朋友。

後記

　　2020 年 7 月 7 日，我穿著拜仁大紅球衣陪女兒應考，語文考試中，收到翁同學為拙作再次修改好的序言，至此，由師長同學好友親朋題寫的序言全部收集到位！加上南極論壇執行祕書長、南極會執行會長蔡育天先生在南極歸來後寄給我們一家的明信片「南極幸會、生命覺醒」八個字開篇，十全十美了！我無比感恩，感覺不是我可以召喚神龍，而是神龍們召喚了我。

　　感謝本書的序作者，序亦有序，按照收到的時間排列，連起來也是幾個月光陰的故事。南極論壇副祕書長葉公偉先生從本書如何看待世界、看待中國、看待自己的角度作了評論，謬讚為「思想的力量」，我知道我雖然表達了對於地球、環境、人類與未來的一點認知和思考，但思考力度是有限的，表達也不夠厲害，「思想的力量」一說自然是表揚高過成績。葉先生在序中提到的「致人類的信……」倒確實蘊含了反思的力量。有意思的是，美籍華裔小畫家 Jacquelynn A Lin 為本書畫的兩張插圖與葉先生的觀點非常相配：第一張畫鴛鴦鍋，把地球煮了寓意全球變暖，一邊是依舊自然清澈的南極，另一邊則是垃圾，一盤壞了的肉、一張帳單，帳單上面寫著人類要付出的代價，龍捲風、森林大火等；另一張畫是雜誌風格，上面是美好清純的企鵝世界，下面則是被汙染了的世界，一個黑暗的倒影。思想是有力量的，不管是中國人還是美國人，不管是長者還是年輕人，有思故有在，思想的碰撞終會像特斯拉（Nikola Tesla）發現的電火花，能照亮整個世界。

　　鳳凰衛視中文台副臺長黃海波先生與我同為溫州人，而且是瑞安籍同鄉，在南極的旅程中才認識，但一見如故，非常親切。作為總導演和鳳凰衛視專題影片的報告人，他是整個南極行報導的核心。在南極大合唱的排練中，他給了小兒很多指導和鼓勵。靦腆的小張在長城站和俄羅

斯女高音歌唱家 Olga Senderskiy 一起領唱，沒有演砸，實在是拜黃臺和歌唱指揮燕子老師所賜。鳳凰衛視南極報導專題影片相當篇幅記錄了一個男孩在南極的成長，小張何其有幸！黃臺出生在北京，先後在中國傳媒大學和日本早稻田大學就讀，思想深邃性格外向，今年端午節還擔任香港龍舟比賽的鼓手，是最具代表性的大陸背景的香港人之一，也是香港知識菁英的中堅力量。他寫的序字數不多，但概括性很強，言談之中透露著溫州人的爽快、機敏、仗義與真實，又伴有香港人的全球視野和思辨能力，真是萬分感謝。

第三篇序是我的大學班導師周星增老師寫的，他沒有去過南極，但他和我同一年來到上海，對我讀過的書做過的事都很了解，既是良師也是益友。書中有很多個人的回顧，所以請周老師寫序也是我的一個心願。請託之時周老師一手創辦的「建橋教育」剛剛在香港主板上市，他又兼著上海圍棋協會主席等諸多社會職務，時間本就不夠用，我將社群帳號推送給他，拜託他有空翻閱一下。我想周老師文筆本來就好，出過專著，每年向建橋學院的畢業生演講，金句頻出，是真正有「思想的力量」的人，擇幾篇看看，寫一段也能頂十段。沒想到他要祕書將我的每篇文章都影印出來，仔細看了一遍，認真地寫了序。我事後得知很過意不去，我應該將 word 版本的全稿列印好送去臨港新城建橋學院，我怕浪費周老師太多的時間，事實上卻占用了他更多的時間，也給祕書增添了不少麻煩，在此一併表示歉意。周老師是商界棋王，他辦公室的牆上還有他與日本名譽棋聖藤澤秀行對弈的棋局，他的跨界能力一直是我學習的榜樣，他喜歡圍棋，我喜歡足球，區別是圍棋中國很強，而足球弱了一些。

第四篇序是此次南極行我們三團的團長吳大衛先生寫的，他是「南

後記

極論壇」發起會議的參與者，2013 年首赴南極，此番再赴南極，對於南極的思考比我多很多，也是我在南極行團隊活動中的直接主管（三團的名譽團長是清華大學法學院教授、原中國證監會副主席高西慶先生和中國海運集團原總裁李紹德先生，本人擔任三團的副團長，協助吳團長工作）。吳團長說兩赴南極，最後沉澱下來不過「淨」、「靜」、「敬」幾字，也總括了我對南極的認知。序中提到「思考人類文明、關注地球環境、推進均衡發展、實現共同價值」，希望拙作的內蘊能讓讀者體會到與南極論壇「建構人類命運共同體踐行平臺」的主題相呼應，這是論壇發起人與團長對拙作的莫大認可，在此深表感謝。吳總既有思想高度，對待文字又很接地氣，兩易其稿，字斟句酌，讓我分外感激。

哥倫比亞大學的袁小軍教授是科學家，南極對大多數人來說代表著遙遠、神祕和荒蠻，但對她來說卻是科學園地，是 25 年職業生涯探索研究的對象。袁教授獲得此次南極論壇最佳發現獎可謂實至名歸，我在論壇上聽了多場她的演講，平常在餐桌上也有很多交流，獲益良多。更為榮幸的是，她和哥大 Lamont Doherty 研究所負責人丁敏芳教授對我在南極行期間發表的文章都很有共鳴，兩位最高級別的南極研究科學家時不時轉發我寫的南極文章也極大地鼓舞了我，某種程度上也推動了本書的面世。袁教授所言：「透過他的筆觸，讓我這個老南極人看到了南極深藏的另一面。」相當於給了我一個 A ＋的分數，這是我在學習南極科學考察方面的知識能得到的最高分數，感恩！因為眾所周知的原因，中美郵路不暢，我圖方便將全書的電子版本發給袁教授，電子版總沒有列印好的草稿便於閱讀，每每想到這些不周之處，也是汗顏。

第六篇序來自溫州朋友朱聞武，朱兄文武全才，既是媒體人、出版人，寫得一手好書法，又是段位很高的業餘游泳運動員和拳擊運動員，

兼任溫州市鐵人三項運動協會的主席。溫州人自古有尚武傳統，鐵三運動主席更不是一個虛銜，是一個個「大鐵」賽出來的，主席就是運動員代表。朱兄是我的文友兼體育同道，乃莫逆之交，不過請朱兄寫序主要原因還在於他是鄙帳號每篇必讀的閱讀者，可以代表極友之外每天看「南方有崑崙」的新舊朋友，在此一併致謝這些朋友，正是你們透過點閱這樣的方式累積點點滴滴的鼓勵使得帳號常更常新。朱兄於 5 月 18 日午後，用毛筆寫了四頁序，一氣呵成彌足珍貴，出於排版的原因不方便在本書中一一展現，我將朱兄手跡內容整理成序以饗讀者，原件墨寶我自裝裱收藏。

5 月 19 日凌晨收到老同事周新旺博士寫的序，周博士是清華人，現在清華控股從事私募股權投資和科技成果轉化，曾在清華大學五道口金融學院工作。我報名到清華讀 GFD，也是從他這裡分享到的資訊，我和葡語區的關係也是始於周博士，前文提到的拜仁球衣即七年前我飛里斯本從慕尼黑轉機途中所購，周博士便是那次行程的促成者之一。我第一次穿這件球衣的時候，大女兒即將進入初中，等我再穿這件球衣時，已經是陪她考大學了。而這球衣所代表的拜仁俱樂部，7 年前在我抵達慕尼黑的當天晚上奪得歐冠冠軍，在我陪女兒應考的 47 天後終於再度加冕歐冠。許許多多有緣的人與事物，在「平路易行」的過程和發軔中出現，周博士、拜仁與我都是屬於相互的見證方，這就是人生有意思的地方。在周博士寫的序中，他從老同事的角度回顧了我們在金融界的共同經歷，也從同行的角度展望了一下未來。正如他所美言，仰觀宇宙之大、俯察品類之盛確實催生了「人類極簡史和地理小發現」。

大學入學考第一天收到翁天祥同學寫的序最具戲劇性，當時我穿著拜仁的球衣站在上海大考的賽場外，和一眾家長在閒聊，那會兒，女兒

後記

應該剛剛拿到大考語文試卷。Skypeace（老翁的通訊軟體使用者名稱）一則 800 字「嗖」的一聲進來了，那種快意文字的氣場讓我猛醒了一下，結尾一句「歲月無痕，墨字為證，時時酌酒幾杯，浩瀚星宇，不盡暢遊，永銘清華同窗情誼！」讓我無酒先醉了，老翁並不知道我有女兒此時在應考，這時候，天外飛來「清華」二字，分明是一個吉兆！我和老翁相識於清華 GFD，他是社群平臺前輩，時常筆走龍蛇，指點江山，令同學們佩服不已，我們同學中商界大老甚多，但能洋洋灑灑寫幾十萬字且一針見血絕不含糊的少見，老翁曾出版《一路隨筆》散文集，幾位清華的名師和好同學為之作序，乃是我學習的榜樣。溫州與莆田地緣親近，我們的青少年時代都很受地域文化的影響，而後在大城市發展，有了相容並蓄的能力，老翁在北京投資的「紳海匯」海鮮餐廳亦成網紅，到了酌酒一杯，暢而論道之時，和而不同，人生樂事！關於本書字數，老翁有個讓我深受鼓舞的回饋，他說他感覺有五、六十萬字，內容確實很豐富。

本來書名想直接用社群帳號「南方有崑崙」的名字，編輯宋丹青老師認為第三個系列的名字「平路易行」與副標題「人類極簡史 地理小發現」更搭，作為書名更適合。經此點撥，書名高程驟降四千公尺，從崑崙山下到平路，更接地氣了。定好書名以後，在審稿的過程中，平路易行仍未停步，又補充了一些，非常感謝清華大學出版社的嚴謹與體貼，使得這部散文集一直與時俱進，不忘初心、砥礪前行，邊審稿邊補充，從原先計劃的 15 萬字，增加到約 20 多萬字。

最後要感謝有緣的讀者，花寶貴的時間與我一起修身、立德、行世界，在幫第九位序作者借的《圖解萬物簡史》中，看到「生命是一場粒子間的相聚狂歡，理性讓熱愛更勇敢」這句話，我覺得可以拿來當作總

結。我的跑步仍將繼續，也許明天會從盤古酒店出發朝南跑，中軸線南面的故宮博物院中，〈千里江山圖〉靜靜地待在那裡，在千年前天蠶口中吐出的粒子和疵繭構成的絹絲之上、孔雀石、綠松石、藍銅礦、青金石、藍鐵礦、藍閃石、砷礫、硃砂等最終形成畫作顏料的自然之物亦是原子或者更小的粒子相聚而成，宮廷畫家王希孟將大宋和自己的精神粒子賦能於自然粒子，構成了橫亙千年的千里江山圖和地理小發現。中華文化正在走向歷史性的復興，祝願我們的國家更美好、世界更有愛、人類更和諧！

經緯之間，行走世界！探尋文化根源與轉折點的旅行紀實：

追溯西方文明的起點，從古絲路到現代城市的旅程

作　　者：張邁
發 行 人：黃振庭
出 版 者：崧燁文化事業有限公司
發 行 者：崧燁文化事業有限公司
E - m a i l：sonbookservice@gmail.
　　　　　com
粉 絲 頁：https://www.facebook.
　　　　　com/sonbookss/
網　　址：https://sonbook.net/
地　　址：台北市中正區重慶南路一段
　　　　　61 號 8 樓
8F., No.61, Sec. 1, Chongqing S. Rd.,
Zhongzheng Dist., Taipei City 100, Taiwan

電　　話：(02)2370-3310
傳　　真：(02)2388-1990
印　　刷：京峯數位服務有限公司
律師顧問：廣華律師事務所 張珮琦律師

定　　價：520 元
發行日期：2024 年 06 月第二版
◎本書以 POD 印製

國家圖書館出版品預行編目資料

經緯之間，行走世界！探尋文化根
源與轉折點的旅行紀實：追溯西
方文明的起點，從古絲路到現代城
市的旅程 / 張邁 著 . -- 第一版 . --
臺北市：崧燁文化事業有限公司，
2024.06
面；　公分
POD 版
ISBN 978-626-394-360-5(平裝)
1.CST: 遊記 2.CST: 世界地理
719　　113007365

電子書購買

爽讀 APP

臉書